KB211102

청년들은 왜 교회를 떠나는가

청년들은 왜

You Lost Me

교회를
떠나는가

데이비드 키네먼 지음
이선숙 옮김

국제제자훈련원

그 많던 청년들은
다 어디로 갔을까?

그들도 성경을 읽는 것 같다.

교회를 떠난 청년들이 자신의 신앙 여정에 대해 말하는 것을 들어보면 놀라울 정도로 성경의 언어와 비슷하다. 교회에서 너무 멀어졌다는 이야기가 주를 이루고, 때로는 기독교 자체를 버렸다는 이야기도 있다. 그러나 그들의 공통점은 비단 교회를 떠난 문제만이 아니다. 교회에서 성장했지만 교회를 떠난 많은 청년들이 이제는 서슴지 않고 교회를 비판한다. 그들은 자신들이 맞든 틀리든 간에 제도 교회를 향해 "이해가 안 돼"(You Lost Me)라고 손가락질한다.

안나와 크리스도 이런 부류의 청년들이다. 얼마 전 미니애폴리스에 갔다가 그들을 만났다. 안나는 루터교 교인이었지만, 지금은 불가지론자(不可知論者)가 되었다. 몇 년간 교회에서 점차 멀어지다가, 자신의 결혼식에서 주례 목사님이 '지옥 불'에 대해 설교하는 것을 듣고 교회 가는 발길을 끊었다고 했다. 크리스는 가톨릭교도였지만 몇 년 전부터 무신론자가 되었다. 그렇게 된 데에는 크리스의 부모가 이혼했을 때 보인 교회의 태도가 한몫했다.

또 다른 여행에서 그레이엄이라는 청년을 만났다. 타고난 리더 체질인 그레이엄은 기독 청년을 위한 프로그램에 참석하고 있었다. 그러나 그는 이렇게 고백했다. "제가 정말 이 모든 것을 믿는지 확신이 서지 않아요. 기도할 때면 그냥 허공에 대고 얘기하는 기분이에요."

이 책을 탈고할 무렵, 나는 고향에서 같은 교회를 다녔던 리즈를 우연히 만났다. 지금은 20대 청년이 된 리즈가 고등학생이었을 때, 내가 교사였다. 리즈는 줄곧 교회에서 자랐고 기독교 대학도 다녔지만, 늘 소외감을 느꼈으며 교회 친구들에게 정죄받는 기분이었다고 했다. 그러다 다른 신앙을 가진 한 가족을 만났는데 그들에게 깊은 인상을 받았다면서 놀라운 말을 했다. "몇 주 전에 그분들과 함께하기로 결심하고, 그분들이 믿는 종교로 개종했어요."

교회를 떠나는
청년들의 이야기

각각의 이야기가 다 다르지만, 수많은 청년들의

이야기에는 공통점이 있다. 자세한 사연은 다를지라도, 교회와 멀어졌다는 주제가 계속해서 반복된다. 때로는 교회를 떠나겠다는 결정이 마치 그들의 의지를 벗어난 문제인 것처럼 들리기도 한다. 한 동료가 가톨릭교회가 많은 청년들을 놓치고 있다는 주제로 기사를 쓴 적이 있다. 댓글 중에서 두 가지가 눈에 들어왔다.

> '길을 잃은' 가톨릭교도들 중에서 나처럼 느끼는 사람이 얼마나 되는지는 모르겠지만 … 우리가 교회를 떠난 것이 아니라 교회가 우리를 밀어낸 거예요.
>
> ———
>
> 그래도 교회 안에 머물면서 싸우는 게 낫다는 생각에 오랫동안 버텨왔는데 결국 깨달았죠. 교회 안에 머물면 머물수록 오히려 하나님과의 관계가 더 나빠지고, 나 자신과의 관계도 깨진다는 사실을요. 그래서 교회를 떠날 수밖에 없다고 생각했어요.[1]

부모나 교회 지도자 입장에서도 청년들이 교회를 떠나는 문제는 받아들이기가 쉽지 않다. 그들은 자녀를 위해 엄청난 노력과 기도를 쏟아부었다. 사실 교회를 떠나는 자녀 문제에 대해 부모들이 하는 말을 들어보면, 이상할 정도로 매우 비슷하다. 한번은 콘퍼런스를 마치고 팸이라는 헌신적인 어머니를 만났다. 그녀는 오랫동안 신앙생활을 열심히 해온 아들이 대학에서 기계공학을 전공하더니 기독교의 타당성과 합리성에 대해 심각하게 의심하기 시작했다며, 자신은 어떻게 해야 할지 모르겠다고 토로했다.

또 한 번은 신앙 있는 학부모와 점심 식사를 하는데, 자신의 열아홉 살 된 아들이 더 이상 부모의 신앙을 따르지 않겠다고 선언했다면서 울상을 지었다. "데이비드, 제가 얼마나 상심했는지는 말로 못해요. 워낙 착하고 마음이 넓은 애니까 금방 신앙을 회복하리라 믿지만, 아이 엄마나 저나 여간 힘든 게 아니에요. 그 애의 결정이 어린 동생들에게도 영향을 미치는데, 막을 수가 없네요. 집은 떠나지 말라고 말하는 게 제가 할 수 있는 전부랍니다."

기독교인
세대 간의 싸움

게이브 라이언과 내가 함께 쓴 《나쁜 그리스도인》(unChristian)을 읽은 분이라면, 지금 이 연구와 그 연구가 어떤 연관성이 있는지 의아할 것이다. 《나쁜 그리스도인》은 비기독교인 청년들이 기독교 신앙을 거부하는 이유를 찾고, 우리 사회에서 기독교, 특히 복음주의 기독교에 대한 평판이 달라지고 있다는 사실을 밝힌 책이다. 그 책은 우리가 외부인 혹은 비기독교인이라고 부르는 사람들의 인식과 우선순위에 초점을 맞추었다.

반면 이 책은 기독교 진영에 있는 젊은이들에 관한 이야기다. 지금 그들은 기독교 신앙에 대해 불손하고, 퉁명스럽고, 나름대로 가슴 아픈 사연들이 있다. 요즘 많은 청년들이 교회를 떠나고, 때로는 신앙 자체를 버린다. 이 책의 원제목은 그들의 목소리와 마음 상태를 반영했다. 그들은 교회의 일방적인 의사소통 방식을 경멸하고, 형식적인 신앙을 멀리하며, 이 세상과 동떨어져 보이는 교회의 변증론을 불편해한다. 이 책의 원제인 "You Lost Me"는 그들의 상태를 여실히 보여준다. 이 책은 기독교 배경이 있는 젊은이들이 교회와 기독교와 문화에 대해 어떻게 인식하는지, 그들의 관심, 소망, 오해, 좌절, 실망은 무엇인지에 대해 이야기한다.

젊은 기독교인 세대는 자신들의 교회가 의심을 표현하기에 편하거나 호의적인 장소가 아니라고 생각한다. 많은 청년들이 심각한 고민을 솔직하게 표현했을 때, 말만 번지르르하거나 어설픈 대답만 들었다고 느낀다. 그들은 위 세대가 전하는 피상적인 대답 혹은 자기 선전식의 그럴싸한 대답을 거부한다. 청년들은 교회가 그들의 기대를 채워주지 못한다고 말한다.

그들의 판단이 옳든 그르든 간에 중요한 것은, 기독교 공동체가 교회를 떠나는 젊은이들의 관심사, 몸부림, 마음 상태를 잘 이해하지 못한다는 사실이다. 그런 의미에서 이 책이 간극을 좁히는 역할을 했으면 좋겠다. 아직 젊은 데다가 연구자라는 직업 때문에, 위 세대로부터 젊은이들을 대변하고 변호해보라는 요청을 받을 때가 많다. 나는 이 일을 환영한다. 다음 세대를 믿기 때문이다. 그들의 문제가 무엇이든 간에 그들에게 희망이 있다고 믿는다. 나는 그들이 중요하다고 생각한다. 비단 "젊은이가 내일의 주역이다"라는 진부한 구호 때문만은 아니다.

우리 다음 세대의 이야기는 새로운 환경 속에서 어떻게 하면 믿음대로 살 것인지를 배우려는 몸부림이자 위대한 싸움이다. 세상에 살지만 세상에 속하지 않으려는 싸움이다. "세상에 살지만 세상에 속하지 않는"이라는 말은 예수님이 제자들을 위해 기도하신 내용으로, 요한복음 17장에 나온다. 다음 세대에게는 옳고 그름, 사실과 오류, 기독교적 영향력과 문화적 순응 사이의 구분이 점점 더 모호해지고 있다. 이러한 것들은 모든 세대에게 도전이 되고 있다. 기준이 사라지는 문화적 흐름은 미래 교회의 영적 형성을 위한 호기이자 위협이기도 하다. 많은 젊은이들이 '세상에 있지만 세상에 속하지 않는' 긴장 가운데, 격려와 칭찬이 아닌 비판받고 거부당하는 방식으로 살아가고 있다.

아울러 다음 세대의 생생하고 긴박한 이야기 속에서 새로운 영적 담론이 일어나고 있다. 나는 이 프로젝트를 진행하면서 그들이 제기하는 불평들을 어느 정도 이해하고 동의하게 되었다. 물론 다음 세대가 보이는 몇몇 태도나 행동은 우리의 염려를 사기에 충분하다. 그러나 그들에게 기대를 걸어도 좋을 만한 근거 또한 있다. 그들은 교리를 들을 뿐 아니라 신앙을 실천하도록 준비된 세대로, 신앙을 그저 말로만이 아닌 삶으로 살아내길 원한다. 많은 청년들이 영적 방황 속에서 오도 가도 못하고 있는 것이 사실이지만, 다음 세대 중 많은 이들이 새로운 생각과 에너지로 다시 신앙을 세워가고 있다.

이 세대가 신앙과 실천의 문제를 치열하게 다시 생각하고 있는 만큼 나는 기존 교회가 이들에게서 새로운 형태의 신실함을 배울 수 있으리라 믿는다. 그러기에 나는 이 책에서 다음 세대들이 처한 문화적 상황을 설명하고, "이렇게 급변하는 문화 속에서 우리는 어떻게 예수님을 따르고, 젊은 세대들이 예수님을 신실히 따르도록 도울 것인가?"라는 질문에 성실히 답해보려고 한다.

새로운
지도자를 원한다

앞의 질문은 신앙인이라면 모든 세대가 답해야 할 문제다. 신앙 문제로 씨름하는 젊은이들의 이야기 속에서 교회는 새롭고 생명력이 넘치는 대답을 발견할 것이다. 나는 이것을 '역멘토링'(reverse mentoring)이라고 부르고 싶다. 왜냐하면 기성세대 신앙인들이 다음 세대에게서 많은 것을 배워야 하기 때문이다.[2]

지금 미국 교회는 위기에 처해 있다. 기독교 공동체는 제자 양육 방법에 대해 다시 생각해야 한다. 현 미국 교회의 청년 사역은 대부분 현대적이고, 기계적이고, 대량생산적인 패러다임을 따른다. 몇몇 사역들은 공장에서 물건을 찍어내듯 예수의 제자들을 양산하는 방법을 총동원한다. 그러나 제자는 대량생산을 할 수 없다.[3] 제자는 한 번에 하나의 관계만 맺을 수 있는 수제품이다.

다음 세대에게 신앙을 전수하는 일에 모든 세대가 힘을 합해야 한다. 영성과 삶이 일치되는, 더 생생히 살아 있는 신앙을 갖게 해주어야 한다. 논리, 분석, 구조 같은 좌뇌적 특성을 가진 세대에서 창조, 통합, 공감의 우뇌적 특성을 가진 세대로 옮겨가고 있음을 인식해야 한다. 교리 문답서와 신앙고백을 갱신해야 한다. 새로운 신학이 필요해서가 아니라 그 형식이 젊은이들에게 잘 맞지 않기 때문이다. 우리의 생각을 새롭게 하고, 다음 세대의 창조성, 정직함, 생명력으로부터 도움을 받아야 한다.

이야기를 시작하기에 앞서 우리의 개인적인 책임과 제도의 역할이 중요하다는 사실을 인정하고 넘어가자. 우리 개개인이 맺는 관계는 중요하다. 젊은이들의 부모로서, 멘토로서, 친구로서 우리가 잘 설 수 있도록 성령께 도움을 구하자. 그러나 다음 세대의 신앙은 더 나은 관계만으로 해결될 수 없다. 미디어, 교육, 교회, 정부 등과 같은 제도가 다음 세대 신앙 여정에 엄청난 영향을 미치기 때문이다. 따라서 우리는 '관계의 본질과 제도의 형태를 점검해야' 한다.

지금의 서구 교회가 관계와 제도 면에서 위험에 처해 있다는 사실에 동의하는가? 에릭 메택시스는 《디트리히 본회퍼》 (*Bonhoeffer: Pastor, Martyr, Prophet, Spy*, 포이에마)에서, 이 독일 목회자가 리더로서 그 시대의 악한 영(나치)과 문화에 굴복한 교회의 비참한 현실에 대해 얼마나 명확하게 이해하고 있었는지 묘사한다. 메택시스는 그 당시 독일의 유해한 문화 분위기에 대해 이렇게 기록한다. "1차 대전과 그에 따른 경제 불황과 혼란으로 큰 위기가 찾아왔다. 특히 다음 세대들은 전통적인 권위와 교회에 대한 확신을 모두 잃었다. 그러자 젊은이들 사이에서 이 모든 문제를 타개할 새로운 지도자에 대한 갈망이 꿈틀거리기 시작했다."[4]

바나 그룹에서 실시한 여론조사를 연구하면서, 오늘날 젊은 세대도 이와 비슷한 위기를 겪고 있음을 알게 되었다. 그들은 정

청년들은 왜 교회를 떠나는가

부, 일터, 교육, 결혼은 물론 교회까지 포함한 모든 제도에 확신을 잃고 있다. 그렇다고 해서 내가 지금 새로운 지도자가 일어날 시기가 되었다고 말하는 것은 아니다. 다만 현재 우리의 문화적 상황은 본회퍼와 같이 시대를 직시할 줄 아는 지도자를 원한다는 것이다. 제도는 젊은이들을 포용하지 못하지만, 그런 지도자는 멘토로, 확신을 주는 자로, 친구로 함께한다. 문화는 소속감을 얻으려면 그저 똑같이 따라 하라고 요구하지만, 훌륭한 지도자는 하나님 나라와 같은 깊이 있는 공동체를 만들어간다. 독일 교회는 나치의 불경건한 신념과 행위를 따랐지만, 새로운 지도자인 본회퍼는 교회 지도자들과 성도들을 향해 단호하고 예언자적으로 회개하고 새로워지라고 도전한다.

세상에 있지만
세상에 속하지 않는 삶

　　　　　1부에서는 우리 문화의 극심한 변화에 대해 알아보려고 한다. 교회를 떠난 젊은이들의 이야기를 직접 듣고 그 이야기를 극심한 문화적 변화라는 배경 위에서 살펴본다면, 변화된 그들의 세계관을 더 잘 이해할 수 있을 것이다. 우리가 그들의 생각, 가치, 충성심을 알게 되면, 본회퍼가 그랬던 것처럼 기독교 공동체가 어떻게 해야 다음 세대를 제자 삼으라는 예수님의 명령에 순종할 수 있는지 새로운 비전을 발견하리라 믿는다.

　이 프로젝트에 참여해 자신들의 경험을 나눠준 수천 명의 모자이크 세대 젊은이들에게 감사의 마음을 전하고 싶다('모자이크', '버스터', '부머' 등에 대해서는 부록을 참조하라). 당신이 청년이라면 이 책에서 당신과 비슷한 사연을 만나게 될 것이다. 이 책을 통해 당신이 혼자가 아니라는 사실을 알았으면 좋겠다. 예수 그리스도를 따르는 이 위대한 길, 그러나 종종 어렵게 느껴지는 이 길에서 당신과 함께하고, 당신의 이야기를 듣고 싶어 하는 수많은 신앙인들이 있음을 알았으면 좋겠다. 하나님께서 이 책을 사용해 당신이 다시 그리스도께로, 교회로 돌아갈 길을 찾도록 도와주시리라 믿는다.

당신이 부모, 교육자, 목회자 혹은 청년 리더라면, 신앙을 다음 세대로 전하는 방법을 생각할 때, 이 책이 도움이 되었으면 한다. 이 책에는 젊은이들의 견해뿐 아니라 위 세대 전문가나 유력가들의 견해도 실려 있다. 다양한 사람들의 견해를 읽으며, 그들의 의견에 위기를 느끼거나 당혹스럽거나 죄책감이 들 수도 있겠다. 하지만 이 책을 통해 우리가 다음 세대의 영적 성장을 위해 새로운 마음, 새로운 행동을 할 수 있길 바란다. 우리에게는 우리 신앙 공동체가 젊은이들의 신앙 성장을 위해 지금까지 사용한 방법이 그리 적절하지 않았다는 것을 볼 수 있는 새로운 눈이 필요하다. 우리는 세상을 제대로 읽지 못한 채 그들에게 하나님을 위해 살라고 요구했다. 가톨릭교도든, 복음주의자든, 주류 교파 혹은 정통주의에 속했든 간에 우리는 그리스도를 따르는 다음 세대들이 세상 문화를 잘 다룰 수 있도록 도와주어야 한다. 그들이 세상에 있지만 세상에 속하지 않는 삶을 살도록 도와주어야 한다. 그리고 이 과정에서 우리 모두는 세상 문화를 변혁

청년들은 왜 교회를 떠나는가

시키는 일을 더 잘 감당할 수 있을 것이다.

　그러나 이보다 먼저 우리는 젊은이들이 교회를 떠나는 문제에 대해 이해할 필요가 있다.

이 책에 수록된 모든 자료와 각 장에 해당하는 토론 질문들을 보고 싶으면
www.youlostmebook.org를 방문하라.

You Lost Me

1부

교회를 떠나는
사람들의 고백

방해받는
믿음

수많은 젊은이들이 10대를 벗어나면서부터 실제로 교회를 떠나고 있다. 그중에는 끝내 교회로 돌아오지 않는 이들도 있고, 믿음의 공동체 주변에 어정쩡하게 머물며 나름대로 영성을 규정해보려고 애쓰는 이들도 있다. 다시 교회로 돌아와 적극적으로 활동하는 이들도 있는 반면, 사춘기에서 성인으로 넘어가는 전환기에도 흔들리지 않고 굳건하게 믿음을 지키는 이들도 있다.

이번 장에서는 두 가지를 다뤄보겠다. 청년들이 교회를 떠나는 문제를 명확히 밝히고, 그 심각성을 알리고자 한다. 청년들이 교회를 떠나는 현상을 확실히 이해해야 그들의 믿음의 여정을 탐구할 수 있을 것이다. "청년들이 교회를 떠나는 문제가 과연 존재하는가? 그렇다면 무슨 이유로, 영적으로 가장 적극적이어야 할 수많은 젊은이들이 성인이 되면서 믿음 혹은 교회와의 관계를 버리는 것일까? '훌륭한 기독교 가정'에서 자란 젊은이들이 청년이 되면서 왜 방황하는 것일까?"

그리고 2장에서는 또 다른 중요한 질문을 하려고 한다. "현세대 젊은이들이 교회를 떠나는 문제는 이전 세대의 문제와 같은 것인가? 모자이크 세대 혹은 밀레니엄 세대가 교회를 떠나는 문제는 어떤 차이점이 있는가? 문화에 따라 세대 간의 믿음도 변하는 것일까?"

내 직업을 소개하며 글을 시작해보겠다.

기독교를 잇는
연결 고리

연구원이 된다는 것은 듣는 사람이 되는 것을 의미하기도 하고, 탐정이 된다는 의미이기도 하다. 내가 속한 바나 그룹은 매년 약 3만 건의 인터뷰를 진행하는데, 우리 팀은 이 자료를 통해 사람들의 삶 속에서 무슨 일이 일어나는지를 듣는다. 듣는 작업이 끝나면, 탐정의 기질을 발휘해 사람들의 삶과 교회 전반의 흐름을 하나의 그림으로 끼워 맞추는 작업을 한다.

교회를 떠나는 현상의 퍼즐 중 큰 조각을 맞추게 된 것은 2003년이었다. 바람이 많이 불던 어느 가을, 미시간 주 그랜드 래피즈를 방문하여 20대들이 교회에 정착하지 못하고 방황하는 내용을 조사하여 기사를 썼다. 이 기사를 인터넷에 올리고 며칠

안 되어 여론은 뜨거운 관심을 보였다. 심지어 〈ABC 뉴스〉에서도 우리가 조사한 자료와 함께 팀 켈러 목사가 맨해튼 젊은이들에게 기독교를 알리기 위해 분투하는 내용을 담은 인터뷰를 방송했다.

그리고 몇 년 뒤인 2007년, 우리는 비기독교인 청년들이 기독교를 어떻게 인식하고 있는지를 다룬 《나쁜 그리스도인》이라는 책을 출간했다. 자료를 수집하며 우리는 비기독교인 청년들이 기독교에 대해 지나치게 부정적인 견해를 가진 것에 놀랐고, 기독교인 청년들 또한 기독교에 대해 심각하게 절망하고 있다는 사실에 충격을 받았다. 수많은 기독 청년들이 기독교를 위선적이고, 남을 정죄하고, 정치적이고, 현실성이 떨어진다고 생각하고 있었다. 이런 증언들을 들으면서 그들에게 깊은 관심을 기울여야 할 필요성을 절감하고, 우리 팀은 다음 세대를 알아가는 일에 집중했다. 그들이 왜 교회를 떠나는지 이해하고 싶었고, 왜 기독교를 계속 받아들이기 힘든지 듣고 싶었다. 그리고 어떻게 신앙을 다시 생각하게 되었는지, 이 과정이 이전 세대와 같은지 아니면 다른지도 알고 싶었다. 또한 젊은이들이 교회 사역 중 어떤 영역에서 소망과 성장과 영적 부흥을 경험하는지도 규명하고 싶었다.

지난 4년에 걸쳐 이 모든 작업을 진행했다. 우리 팀은 수백 건이나 되는 세대 연구 자료와 관련 서적을 검토하고, 전문가와 교육가에게 자문을 구했으며, 부모와 목회자의 관점도 들어보았다. 바나 그룹에 보관된 방대한 인터뷰 자료들을 모아 분석했고,

세대별로 믿음이 형성되는 다양한 사례를 알아보기 위해 27년 이상의 나이차를 두고 연구했다. 추가로 여덟 개의 연구를 체계적으로 진행했는데, 이 프로젝트를 위해서만 거의 5천 건에 달하는 인터뷰를 진행했다. 18세부터 29세까지의 젊은이들을 대상으로 그들이 경험한 교회와 믿음에 대해, 왜 교회를 떠나게 되었는지, 기독교와 그들 사이에 남아 있는 연결 고리는 무엇인지 물었다.

나는 이 모든 자료를 바탕으로 당신이 다음 세대를 만났으면 좋겠다. 그리고 이들을 알아갈 때, 다음의 세 가지 현실을 꼭 명심하기를 바란다.

1. 10대들의 교회 참여는 여전히 왕성하다. 그러나 미국 교회 어디서나 흔히 볼 수 있는 열심 있는 10대들이 그리스도의 신실한 청년 제자로 성장하지 않고 있다.

2. 교회를 떠나는 데는 여러 가지 이유가 있다. 물론 교회를 떠나지 않는 신실한 청년도 있지만, 세대 전체를 뭉뚱그려 다루려 해서는 안 된다. 교회를 떠나는 사람마다 그 사람에게 맞는 개인적이고 합당한 반응이 필요하기 때문이다.

3. 교회를 떠나는 문제의 중심에는 사실 신앙 성숙의 문제가 깔려 있다. 종교 용어를 빌리자면, 제자 양성의 문제라고 할 수 있다. 교회는 급변하는 문화의 소용돌이 속에서 다음 세대들이 그리스도를 신실하게 따를 수 있도록 도울, 적절한 대비를 하지 못하고 있다.

청년들은 왜 교회를 떠나는가

이제 이 세 가지 현실을 좀 더 깊게 살펴보자.

열심 있는 10대에서 행방불명된 20대로

얼마 전 나는 플로리다에서 열린 학생 콘퍼런스에서 18세부터 25세까지 기독 청년들에게 강의를 했다. 먼저 간단한 질문으로 시작했다. "본인이 아는 사람 중에 기독교 공동체를 떠난 사람이 있으면 손들어보세요." 이내 강의실에 있던 모든 청년이 손을 들었다.

주위 사람들이 교회를 떠나는 문제는 학생이나 부모, 교회 지도자 모두가 경험하고 있지만, 모두들 그 현상을 정확히 파악하지는 못하고 있다. 이를 제대로 알기 위해 먼저 다음의 두 가지 사실을 이해해야 한다.

1. 10대는 종교적으로 가장 왕성한 활동을 한다.
2. 20대는 거의 종교 활동을 하지 않는다.

18세부터 29세까지는 교회 출석이라는 면에서 블랙홀이다. 대부분의 교회에서 이 나이 대는 '행방불명'되었다. 다음 도표(26쪽)에서 볼 수 있듯이, 성인이 될 무렵 교회 출석률이 바닥을 친다. 10대와 성년 초반의 교회 참여율을 비교해보면 거의 43퍼센트나 차이가 난다. 이 수치들을 놓고 보면, 10대에는 열심히 교회 생활을 하다가 30대가 될 때까지 거의 교회 생활을 하지 않는 20대가 8백만 명에 이른다.

교회를 떠나는 문제

미국인을 대상으로 한, 교회 출석률과 참여율에 대한 조사

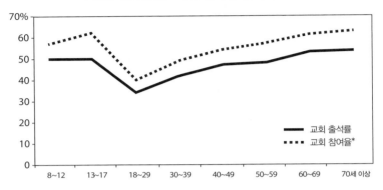

* 교회 참여율은 예배, 교회 학교, 소그룹 참여 등을 포함한다.
바나 그룹(1997~2010년), 52,496명 대상

  이 세대 청년들이 유소년이나 청소년보다 교회 출석률이 낮은 것이 문제가 아니다. 문제는 인생의 중요한 10년, 즉 20대에 많은 영적 에너지가 사그라진다는 점이다. 한번 생각해보자. 18세 이하 미국인 다섯 명 중 적어도 네 명 이상은 유소년기에 잠시라도 기독교 모임(교회 혹은 성당)에 참여한 경험이 있다. 어른 열 명 중 여덟 명 이상은 12세 이전에 주일학교를 다녔거나 성실히 종교 훈련을 받은 경험이 있다. 단, 유소년기에 비해 10대의 교회 참여율이 감소하기는 한다. 미국인 열 명 중 일곱 명은 10대에 적어도 한 달에 한 번은 주일학교 혹은 다른 종교 프로그램에 참여했다고 말한다.[1]

  이 조사의 대상자인 미국인들은 대체로 자신을 기독교인이라

고 말했다. 언제, 어디서 이런 확신이 시작되었을까? 인생 초반, 즉 성인이 되기 이전이다. 유소년기 혹은 청소년기에 기독교와 관련된 경험을 했었기에 보통 자신을 기독교인이라고 규정하는 것이다. 하지만 이런 연결은 종종 깊이가 없고 피상적이다. 믿음의 문제라기보다는 문화적 정체성과 더 관련이 있다. 그리고 모자이크 세대는 이전 세대의 문화를 공유하지 않는 것으로 나타났다.

바나 그룹은 2011년 초에 진행한 한 연구에서 기독교 신앙을 가지고 성장한 전국의 청년들을 무작위로 추출해 그들의 신앙 여정에 대해 물었다. 장로교 혹은 가톨릭에 다녔거나 적어도 18세 이전에는 기독교인이라고 확신했던 사람들을 대상으로 했다. 여기에는 현재 교회에 다니는 사람, 다니지 않는 사람, 자신을 기독교인이라고 규정하는 사람, 예전에는 그랬지만 지금은 그렇지 않다고 생각하는 사람을 모두 포함했다.

이 조사는 우리가 다른 자료를 통해 어느 정도 확립해가던 내용을 확실하게 증명해주었다. 기독교 배경을 가진 청년 중 59퍼센트가 "교회에 출석하지 않거나 정기적으로 나가지 않는다"고 응답했다. 그중 57퍼센트에 해당하는 사람들은 15세에 비해 교회 활동이 훨씬 줄었다고 대답했다. 거의 5분의 2에 해당하는 38퍼센트가 믿음에 대해 심각하게 고민한 적이 있다고 답했고, 3분의 1에 해당하는 32퍼센트가 부모의 신앙을 버리고 싶었던 적이 있다고 했다.

가톨릭 청년들의 대답도 개신교 청년들과 크게 다르지 않았다. 그러나 가톨릭 청년들은 신앙의 특정 양상에 대해 고민하고 있었다. 예를 들면, 5분의 1에 해당하는 21퍼센트의 청년들이 "성직자의 추문 때문에 믿음이 흔들렸다"고 답했고, 8분의 1에 해당하는 13퍼센트의 청년들이 "가톨릭 학교를 다니며 안 좋은 경험을 했다"고 대답했다. 다섯 명 중 두 명에 해당하는 40퍼센트의 청년들이 "성과 출산에 대한 가톨릭교회의 가르침은 시대착오적"이라고 말했다. 또 4분의 1에 해당하는 28퍼센트의 청년들은 "여성을 사제로 서품하지 않는 것이 마음에 들지 않는다"고 응답했다. 성당과 예배에 대한 질문에는, 3분의 1(34%)이 "예배는 의미가 있어야 하는데 아주 지루한 의무처럼 느껴진다"고 대답했고, 5분의 1(22%)은 "우리 성당은 청년보다 나이 든 사람들만 중요하게 여긴다"고 대답했다.

가톨릭과 개신교 젊은 층을 대상으로 예수 그리스도에 대한 인식을 조사한다면, 그리스도께 헌신하고 있다고 말할 것 같지 않은 나이 대는 20대다. 전반적으로 그들도 예수 그리스도에 대해 호감이 있기는 하지만, 깊은 내면에는 기독교의 핵심에 대한 의심을 숨기고 있다. 다른 나이 대에 비해 청년들은 예수님이 죄를 지었을 거라고 믿는 경향이 유독 강하고, 예수님이 행한 기적들도 의심스러워하며, 그분의 부활에 대해서도 반신반의한다. 20대들은 전에 열심히 교회를 다녔음에도, 예수 그리스도께서 자신들에게 일대일로 말씀하시는 분이라고 확신하지 못하는 것 같다.

결론적으로, 유년기와 10대에 기독교의 영향을 상당히 많이

교회와 신앙에 대한 청년들의 고백

기독교 배경을 가진* 18~29세 청년들의 응답

교회와 신앙에 대한 인식	모든 기독교인	개신교	가톨릭
규칙적으로 예배를 드리다가 언제부터인가 교회 출석을 안 한다	59%	61%	56%
개인적으로 신앙에 대해 심각하게 절망을 느껴본 적이 있다	50%	51%	49%
15세 때에 비해 덜 영적이다	29%	31%	29%
15세 때에 비해 교회 활동이 줄었다	57%	58%	65%
신앙에 대해 심각하게 의심하던 시기가 있었다	38%	41%	33%
부모의 신앙을 거부하고 싶었던 시기가 있었다	32%	35%	25%

* 개신교 혹은 가톨릭에 출석했거나, 어느 시기 자신을 기독교인이라고 규정한 사람

바나 그룹(2011년), 1,296명 대상

받았던 청년들이 20대에는 교회 출석을 덜하고 그리스도께 헌신하는 모습이 사라졌다는 것이다. 청년들의 활동이 비교적 활발한 교회나 성당에서도, 20대의 참여율은 그 지역에 거주하는 젊은이들 수에 비하면 아주 극소수다. 또 모자이크 세대의 참여율이 아주 높은 교회들도 있기는 하지만, 그보다 훨씬 많은 교회들이 청년들의 삶에 영향을 미치고 연계되기 위해 고군분투하고 있다.

모든 사람의 이야기가 중요하다

이 조사를 하면서 알게 된 한 가지는 교회를 떠나는 이유도

가지각색이고, 교회를 충실히 다니는 이유 또한 다양하다는 것이다. 사람들은 모두 자신의 믿음과 영성과 관련해 독특한 여정을 거친다. 그리고 그 모든 이야기는 다 중요하다. 청년들이 교회를 떠나는 이유가 모두 비슷해 보일지라도 그것을 경험하는 사람들에게는 매우 실제적이고 개인적인 일이다. 기독교 공동체 안에 있는 우리는 이 점을 명심해야 한다.

이렇게 모든 이야기가 다르기에 나름대로 깊은 관심을 두어야 하지만, 동시에 그 이야기들 속에는 교회를 떠나는 문제를 이해하는 데 도움이 되는 일정한 패턴이 보인다. 우리는 이 조사를 통해 교회를 떠나는 유형을 크게 세 가지로 분류하게 되었다.

- **유목민 유형**: 교회 활동을 하지 않지만 여전히 자신을 기독교인으로 여긴다.
- **탕자 유형**: 믿음을 잃고 스스로를 '더는' 기독교인이 아니라고 말한다.
- **포로 유형**: 여전히 기독교 신앙을 유지하고 있지만, 교회와 문화 사이에서 길을 잃었다고 느낀다.

켈리는 전형적인 '유목민 유형'이다. 그녀는 복음주의 개신교회 전통에서 자랐다. 아버지 잭은 평생을 기독교 단체에서 일했고, 주일학교 교사로 섬겼다. 부모님 모두 열심히 신앙생활을 하는 분들이다. 그런데 켈리는 늘 불안 장애와 싸워야 했고, 자신이 교회에 맞지 않는다고 느꼈다. 켈리는 이렇게 토로했다. "교

청년들은 왜 교회를 떠나는가

회와 처음 갈등을 일으킨 건 중고등부 때였어요. 전혀 적응할 수가 없었는데 아무도 나를 도와주지 않았어요. 두 번째는 대학에 다닐 때예요. 제가 속해 있던 캠퍼스 선교 단체에서 전도할 사람들의 숫자를 정해주었어요. 세 번째 충격은 교회 어른들이 부모님께 저에 대해 말하는 걸 들었을 때였어요. 그분들은 부모님이 저를 잘못 키웠다고 말씀하셨어요." 이런 부정적인 경험에도 불구하고 켈리는 여전히 기도도 하고 성경도 읽기 때문에 유목민 유형에 속한다. 켈리는 이렇게 말한다. "예수님을 믿는 믿음을 버린 적은 없어요. 하지만 교회는 이제 신뢰하지 않아요."

마이크는 전형적인 '탕자 유형'이다. 가톨릭 전통에서 자랐지만, 과학과 날카로운 지성을 선호하는 점 때문에 종종 성당 지도자들과 다툼을 벌였다. 그는 한동안 자신의 믿음에 대해 고민하며 씨름하더니 결심한 듯 말했다. "이제 기독교의 이야기들은 믿지 않겠어요." 마이크가 다시 믿음을 갖게 될지는 시간이 지나봐야 알 것이다. 하지만 탕자 유형은 대부분 이와 비슷한 결론을 내리는 것 같다.

나단은 꽤 유명한 밴드의 리드 싱어인데, '포로 유형'의 모습을 보인다. 나단의 부모님은 켈리의 부모님처럼 나단의 어린 시절 내내 복음주의 교회에 열심히 다녔다. 그런데 어느 날 부모님이 이혼을 했다. "전, 정말 오랫동안 교회와 믿음에 대해 감정이 격해 있었어요. 하지만 믿음보다는 교회에 더 화가 났었죠." 한 기독교 잡지사와의 인터뷰에서 이 젊은 음악인은 '모든 제도화된 기독교를 향한 엄청난 적대감'을 표현했다. 그와 밴드 멤버들은 이렇게 말했다. "우리 모두 기독교 내의 여러 문화 때문에 당황스럽고 수치스러웠던 경험들이 있어요. 하지만 우리가 가진 믿음 자체가 부끄럽거나 당혹스럽지는 않아요." 나단의 믿음은 견실했고, 자신들의 문제를 솔직하게 내놓고 치유하려고 애쓰는 다른 젊은 음악인들과의 만남을 통해 상처가 거의 치유되었다. 기독교 잡지 《렐러번트》는 나단과 그의 밴드에 대해 "자신들이 배우며 자란 보수적인 신앙을 거부하며 질문을 던지지만, 여전히 신앙을 통해 의미를 찾는 사람들"[2]이라고 표현했다.

나단, 마이크, 켈리는 교회를 떠나는 세 가지 유형을 대표한다. 이 책의 3장(유목민 유형과 탕자 유형)과 4장(포로 유형)에서 이 유형들을 좀 더 자세히 다루려고 하는데, 여기서는 이 조사를 통해 발견한 세 가지를 먼저 짚고 넘어가겠다. 첫째는 다음 세대가 경험하는 믿음의 여정은 천편일률적이거나 어느 한 유형에 딱 들어맞지 않는다는 점이다. 모든 이야기가 다르고 모든 유형이 다 중요하다. 어쩌면 당신이 아는 사람이나 당신 자신도 이 광범위한 세 가지 범주에 속할 수 있다.

둘째, 교회를 떠나는 젊은이들 대부분은 믿음을 버린 것이 아니라 교회 참여를 유보한 것이라는 점이다. 사실 믿음을 잃는 이야기만큼이나 가슴 아픈 탕자 유형의 이야기는 교회를 떠나는 유형 중 극소수다. 대부분은 유목민이나 포로 유형에 속한다. 조직화된 교회 공동체를 떠났다고 해서 기독교 자체를 거부하는 것은 아니다. 물론 이 둘이 서로 연관되어 있지만, 젊은이들 대부분이 씨름하는 문제는 '그리스도에 대한 믿음이 아니라 교회

생활에서 오는 갈등에 관한 것'이다.

셋째, 교회를 떠나는 현상을 조사한 자료에는 이와 정반대되는 흐름도 있다는 점이다. 바로 헌신적이고 열정적인 기독 청년들이 있다는 사실이다. 그들은 세상에 복음을 전하려고 열성을 다한다. (이런 젊은 기독교인들 중에는 교회 활동과 교구에 열심히 참여하는 사람도 있지만 포로 유형에 속한 사람도 있다.) 예를 들어, 18세부터 29세까지 젊은이 네 명 중 두 명(42%)은 "자신들의 세대가 교회를 떠나는 것이 무척 걱정스럽다"고 대답했다. 이와 비슷하게 (41%) "힙합 버전 기독교보다 좀 더 전통적인 신앙"이 필요하다고 대답했다. 그리고 열 명 중 세 명(30%)이 "자신의 인생에서 교회 생활이 가장 재미있다"고 대답했다.

요즘 불고 있는 '패션 워십'이나 '힐송' 같은 새로운 형태의 예배 공동체 및 몇몇 리더들 사이에서 젊은 세대들의 신학적이고 실천적인 기대를 끌어올리려는 노력이 보인다는 점은 무척 고무적이다. 《어려운 일에 도전하라》(Do Hard Things, 생명의말씀사)를 쓴 쌍둥이 형제 알렉스와 브레트는 이런 흐름의 대표적인 예다. 또한 《왜 우리는 하나님의 인도를 바르게 받아야 하는가》(Just Do Something, 부흥과개혁사)를 쓴 케빈 드영 목사도 이에 속한다. 이들을 포함한 여러 다른 젊은 지도자들은 종종 '시동 걸기 힘든' 세대라고 불리는 현세대 젊은이들에게 반응하고 있다.[3] 이 리더들은 청년들이 높아진 기대치에 눌려 꼼짝 못하고 있음을 깨닫고 그들을 돕기 위해 최선을 다하고 있다.

그러나 조사를 하면서, 교회를 떠나지 않은 20대들의 믿음의 질과 강도에 대해 몇 가지 중요한 질문들이 제기되었다. 대체적으로 젊은 기독교인들을 비롯한 대부분의 기독교인들이 성경이나 교리, 교회 역사에 대한 지식이 빈약한 것이 사실이다. 그러나 모자이크 세대가 직면한 독특한 문화적 압력은 기독교 신앙에 큰 도전을 가하고 있다. 이런 상황에서 그들의 믿음이 얕다면 어떻게 살아남을 수 있을까? 그들의 신학적 견해나 그리스도에 대한 헌신은 충분히 깊은가? 이 세대는 문화의 공격을 이기는 세대가 될 것인가, 아니면 신념을 저버리는 세대가 될 것인가? 문화에 순응하는 것이 믿음에 큰 영향을 미칠까? 그들은 믿음을 말살하는 문화적 규범에 항복할 것인가?

다음 세대는 두 가지 가능성 사이에 놓여 있다. 예수 중심적 복음과 능력에 붙들릴 것인가, 아니면 약한 바람에도 날아갈 값싼 미국적 역사 신앙에 머무를 것인가의 기로다. 진정한 복음을 추구하는 명확한 길이 제시되지 않는다면, 수많은 젊은이들이 훗날 자신의 20대를 돌아볼 때 그리스도를 따르지 않았던 시절로 기억하게 될 것이다.

새로운 상황에 맞는 제자 양성

이 책은 표면적으로 보면 교회를 떠나는 사람들을 다루는 것 같지만, 사실 더 깊은 차원에서 보면 다음 세대에게 믿음을 전달하는 데에 기독교 공동체가 직면한 새로운 어려움을 말하고 있다. 현재 우리의 문화와 교회를 짓누르고 있는 이 강력한 압박에 교회가 바로 응답할 수 있도록, 그 실체를 조사하여 분명히 밝히

청년들은 왜 교회를 떠나는가

려고 한다. 나이나 영적 상태와 상관없이, 우리 모두는 이 새롭고 불확실한 문화적 상황에 반응해야 한다. 핵폭발로 인해 나타나는 버섯구름 아래 가이거계수기처럼, 다음 세대는 사회적·기술적·종교적 변화라는 강한 방사능에 반응하고 있다. 그리고 우리는 낙진을 피할 준비도 하지 않은 젊은이들을 세상으로 내보내고 있다. 너무나 많은 젊은이들이 자신들의 신앙에 대해 분명하게 설명하지 못할 뿐 아니라 그리스도를 위해 기꺼이 위험을 감수하려는 의지도 없다. 이 같은 문제점들은 제자 훈련의 공백을 드러내는데, 주로 세 가지 중요한 범주에서 명확히 드러난다. 교회는 바로 이 세 가지 범주에서 다음 세대를 제자 삼는 방법에 대해 재고해야 한다.

관계

제자 훈련의 공백이 드러나는 첫 번째 범주는 관계다. 다음 장에서 자세히 살피겠지만, 모자이크 세대는 다방면에서 상당히 관계 중심적이다. 특히 동료들에 대해 그렇고, 가족들과도 긴밀한 관계를 형성한다. 이와 더불어 20대들은 신앙과 영적인 영역에서는 부모 혹은 기성세대에게 종종 괴리감을 느낀다. 많은 젊은이들이 기성세대는 자신들의 회의와 고민을 이해하지 못한다고 느낀다. 젊은이들과 교제하며 멘토링하기 위해 반드시 필요한 그 부분이 막혀 있다는 것이다. 사실 우리가 인터뷰한 젊은이들 대부분은 부모님 외에 가깝게 지내는 어른이 없다고 답했다. 교회는 성도 간의 세대적 결합을 다시 회복할 수 있을까?

모자이크 세대는 '나와 우리의 모순'을 전형적으로 보여준다. 일반적으로 그들은 유별나게 관계적이면서 극도로 자기중심적이다. "우리는 세상을 변화시키고 싶다! 나를 봐! 함께 차이를 만들어가자! 난 유명해지고 싶어!" 그들은 누군가의 가르침을 원하지만 동시에 자기 자신의 방식대로 하려 한다. 그들은 친구들과 모든 것을 함께하기를 원하면서도 자신의 힘으로 위대한 일을 이루고 싶어 한다. 타인 지향적이면서도 이기적인 이 모순은 수년 내에 기독교에도 영향을 미칠 것이다. 하지만 어떤 방식으로 영향을 미칠 것인가? 기독교 공동체는 관계적이면서 개인적인, 이 모순된 세대에게 어떻게 예언자적으로 말하고 그들이 복음을 위해 다른 사람들을 섬기도록 도울 수 있을까?

다음 세대는 콜라주 기법을 완벽히 사용하는 예술가처럼, 관계와 이상과 욕망을 다양하게 뒤섞어버릴 수 있다. 예를 들어 이들은 세계 문제에 깨어 있고, 나이와 성별, 종교, 인종에 상관없이 관계를 맺는다. 그들은 다양성을 추구하고 즐긴다. (이 세대가 다양한 관계를 맺고 수많은 가치들을 뒤섞는 것을 보고 분석가 조지 바나는 '모자이크 세대'라는 이름을 붙였다.) 과연 기독교 공동체는 이들을 이해하고 공감할 수 있을까? 또한 이들에게 진리를 향한 열정을 키워줄 수 있을까?

직업

두 번째 범주는 직업이다. 직업은 믿음과 소명이 교차되는 지점으로 굉장히 중요한데도 종종 무시된다. 그리스도를 따르는

청년들은 왜 교회를 떠나는가

수많은 10대와 청년들이 세상에서 주류 직업을 갖고 싶어 한다. 과학, 법률, 미디어, 기술, 교육, 군대, 예술, 경영, 마케팅, 광고, 의료 서비스, 회계, 심리 등 수많은 분야가 있다. 그러나 이들 젊은 세대에게 그리스도에 대한 믿음과 직업을 어떻게 연결시켜야 할지 가르쳐주는 교회는 거의 없다. 특히 과학 분야에서 일하게 될 청년들의 경우는 더욱 그렇다. 이외에도 의료, 기술, 교육, 리서치, 컴퓨터 프로그래밍 분야도 마찬가지다. 이 젊은 기독교인들은 과학이 지배하는 세상에서 정직하고 신실하게 살아가는 법을 교회에서 거의 배우지 못한다. 그들의 과학적 재능을 탁월하게 발휘하는 방법은 더 말할 것도 없다. 과연 기독교 공동체는 자신의 직업에서 소명을 다하고 능력을 최대한 발휘하면서도 겸손하고 신실하게 하나님을 섬기는 사람들로 젊은 세대를 준비시킬 수 있을까?

이런 문제의 연장선상에서 교회는 '창조적인 사람들'을 잃어버리고 있다. 음악가, 행위예술가, 영화제작자, 시인, 스케이트 선수, 서핑 선수, 작가 등. 이 책을 읽다 보면, 자신의 창조적 재능과 충동을 교회 문화와 연결시키기 어려워하는 가수, 개그맨, 작가, 영화제작자 들을 만나게 될 것이다. 요즘 교회들은 우뇌 재능을 사용하는 데만 급급한 경우가 많다. 전통적으로 예술성이 풍부했던 교회가 지금은 점차적으로 창조적이지 않고, 과잉보호하고, 답답한 곳으로 인식되고 있다. 기독교 공동체가 다시금 미술, 음악, 연극, 디자인, 그리고 감히 말하자면 즐거움이 살아나는 장소가 될 수 있을까?

지혜

세 번째 범주는 다음 세대에게 지혜의 소중함을 가르치는 것이다. 우리는 다음 세대가 정보보다는 지혜를 가치 있게 여길 줄 알도록 훈련을 해야 한다. 모자이크 세대는 인류 역사상 다른 어떤 세대보다도 더 많은 지식을 접할 수 있다. 그러나 지식을 삶과 세상에 적용하는 분별력이 부족하다. 젊은이들은 디지털 세대로서 깊이보다 속도, 전인격적인 관계보다 섹스, 진리보다 의견을 선호하는 겉만 번지르르한 대중문화에 길들여진 세대다. 그러나 기독교 공동체가 문화적 덫이 주는 위험성을 경고하며 호들갑을 떤다고 해서 문제가 해결되지는 않는다. 다음 세대 하나님의 자녀들을 위해 우리는 더 많은 것을 해주어야 하고, 그들은 더 나은 것을 받을 자격이 있다.

급변하는 문화적 상황에서 삶을 의미 있고 신실하게 살아가기 위해서는 강력한 지혜가 필요하다. 그러나 지혜란 정확히 무엇인가? 고대 히브리인들의 사고에서 지혜란 능숙하게 살아가는 것을 의미했다. 지혜는 영적으로, 정신적으로, 정서적으로 하나님과 이웃과 다른 문화와 바른 관계를 맺는 능력을 말한다. 잠언 9장 10절은 "여호와를 경외하는 것이 지혜의 근본"이라고 말한다. 지혜는 성경을 통해 그리스도 안에 자신을 드러내신 하나님을 알고 경외하는 것에 기초한다. 우리는 성경과 성령의 사역, 교회의 전통과 실천에서 지혜를 발견하고, 다른 사람들을 섬기면서 지혜를 발견한다.

그러나 많은 다음 세대들이 정보 소비자를 넘어 지혜의 사람

청년들은 왜 교회를 떠나는가

이 되는 것을 무척 어려워한다. 예를 들어, 많은 젊은 기독교인들이 예수님의 말씀과 사역(정보)은 존중하지만, 그분을 하나님이요 주(主)로 알지는 못한다(지혜). 그들은 성경을 읽고 존중하지만(정보), 말씀은 순종을 요구한다는 사실(지혜)을 알지 못한다. 젊은 기독교인들은 성령의 임재를 믿고 체험하기에 가장 어려운 세대일 것이다. 게다가 영적 체험이나 교회의 역사적 전통을 통해 하나님을 더 깊이 알고 체험하는 것이 이들에게는 한물간 구식처럼 보일 때가 많다.

지혜로워지는 것은 그저 '기도하는 것'으로 되지 않는다. 혹은 율법을 줄줄 외운다고 되는 것도 아니다. 서원을 하거나 몇 주간의 프로그램을 수료한다고 되는 것도 아니다. 이것은 평생에 걸쳐 이루어지는 작업이다. 그리스도를 믿고, 하나님의 말씀을 배우고, 성령의 능력에 의지하고, 다른 믿는 자들과 함께 공동체를 섬기면서 깊이 변화되어가는 것이다. 과연 기독교 공동체는 젊은 기독교인들이 정신적·정서적·영적으로 혼란스러운 문화 속에서 지혜롭게 살아가도록 도울 수 있을까?

교회를 떠나는 것이
왜 문제인가?

우리는 청년들의 신앙 여정에 왜 관심을 가져야 하는가? 왜 이것이 문제가 되는가?

이것은 첫째, 마음의 문제다. 수많은 젊은이들의 영적 삶이 위기에 처해 있다. 이 사실만으로도 충분한 이유가 된다. 한 사람의 도덕적·영적 근간은 보통 13세 이전에 형성되지만, 10대와 청년기는 그 근간들이 갖는 한계와 현실성을 실험해보는 중요한 시기다. 유년기와 사춘기가 영적이고 도덕적인 나침반의 눈금이 결정되는 시기라면, 고등학교 때부터 20대 후반까지는 지나온 영적 궤도가 실험을 거쳐 재가를 받고 명확해지는 시기다.

신앙의 변화는 대부분 18세부터 29세 사이에 일어난다. 우리는 한 조사에서, 90대를 대상으로 신앙의 변화 여부와 그 시기를 알아보았다. 그들 대부분이 20대에 신앙의 변화를 경험했다고 응답했고, 신앙관이 현격히 바뀌는 경험을 한 사람들 중에서 71퍼센트가 30세 이전이었다고 답했다.[4] 이것은 퓨포럼(Pew Forum)의 조사와도 일치하는데, "종교를 바꾼 사람들은 대부분 24세 이전에 어린 시절의 신앙을 떠난다"[5]고 밝혔다. 성인이 되어 20대에 내린 결정들은 이후 인생의 방향을 결정한다. 젊은이들은 이 시기에 교육, 재정, 직업, 결혼, 가족, 의미, 그 밖의 많은 중요한 문제들을 결정한다. 그들은 자신이 원하는 삶을 살아가기 위해 어디로부터 도움을 구하는가? 그들의 신앙 혹은 교회 공동체가 이 같은 중요한 결정에 도움을 주는가? 한동안 교회를 떠나고 믿음에 의문을 갖는다고 해서 반드시 믿음을 잃는 것은 아니다. 사실 이런 과정을 통해 그 사람의 믿음은 더욱 견고해진다. 그러나 꼭 이 과정을 거쳐야 되는 것일까?

신앙 지도자 중에는 청년들이 결혼도 하고 아이도 낳을 만큼 성숙해지기를 기다리겠다고 하는 사람도 있다. 그러면 다시 교회로 돌아올 거라고 말한다. 그러나 이런 접근이 정말 바람직한 것일까? 특히 요즘처럼 결혼과 출산이 점점 늦어지는 추세에서 말이다. 청년들이 스스로 결심하고 다시 돌아올 때까지 기다리는 것이 정말 우리가 원하는 것일까?

물론 아니다.

둘째, 청년들의 신앙 여정을 알면 그에 맞게 대처할 수 있다. 정확한 정보도 없이, 기독교인들은 청년들이 교회를 떠나는 문제를 무시하거나 축소하거나 과대포장해왔다. 이러한 접근은 모두 옳지 않고 도움이 되지 않는다. 우리가 이 조사를 시작하면서 알게 된 것은 지금 무슨 일이 일어나고 있는지, 또 그것이 무엇을 의미하는지에 대해 의견이 분분하다는 사실이었다. 많은 상충하는 주장들이 있었다. 어떤 사람들은 교회를 떠나는 문제는 아예 없는 이야기라고 일축한다. 그저 신화일 뿐이며 책이나 프로그램을 판매하려고 문제를 조작한 것이라고 주장한다. '교회를 떠나는 문제를 부인하는 사람들'의 관점에서 보면, 지금 일어나는 현상은 그저 젊은이라면 누구나 한 번쯤 경험하는 자연스러운 썰물이다. 이런 주장을 하는 사람들은 교회를 떠나는 문제를 축소하거나, 교회와 믿음에 흥미를 잃은 20대들도 어른이 되면 대부분 돌아온다고 설명한다. 그들은 별일 아니니 관심을 끊으라고 하면서 아무 일도 없다고 주장한다.

또 어떤 사람들은 교회를 떠나는 문제가 이토록 심각한데 다들 그 심각성을 모르고 있다고 야단을 떤다. 우리가 생각하는 것보다 훨씬 더 심각하다고 말한다. 최근 어떤 사람이 우리 사무실로 전화를 걸어 바나 그룹이 발표한 자료 가운데 교회를 떠나는 사람의 수가 한참 잘못되었다고 했다. 그 사람은 자신의 확신대로라면 그보다 훨씬 많다면서 자료 수정을 요청했다. 이런 극단적인 비관론자들은 적색경보를 외치며, 한 세대 안에 기독교가 끝장날 거라고 주장한다.

나는 교회를 떠나는 문제가 분명 실재하고 심각하다고 믿는다. 하지만 한 세대 안에 교회가 사라질 거라고 결론 내리는 건 매우 성급하다고 본다. 그래서 청년들의 신앙 여정을 자료에 근거해 정확하게 평가한 내용을 제시하고자 한다. 증거를 수집하고, 인터뷰를 하고, 자료를 분석해서, 현 문화의 실체를 최대한 정확하게 보여주고자 한다. 교회는 실제 세상에서 교회로 자리매김해야 하기 때문이다.

이 조사에서 우리는 교회를 떠나는 문제를 최대한 정확하게 밝혀내고자 최선을 다했다. 그리고 이 책은 이 문제에 관한 모든 노력의 결과물이라 할 수 있다. 하지만 이 책이 마지막 해답이 될 수는 없다. 다음 세대를 제자 삼고, 부모가 자녀에게 믿음을 전수하는 데, 쉽고 획일화된 방법은 있을 수 없다. 기본적인 방정식이나 쉬운 설명을 기대한다면, 이 책은 맞지 않을 것이다. 최대한 분명하고 간략하게 하려고 애썼지만, 믿음과 문화의 문제를 다루는 데 간단한 답은 없다.

셋째, 이것은 책임의 문제다. 나는 다음 세대나 교회의 문제를 누군가의 책임으로 돌리려고 이 책을 쓴 것이 아니다. 젊은이나 노인이나, 교회를 다니는 사람이나 떠난 사람이나 다 해야 할 역할이 있는 법이다. 당신이 만일 젊은 유목민이나 포로 유형 혹은

청년들은 왜 교회를 떠나는가

신실하게 신앙을 지키는 유형이든 이 점을 꼭 기억하길 바란다. 우리는 예수님의 피로 구원받은 사람들로서, 하나님 나라의 시민임을 기억하자. 이 안에서 우리는 앞서간 모든 믿는 세대와 하나가 된다. 물론 그리스도를 따르는 일은 쉽지 않다. 하지만 하나님의 은혜가 당신과 나에게 풍성히 임하리라 믿는다. 하나님은 우리가 전심으로 그리스도를 따르길 요구하신다.

당신이 탕자라면, 기독교를 버리겠다는 선택을 다시 고려해보길 권한다. 당신의 신앙 여정이 어떠하든, 나이가 어떠하든, 기독교와 교회를 향해 어떤 불만을 갖고 있든, 최악의 상태에 있는 당신은 나와 마찬가지로 더 나을 것이 없다. 그러나 당신과 내가 최선을 다한다면 하나님의 은혜가 사람들의 단점보다 훨씬 더 크다는 사실을 믿는 겸손한 성도들 가운데 서게 될 것이다. 교회가 회개하고 진정한 기독교의 모습을 다시 회복하도록 사랑 어린 마음으로 함께 도전하자.

당신이 부모나 교회 리더 같은 기성세대라면, 당신을 비난하지 않겠다. 그 대신 다음 세대를 사랑하고 끌어안고 함께 가는 교회적 차원의 사명을 같이 감당하자고 권하고 싶다. 물론 쉬운 일은 아니다. 철학자 제임스 스미스는 다음과 같이 부모들을 위로했다. "자녀는 당신의 마음을 찢어놓을 겁니다. 어떤 방식으로든 어디서든 말입니다. 한 번이 아닐 수도 있습니다. 부모가 된다는 것은 탕자를 사랑하겠다는 약속입니다."[6]

우리가 부모로서, 신앙 멘토로서 약속을 한다는 것은 스스로를 솔직하게 인정하는 데서 시작된다. 우리는 너무나 자주 일을 망쳤고, 불가능한 일을 우리 힘으로 해결하려 했고, 하나님께서 주신 기회들을 놓쳤음을 인정해야 한다. 하지만 다음번에도 그렇게 하라는 법은 없다. 우리가 하나님께서 주신 대계명과 지상명령에 순종하며 살고자 한다면, 먼저 청년들을 정죄하기보다 사랑해야 하고 그들을 내쫓기보다 제자 삼을 수 있는 새로운 방법을 강구해야 한다. 젊은이들이 교회를 떠나는 비율을 볼 때, 우리의 과실을 정확히 평가받는 것이야말로 지금 기독교가 해야 할 일이다. 다음 세대가 교회를 떠나는 데에 우리는 어떤 방식으로 과실을 범한 것일까?

당신이 교회의 담임목사나 기독교 단체의 대표라면, 그 지위를 이용해 믿음의 공동체가 하나님께서 주신 사명을 감당하는 방향으로 나아가게 할 수 있다. 그리고 이 책에서 제시하는 정보와 분석을 통해 당신과 당신 동료들이 사역 가운데 시대를 지혜롭게 분별하고, 성령의 인도하심으로 다음 세대들의 깊은 영적 필요를 채울 수 있도록 교회가 새로워지기를 바란다. 모든 세대로 이어지는 믿음을 기르기 위해 당신의 교회 혹은 사역은 어떻게 비전을 확대하고 수정해야 할까?

마지막으로, 젊은이들의 신앙 여정에 관심을 기울이는 것은 리더십의 문제다. 우리는 매년 유수한 신앙 단체들, 진보적인 리더들과 만나는 특권을 누린다. 학생 사역 단체, 기독교 학교, 출판사, 대학생 선교 단체 들과 정기적으로 교류하면서 많은 사람들이 변화를 감지하고 있음을 느꼈다. 그들은 대부분 어떻게 하면 다음 세대를 잘 끌어들일지 새로운 방법을 강구하고 있었고,

다음 세대 리더가 나오길 고대하고 있었다. 또 다음 세대를 믿음 안에서 양육하기 위해 새로운 차원의 제자도가 필요하다고 절 감하는 사람들이 많았다. 예수님이 제자를 양육하신 방법인 도 제식 제자양육 방법에 새롭게 관심을 집중해야 할 필요가 있다.

다음 세대를 이해하는 것은 분명 출판사, 학교, 기업, 교회, 사 역 기관 같은 조직뿐 아니라 그들과 관계된 사람들(부모, 목회자, 교육자, 고용주)과 관계가 있다. 다음 세대의 영적 필요에 효과적 으로 반응하기 위해서는 기관이나 공동체가 그들을 이해하고 성경적인 방법으로 접근해야 한다.

물론 여기서 제시한 증거가 젊은 리더들에게는 다르게 적용 될 수 있다. 그들은 동료들을 이해할 필요가 있다. 1960~1970년 대에 태어난 베이비부머들도 자신들의 세대에 어떤 일이 일어 나고 있는지 깨달은 후에야 신앙적으로 자신들만의 색깔을 띨 수 있었다. 다음 세대 리더들에게도 이런 작업이 필요하다.

오늘날 과학기술, 대중문화, 미디어, 오락과 더불어 점점 세속 화되어가는 사회의 영향력은 세대 간의 차이를 극대화하고 있 다. 그리고 수많은 교회, 리더, 기성세대는 이러한 차이를 이해 하는 데 어려움을 겪고 있다. 게다가 이러한 차이를 만든 가치 관, 신념, 가설을 이해할 수 없는 것은 말할 것도 없다. 그래서 우리에게는 젊은 리더가 필요하다. 이 프로젝트를 진행하면서 얻은 가장 큰 수확은 자신들의 세대에 대해 진지하게 고민하는 젊은 기독교인들을 많이 만났다는 점이다. 그들의 열정과 소망 은 놀라웠고, 자신의 동료들이 하나님의 사랑과 목적을 다시 깨달을 수 있도록 최선을 다하는 모습이 존경스러웠다.

동료들의 언어를 구사하고 같은 문화를 경험하는 젊은 리더들이 더욱 소중한 이유는 오늘날 20대들은 이전 세대와 조금 혹은 많이 다른 차원이 아닌, 이전 세대와는 완전히 다른 사회적·기술적·영적 변화 속에서 살고 있기 때문이다.

이런 차이가 얼마나 크고 신앙의 미래에 어떤 의미가 있는지 다음 장에서 깊이 살펴보겠다.

접근, 소외, 권위의
변화

작년에 밥 버포드를 만난 적이 있다. 그는 케이블 텔레비전을 운영하는 기업가로, 중년의 나이에 삶의 우선순위를 바꾸는 큰 모험을 감행했고, 그 이야기를 엮어 《하프타임》(*Half Time*, 국제제자훈련원)이라는 책을 발간해 큰 인기를 얻었다. 친구들과 함께 세대 간의 변화에 대해 이야기를 나누는데, 밥 버포드가 불쑥 끼어들며 이렇게 말했다. "다음 세대는 과거 세대들과 조금 다른 정도가 아닌 것 같아요. 이 세대는 우리가 전에 본 세대와는 분명 완전히 다른 세대예요."

밥은 파일들을 뒤적거리더니 모자이크 세대(밀레니엄 세대)를 대상으로 최근 진행한 여론조사 자료를 증거물로 꺼냈다. 그런 다음 미국 문화의 주류를 구성하는 네 세대의 자기 정체성을 조사한 페이지를 펴더니, 각각의 세대가 자신들을 표현한 단어 혹은 문장을 읽기 시작했다. "베이비부머 이전 세대는 이런 단어를 사용했어요. '2차 대전과 불황', '영리한', '정직한', '직업윤리', '가치와 도덕'. 베이비부머들은 자신들의 세대를 '직업윤리', '존경하는', '가치와 도덕', '영리한' 등의 단어를 사용해 표현했고요. 버스터들은 '과학기술', '직업윤리', '보수·전통', '영리한', '존경하는'이라는 단어를 사용했지요." 그는 재미있는지 킥킥거리면서 이렇게 말했다. "세대마다 자기네들이 더 영리하다고 생각하네요."

"하지만, 여길 보세요." 밥은 계속해서 말을 이었다. "모자이크 세대는 자신들의 세대를 다음의 다섯 가지로 표현하고 있어요. '과학기술', '음악과 대중문화', '자유·관대', '영리한', '의상'. 이전 세대에 보이던 '존경하는'이라는 표현은 어디로 갔을까요? 직업윤리는 어디로 갔을까요? 이 자료를 보면서 다음 세대는 그저 조금 다른 것이 아니라 완전히 다르다는 사실을 깨달았어요. 저는 다음 세대를 이해해보려고 애쓰고 있어요. 하나님께서 제게 이 일을 맡기셨다고 믿기 때문이죠. 그런데 어디서부터 시작해야 할지 모르겠네요."

이전 세대와
차원이 다른 세대

이번 장에서는 현재의 문화가 이전 세대 문화와 완

청년들은 왜 교회를 떠나는가

전히 달라졌기 때문에 다음 세대 또한 이전 세대와 완전히 다르다는 사실을 밝혀보려고 한다. 즉, 우리의 다음 세대가 살아가야 할 문화적 토대는 이전 세대가 자라며 경험했던 문화적 토대와 완전히 다르다는 의미다. 사실 이전의 어떤 기독교인 세대도 지금 세대만큼 극단적인 문화적 변화를 경험한 적이 없다. 이전 세대 기독교인들 중에는 엄청난 박해를 경험한 세대도 있고, 경제적 성공 혹은 생존의 문제로 큰 어려움을 겪은 세대도 있다. 하지만 어떤 세대도 오늘날 서구 기독교인들이 경험하는, 이렇게 복잡하고 복합적인 문화 변화를 경험하지는 못했을 것이다. 다음 세대는 지난 50년간 우리가 만들어낸 자유시장경제, 미디어, 광고, 과학기술, 정치, 성(性) 등의 새로운 문화 속에서 임상실험 대상이 되고 있다. 실험은 계속되고 있지만 이미 몇 가지 결과가 도출되었다.

유동성
다양성
복합성
불확실성

오늘날 젊은 층을 이루는 모자이크 세대는 이러한 급변하는 환경에 직접적인 영향을 받으며 성장했다. 그들의 기대, 가치, 행동, 태도, 소망은 모두 이런 맥락에 의해 형성되었다. 물론 우리도 나이 및 세대와 상관없이 혹은 변화에 수용적이든 아니든 상관없이, 이 거대한 변화에 영향을 받고 있는 것이 사실이다. 오늘날 60대들도 20대들과 마찬가지로 이전 세대와는 완전히 다른 문화에서 살고 있다. 사실 우리가 지금 경험하는 사회적·기술적·종교적 변화 대부분이 1960년대에 형성되기 시작했다. 차이가 있다면, 베이비부머 이전 세대나 베이비부머 세대, 심지어 버스터 세대까지 변화가 정점에 이르기 전에 성인기에 접어들었다는 점이다.

10대와 청년들은 자신들이 기독교 공동체를 떠나는 이유를 이렇게 표현한다. "무슨 말인지 이해가 가지 않아요." 이 말을 깊이 생각해보자. 이 표현은 뭔가 뜻이 잘 전달되지 않았다는 의미를 담고 있다. "잠깐만요, 이해가 안 되는데요. 무슨 말인지 모르겠어요"라는 뜻이다. 많은 모자이크 세대가 교회를 향해 이렇게 말한다. 이번 장에서 살펴보겠지만, 그들은 듣지 않는 것이 아니라 우리의 말을 이해하지 못하는 것이다.

믿음이 한 세대에서 다음 세대로 전달되는 것은, 젊은 세대가 부모의 전통에서 스스로 의미를 찾는 과정을 통해 이루어진다. 그 과정은 아주 어설프고 때로는 허점투성이다. 탕자 유형이든 유목민 유형이든 포로 유형이든, 부모 세대와 맺은 관계 또는 자신들의 지혜를 기반으로 전달된 믿음을 이해해야 한다. 그런데 관계를 맺는 과정과 지혜의 근본이 바뀐다면 어떻게 될까? 우리가 알던 세상이 완전히 달라진다면, 믿음은 어떻게 전해야 하는 것일까? 새로운 현실에 맞게 믿음을 이해할 수 있는 새로운 길을 찾아야 한다.

우리가 다음 세대의 영적 여정에 무엇을 말해주고 어떻게 말할지를 고민할 때, 하나님께서 친히 역사하신다는 사실에 무척 위안이 된다. 믿음은 궁극적으로 하나님으로부터 온다. 그리고 우리가 청년들을 걱정하는 것보다 하나님께서 훨씬 더 그들을 걱정하고 계신 것은 확실하다. 그럼에도 우리는 다음 세대에게 좀 더 효과적으로 믿음을 전하기 위해 오늘의 문화를 이해하는 데 총력을 기울여야 한다. 복음의 진보를 막는 도전들에 맞서야 하고, 복음의 진보를 이룰 기회를 붙들어야 한다.

다음 세대는 기술적으로, 사회적으로, 영적으로 완전히 새로운 현실에서 살고 있다. 이 현실은 다음의 세 단어로 요약될 수 있다. 접근, 소외, 권위.

우리가 놓친
〈스타워즈〉의 흥행 요인

내가 태어난 해인 1973년 즈음으로 잠시 가보자. 눈부신 과학기술의 진보가 있었던 1970년대 말, 그 시대 젊은이들의 마음을 사로잡은 〈스타워즈〉라는 공상과학 영화가 극장가를 강타했다. 우리 아버지도 어린 아들의 상상력을 키워줘야 한다는 의무감에 애리조나에서 가장 큰 영화관으로 나를 데려가 영화를 보여주셨다.

에어컨이 돌아가는 어두컴컴한 영화관에서 눈앞에 펼쳐지는 장면을 넋을 잃고 보던 기억이 아직도 생생하다. 밀항선 한 대가 제국의 거대한 항공모함으로 숨어들고, 진주처럼 새하얀 우주선 안에는 로봇들이 바삐 움직인다. 주인공은 포스의 힘으로 사령관을 제압하고 다스 베이더를 위협한다.

얼마 전 친구 게리 스트래턴과 이야기하면서 〈스타워즈〉의 또 다른 성공 요인을 발견하게 되었다. 수백만 명이 이 영화를 보기 위해 극장을 찾고 또 찾는 바람에 이 영화는 초대박 흥행 영화가 되었다. 영화가 개봉되고 얼마 지나지 않아, 문화적 측면에서 최초로 공상과학 팬이 된 젊은이들은 영화에 나오는 인물들의 의상을 직접 만들어 입고 극장가로 몰려들었다.

"그래, 좋아. 괴짜들이 유행을 만들어가는 것은 그렇다 치고, 그 영화를 왜 그렇게 중요하게 여긴 거지?" 내 질문에 게리는 이렇게 대답했다. "왜냐하면 1970년대만 해도 그 영화를 다시 볼 수 있다는 보장이 없었거든. 그때는 홈비디오 시장이나 DVD, 다운로드 영화나 넷플릭스(인터넷 동영상 서비스) 같은 것이 전혀 없었잖아. 아마 지금 같으면 그 영화가 곧 인터넷 TV에 올라올 거라고 생각했을 테지만 말이야. 하지만 그 당시만 해도 HBO(미국의 영화 전문 케이블 TV) 같은 회사는 아주 생소한 개념이었거든. 나처럼 평범한 사람은 그런 회사가 우리 삶을 얼마나 바꾸어놓을지 감히 상상도 할 수 없었지."

"아, 이제 이해가 돼. 그 당시 사람들은 한번 만들어진 영화는 수없이 볼 수 있다는 사실을 몰랐기 때문에 그렇게 여러 번 극장에 가서 스타워즈를 봤던 거구나."

게리는 웃으며 이렇게 말했다. "그래, 우린 그걸 몰랐던 거야. 우린 그 영화를 일생에 한 번 볼 수 있다고 생각했던 거지."

"그럼, 그때 그 영화를 몇 번이나 봤어?"

"열 번 정도. 더 봤을지도 몰라."

"그럼 츄바카 캐릭터 복장을 하고 다녔겠네?"

높은 접근성의 도전

다음 세대의 가장 우선적이면서 두드러진 변화는 디지털 기기와 과학기술(젊은이들이 서로 관계를 맺고 세상으로부터 정보를 얻는 방법이자 도구)의 등장과 관련이 있다.

개인 컴퓨터, 태블릿, 휴대용 기기, 스마트폰 같은 하드웨어나 웹 페이지, 앱, 소프트웨어 같은 기술을 통해, 다음 세대는(나머지 세대도 마찬가지로) 마우스를 클릭하거나 손가락을 댐으로써 거의 무제한적으로 다른 사람이나 아이디어, 세계관에 접근할 수 있다. 이러한 기술을 통해 접근성이 매우 높아지면서 젊은이들의 사고방식이나 세계관이 바뀌게 되었다. 좋든 나쁘든 젊은이들은 스크린을 통해 세상을—혹은 믿음과 영성을—인식하고 해석한다. 접근성이란 다른 무엇보다도, 요즘 극장에서 개봉된 영화를 언제든 거의 무제한적으로 즐길 수 있다는 의미다. 물론 영화 외에도 훨씬 많은 것에 접근할 수 있다.

인터뷰에 응했던 한 청년은 인터넷을 사용하면서 15세에 자연스럽게 성(性)에 눈을 떴고, 그로 인해 포르노를 접하고 실제 성경험까지 하게 되었다고 털어놓았다. 그에게 인터넷은 성적 분방함으로 나아가는 출입문이었다. 이로 인해 그는 신앙적으로 점차 방황했고, '난 평생 이런 죄를 지으며 살 운명인가 봐'라는 생각과 씨름하다 급기야는 믿음을 포기할 지경에 이르렀다.

다양한 믿음의 공동체에서 우리 연구를 발표하고 그들과 함께 사역하면서, 다음 세대들이 과학기술, 오락 시설, 미디어를 놀라울 정도로 많이 이용한다는 사실을 거듭 밝혀낼 수 있었다. 최근에 미주리 주 동남부에 있는 어느 교회에서 이 주제를 가지고 발표한 적이 있다. 그날 많은 학부모와 목회자들이 젊은 세대들과 디지털 미디어는 떼려야 뗄 수 없어 보이는데, 이 현상을 어떻게 받아들여야 할지 모르겠다고 질문했다.

내 경험을 말해보겠다. 아들 잭은 수다스러운 일곱 살이다. 어느 날 몇 가지 불가사의한 일들에 대해 이야기를 하다가 아들이 질문을 했는데, 내가 대답을 못했다.

그러자 아들이 말했다. "아빠, 휴대폰 좀 주세요. 철자만 알려주시면 제가 '구글'에서 검색해볼게요." 잭은 단어를 쓸 줄 몰랐지만, 구글 사이트에 들어가면 답을 찾을 수 있다는 사실은 알고 있었다. 이와 비슷하게, 내 아들보다 열 살이나 열다섯 살 정도 많은 청년들은 이런 정보에 더 지속적으로 제한 없이 접근할 수 있기 때문에 이를 통해 그들 미래의 꿈이 영향을 받는다.

간단히 말하면, 기술이 변화의 속도를 부추기고 과거와 미래의 괴리감을 더 크게 만든다는 것이다. 인터넷과 디지털 매체는 이전 세대가 관계 맺고, 일하고, 사고하고, 예배하던 방식과 모자이크 세대(버스터 세대도 포함하여)가 해온 방식을 완전히 바꾸어놓았다. 밥 버포드의 말을 빌리자면, 모자이크 세대와 버스터 세대는 과학기술을 자신들의 세대를 규명하는 특성으로 이해하고 있다.

물론 다음 세대는 가장 어린 나이에 과학기술을 받아들인 사람들이다. 그래서 어떤 사람들은 다음 세대를 특히 이전 세대와 비교해서 '디지털 원주민'이라고 부른다. 이전 세대들은 대부분 과학 혁명의 지각생들이다. 나이 든 사람들도 디지털 기기를 사용하기는 하지만, 아무래도 훨씬 덜 익숙하고 능통하지 못하다. 마치 외국어를 배워서 말하는 것과 같다. 반면 모자이크 세대는, 과학기술에 능통한 이전 버스터 세대와 비교해서도 디지털 세계의 원주민이다.

버스터들은 부머 세대의 영향과 지배를 벗어나기 위해 과학기술을 사용하는 법을 배웠다. 그들이 과학기술에 정통한 것은 전략적인 이유에서였다. 그러나 모자이크 세대는 이러한 과학기술이 풍족히 공급되는 상황에서 자라났다. 그리고 그러한 현실은 배움에 대한 새로운 형태를 만들어냈고, 관계를 맺고, 세상에 영향을 미치는 방법도 바꾸어놓았다. 그뿐만 아니라 교회와 기독교를 바라보는 방식에도 영향을 미쳤다.

모자이크 세대는 과학기술을 쉽게 이용할 수 있게 되면서 비성경적인 세상일들을 경험하고 판단하게 되었고, 진리에 의문을 제기하는 것이 당연하다는 결론을 내렸다. 이로써 모자이크 세대의 사고방식은 극도로 산만해졌고, 직선적이고 논리적인 사고를 못하게 되었다. 또한 모자이크 세대는 단순히 미디어를 소비하는 데서 그치지 않고 주체적으로 참여하려고 한다. 그 결과, 이전 세대와 더욱더 연결되는 한편 더욱 고립되는 결과를 낳았다.

높은 접근성의 기회

접근성이 높아진 것이 부정적인 의미만 있는 것은 아니다. 수많은 청년 기독교인들이 복음을 전할 새로운 현장을 만들어가고 있다. 많은 예가 있겠지만, 그중에서도 미디어, 인터넷, 팟캐스트, 블로그, 트위터 등이 있다. 그들의 디지털 DNA 안에는 남에게 영향을 주고 남들의 지지를 받고 싶은 깊은 갈망이 내재되어 있다. 최근 만난 20대 청년은 중동 지역에 거주하는 기독교인들에 대한 정보를 블로그에 올려 팔로어들을 관리하고, 그 지역의 사회적 혼란이 무슬림국가에 복음 전파의 기회가 되도록 기도를 요청하고 있다.

어느 누구도 우리 문화가 디지털화되어가는 것을 완전히 이해하고, 우리 삶을 어떻게 바꾸어놓을지 정확하게 예견할 수는 없다. 더더군다나 다음 세대에게 어떻게 영향을 미칠지는 예측하기 어렵다. 어떤 사람들은 새로운 기술의 급속적인 증가를 인쇄술의 발명에 견주기도 한다. 인쇄술은 우리가 새로운 사상에 마음껏 접근할 수 있게 했고, 여러 면에서 과학, 자본주의, 현대 정치 이론 등 수많은 것들을 가능하게 했다. 종교개혁운동을 일으킨 마르틴 루터는 "하나님께서 주신 최고의 은혜. 이를 통해 복음의 진보가 있을 것이다"라고 인쇄술을 평가했다.

지금으로부터 수백 년 후 신앙인들이 우리가 사는 21세기 초반을 돌아본다면, 전례 없는 높은 접근성을 제공한 과학기술의 발달(사실상 모든 인간의 지식, 미디어, 관계를 디지털화했다)이 복음의 진보를 가능하게 한 하나님의 은혜였다고 생각할까? 지금 우리

청년들은 왜 교회를 떠나는가

새로운 과학기술과 디지털 기기로 인해 전과는 비교할 수 없을 정도로 많은 정보와 분석, 견해, 관계, 세계관에 접근할 수 있게 되었다.

사실 접근성 인식하기

- 미국인은 보통 하루에 34기가바이트의 정보를 소비한다. 30년 전에 비해 350퍼센트 증가한 수치다.[2]
- 정보의 대부분이 시각 정보(텔레비전, 영화, 게임)로, 문자 정보는 우리가 소비하는 전체 자료의 0.1퍼센트에 불과하다.[3]
- 10대와 청년 기독교인들은 스크린을 통해 현실을 인식하고 해석한다.
- 미국 최대 대학인 피닉스 대학교는 대부분 강의를 온라인으로 진행한다.

예 실제 상황

- 교사들과 목회자들은 현실에서 이런 사실을 확인할 수 있다.
- 사람들은 직장, 학교, 교회를 다니지만, 온라인 게임에서 '실제 삶'을 즐긴다.
- 소프트웨어를 통해 상품화된 내용이 사용자에게 직접 전달되기 때문에 나가서 찾을 필요가 없다.
- 스마트폰은 태국 음식점의 위치를 안내하고, 날씨를 알려준다. 스마트폰으로 영화도 보고, 입출금도 하고, 음악도 듣고, 쇼핑도 하고, 블로그도 하고, 심지어는 가장 가까운 거리에 있는 성 접대소도 찾을 수 있다(설마가 아니라 진짜다).
- 개인의 소식은 페이스북이나 트위터에 공유하지 않는 한 '진짜'가 아니다.

새로운 현실 접근성과 영성

- 젊은이들은 소비뿐 아니라 참여도 원한다.
- 젊은이들은 영적인 것을 전해주는 곳이 교회뿐이라고 생각하지 않는다.
- 세상과의 계속적인 접근(모두가 전문가다)을 통해 '내게 딱 맞는' 인식론을 만들어낸다.
- 평등한 위계 구조를 원한다.
- 지구촌 소식을 더 많이 알게 되고, 멀리 있는 사람들과도 언제나 연결될 수 있다.
- 늘 연결되어 있길 원한다.
- 자신을 세상에 알리고, 자신을 표현하고, 팔로어 수를 늘리는 것이 중요하다.

의 젊은 디지털 원주민들은 어떤 복음주의자가 될까?

모자이크 세대가 가진 과학기술 선호도가 세대 간의 단절을 더 부각시킨 것은 사실이다. 그들은 내가 태어났을 때와는 완전히 다른 세상에서 산다. 〈스타워즈〉를 다시는 볼 수 없을 거라고 생각했던 그 세상과는 완전히 다른 세상이다.

요약해서 말하면, 의사소통을 하고 정보를 얻는 데 사용하는 방법과 도구가 바뀜으로써 다음 세대의 현실이 이전 세대와 완전히 달라진 것이다.

무엇에
소외당하고 있는가?

두 번째로 가장 큰 문화적 변화는, 다음 세대가 우리 사회를 떠받치고 있는 구조들로부터 소외되고 있다고 느낀다는 점이다. 즉, 가족이나 공동체, 제도로부터 소외되고 있다.

언젠가 20대 주부 애슐리와 인터뷰할 기회가 있었다. 그녀는 국내선 비행기 옆자리에 앉은 열두 살 여자아이를 만난 이야기를 들려주었다. 아이는 아빠를 만나러 가는 길로, 자신의 부모는 이혼을 했고 아빠는 일 때문에 조지아 주에 살고 있다고 말했다. "그래서 전, 1년에 몇 번 아빠에게 다녀와요. 이번이 두 번째로 저 혼자 비행기를 타는 거예요."

그날 두 사람은 그렇게 대화를 하게 되었고, 그 이후로도 '디지털의 도움으로' 계속 관계를 이어나갔다. 전화를 하기도 하고, 이메일이나 문자를 주고받기도 했다. 그렇게 1년이 지나고 어린

청년들은 왜 교회를 떠나는가

소녀는 그리스도를 구주로 영접했다.

애슐리의 이야기는 무척 아름답게 끝났지만, 그녀가 들려준 이야기 중에 아직도 잊을 수 없는 것이 있다. "우리가 처음 만난 날 비행기에서 내린 다음 그 아이가 제게 한 말이 있는데, 정말 가슴이 아팠어요. '애슐리, 당신은 이 세상에서 저를 제일 잘 아는 사람일 거예요.'"

이 이야기가 극단적인 예로 보일 수도 있겠다. 하지만 관계로부터 소외되는 것이 다음 세대의 가장 큰 특징 중 하나임은 분명하다.

소외가 주는 도전

소외는 1960년대에 시작된 거대한 사회적 변화에 그 뿌리를 두고 있다. 모자이크 세대 안에서 일어나는 혼란의 드라마는 베이비부머들이 세운 무대 위에서 펼쳐지고 있다.

역사적으로 가장 큰 변화를 겪은 10년을 말하라고 하면, 분명 1960년대일 것이다. 그 시기에 일어난 일들은 이렇다. 시민운동, 학생운동, 베트남 전쟁, 히피 문화, 로큰롤, 여성해방운동, 산아제한과 성 혁명, 컴퓨터 본체 신기술, 달 착륙, 워터게이트 사건, FM 라디오, 냉전, 은사주의운동 및 오순절운동의 급성장, 가톨릭의 영어 예배로의 전환 등. 우리가 지금 '젊은이들의 문화'라고 알고 있는 것들이 주로 이 시기에 탄생했다. 이 시기 젊은이들은 새로운 형태의 음악과 예술, 예전과는 완전히 다른 삶의 방식, 반체제 사상을 기꺼이 받아들였다. '세대 차'라는 말도 이때

처음 생겨났다. 교회와 기독교의 입장에서도 베이비부머 세대만큼 위협적으로 보였던 세대도 없을 것이다. 그 시기 문화 변화의 중심 아이콘이었던 존 레논의 말은 아주 유명하다. "기독교는 끝날 것이다. 완전히 사라질 것이다."

　세대 차는 과거보다 오늘날 가장 크게 벌어졌지만, 그 세대 차가 1960년대 젊은이 문화 속에서 시작된 틈이 더 깊어진 것이라는 의미에서 연속선상에 있다고 할 수 있다. 근본적으로 보면, 부머 세대가 교회를 떠나는 현상을 대중화했다. 1930~1940년대 갤럽 조사를 보면, 1960년대 젊은이들이 신앙적인 면에서 부모 세대와 상당히 다른 관점을 갖기 시작했음을 알 수 있다. 그 조사에 따르면, 1960년대 이전 시기에는 교회 출석률이 나이별로 거의 비슷하다. 25세 청년들의 교회 참석률이나 65세 장년층의 교회 참석률이 거의 비슷했다는 말이다. 그러나 1960년대에 들어 젊은이들의 교회 참석률이 장년층에 비해 눈에 띄게 떨어지기 시작하면서 오늘날까지 지속되고 있다. 이렇듯 청년 시기의 교회 참석률 감소 현상은 베이비부머 세대에서 시작된 것이다. 지금은 그들의 자녀와 손자들이 비슷한 전철을 밟고 있다.

　지금은 1960년대와 비교하여 무엇이 다른가? 젊은이들이 소외되고 있는 세 영역을 알아보겠다.

가족의 부재

　'아버지의 부재'는 1960년대에 시작된 큰 사회적 변화로 오늘날은 흔한 일이 되어버렸다. 당시 미혼모 출산이 정상 출산의

5퍼센트 정도였는데, 요즘은 42퍼센트에 달한다. 다시 말해, 오늘날 결혼하지 않은 부모 사이에서 태어나는 아이들이 1960년대에 비해 여덟 배가 많다는 이야기다.

이 책 전반에서 이러한 사회적 변화의 의미를 살펴볼 것이다. 그중 뚜렷한 의미 하나는, 지금의 모자이크 세대가 전통적 가정과 함께 국제결혼 가정, 비전통적 가정, 동성애자 가정 등 다양한 가족 형태를 긍정하는 문화에서 자랐다는 사실이다. 이는 모자이크 세대가 가족이란 무엇인지, 건강한 가정은 어떤 것인지, 하나님 아버지를 믿는다는 것은 무슨 의미인지, 동료나 가족, 연인 사이에서 의미와 신뢰와 친밀감을 갖기 위해서는 어떻게 해야 하는지를 이해하는 데 영향을 미쳤다.

이와 관련한 변화로는 결혼 제도에 대한 소외가 포함된다. 요즘 젊은이들은 결혼과 출산을 미루고 있다. 1970년대에는 성인 다섯 명 중 네 명이 25세부터 29세 사이에 결혼을 했다. 2010년에는 이 나이 대 가운데 절반에도 못 미치는 사람이 결혼을 했다. 평균 결혼 연령이 20대 초반에서 20대 중반, 그러다 30대로 넘어가 점차 높아지고 있다.[4]

미완의 성인

부머 세대 이후 각 세대는 좀 더 멀리 우회하여 성인이 되어가고 있다. 이유는 다양하겠지만, 많은 젊은이들이 성인으로 완전히 도약하지 못하고 있다. 어느 저명한 사회학자의 연구에 따르면, 성인으로의 도약은 다음의 다섯 가지 임무를 수행할 때 이루어진다고 한다. 집을 떠나고, 학교를 마치고, 경제적으로 독립하고, 결혼하고, 아이를 갖는 것이다. 1960년대에는 여성의 75퍼센트, 남성의 65퍼센트가 30세 이전에 이 모든 과제를 마쳐 성인이 되었다. 가장 최근의 수치를 보면, 여자의 46퍼센트, 남자의 31퍼센트만이 이 모든 일을 완수하는 것으로 나타났다.[5] 이 점을 생각해보자. 1960년대에는 '30대에 정착하는 것'이 성인들의 전형적 패턴이었으나 오늘날에는 소수의 성인들만이 이 과정을 거치고 있다.

다른 것도 그렇겠지만, 이런 문화적 변화가 교회와 오늘을 살아가는 다음 세대의 삶 사이에 간극을 만들어냈다. 교회들은 대부분 이렇게 비전통적인 방식으로 성인의 길을 걸어가는 젊은 이들을 목회하고 훈련할 준비가 되어 있지 않다. 많은 교회들이 전통적인 방식으로, 결혼과 직업을 갖고 정착한 성인들을 인도하고 도울 뿐이다.

시카고에서 청년 목회를 하는 친구 커 목사는 내게 이렇게 말했다. "기존의 결혼 틀에 맞지 않는 청년들을 애칭으로 '이교도'라고 부르는데, 모두들 나한테 이들을 맡겨. 하지만 난 이들을 사랑하고, 새로운 방식으로 제자 훈련을 하려고 최선을 다하고 있지. 내 생각엔 이들이 이제는 '새로운 표준' 그리스도인들이야."

제도 회의주의

부머 세대에서 시작되어 모자이크 세대에서 증폭된, 소외를 일으키는 문화적 변화의 세 번째 단표는 제도에 대한 회의주의

다. 많은 청년들이 교육, 경제, 정부, 문화 시스템에서 '소외된' 느낌을 받는다.

대학을 졸업해봐야 취업은 하늘의 별 따기인 데다가 상황은 점점 더 어려워지고 있다. 〈USA 투데이〉는 "모든 구인 광고에 구직자 다섯 명 이상이 몰린다"[6]고 보고하면서, 학교를 갓 졸업한 사회 초년생들은 경기 침체로 일자리를 잃은 수많은 경력자들과 경쟁해야 한다고 강조했다. 《비즈니스위크》는 "길을 잃은 세대"라는 커버스토리에 다음과 같은 부제를 달았다. "계속되는 일자리 위기로 젊은이들이 위기에 처했다. 그들의 미래뿐 아니라 주머니 사정도 큰 곤란을 겪고 있다."[7] 이 기사에 따르면, 미국 내 젊은이들의 구직난이 그들에게 큰 상처일 뿐 아니라 젊은이들의 에너지와 창의성을 고갈시킨다는 점에서 국가 경제에도 큰 손해다.

제도화된 교육 기관에서 배우기 위해 4~5년을 투자하지만, 겨우 졸업장 한 장 남는다. 그마저 성공의 문으로 들어가는 입장권이 아닐 때 어떤 느낌일지 상상해보라. 아마 교육 체계나 일자리에 환멸을 느끼게 될 것이다. 결혼과 가족부양은 말할 것도 없이, 생계를 유지하고 좀 더 다른 인생을 살기 위해서는 월급 통장이 필요한 법이다.

최근까지도 제도가 점령하고 있던 영역들이 세대가 변하면서 새로운 것들로 많이 대체되고 있다. 예를 들어, 신문 같은 전통 방식의 미디어(민주주의 사회의 '네 번째 자산')는 독자들과 광고주를 잃고 있다. 대신 중개자의 도움 없이 서로에게 '뉴스'를 전달하

변화한 사회 환경으로부터의 소외

전례 없이 관계와 제도로부터 소외되고 있다.

사실 소외 인식하기

- 1960년대에는 미혼모 출산이 정상 출산의 5퍼센트였는데, 2010년에는 41퍼센트에 육박한다.
- 1970년대에는 청년들 대부분이 30세가 되기 전에 완전히 성인으로 도약했는데, 이제는 더 이상 일반적인 일이 아니다.
- 젊은이들은 투표, 자원봉사, 공동체 모임에 가장 소극적이다.
- 신문이나 저녁 뉴스 같은 전통적 미디어는 더 이상 젊은 세대의 관심을 끌지 못한다.
- 과거에는 한 직장에서 평균 10년을 일했지만, 지금 젊은이들은 3년 정도 일한다.[8]

예 실제 상황

- 패스트푸드 음식점들은 페이스북에 열 명의 '친구도 없는' 사람들에게 햄버거를 공짜로 주겠다고 광고를 한다.
- 프리랜서나 1인 기업이 젊은이들 사이에서 인기다.
- 모자이크 세대는 부모나 위 세대에게 조언을 구하지 않고 동료들에게 조언을 구한다.
- 학교를 갓 졸업한 사회 초년생들은 수백만 명의 경력 구직자들과 경쟁한다.
- 생활비 지출은 늘어나는데 임금은 동결되어 결혼과 자녀 출산이 점점 힘들어진다.

새로운 현실 소외와 영성

- 많은 젊은이들이 그들의 성공을 도울 수 있는 어른들과 관계를 맺지 못하고 있다.
- 모자이크 세대는 결혼과 가족을 실용적인 관점에서 보며, 자신의 유익을 먼저 생각한다.
- 주입식 교육, 교파 그리고 교회 조직에 대해 회의적이다.
- 몇몇 사람들과 깊은 우정을 나누기보다 많은 사람들과 피상적인 관계를 맺는다.
- 정치나 대중 시위 등에 냉소적이면서도 소망을 가지고 있다.
- 회사에 대한 충성심보다는 기업가 정신을 중시한다.

는, 눈으로 직접 보며 서로 연결되어 있는 사회적 네트워크가 그 자리를 차지한다. 10년 전만 해도 페이스북이 이렇게 큰 사회적 영향력을 발휘하리라고 예상하는 사람이 없었지만, 지금 페이스북은 전 대륙에 걸쳐 사용자를 확보한 거대한 시장 자본이다.

음악 산업도 오디오와 비디오가 디지털화되면서 온라인상에서 공유가 쉬워져 엄청난 변화를 겪었다. 유명 음반 매장이었던 타워 레코드와 버진 메가스토어를 기억하는가? 지금은 사라져 젊은이들은 잘 모를 것이다.

순전히 세대 간의 변화 때문이라고는 말할 수 없지만, 어쨌든 과학기술은 교회에도 큰 영향을 미쳤다. 세계에서 가장 영향력 있는 마이크로소프트사가, 대부분이 모자이크 세대인 수많은 자원봉사자들이 만든 위키피디아 백과사전과의 경쟁에서 밀려 자사의 멀티미디어 백과사전인 엔카르타를 접을 줄 그 누가 알았겠는가? 이 사건과 교회의 문제를 똑같이 놓고 비교할 수는 없지만, 교회가 이 둘 중 어느 모델과 닮았는지는 생각해볼 만하다. 조직화된 하나의 체제인가, 아니면 수많은 대중들이 모여 만든 네트워크인가? 그리고 이것이 조직화된 체제로부터 소외된, 공동체를 중시하지만 홀로 해낼 수 있다고 자신하는 젊은 세대들의 삶에 어떤 의미로 다가갈 것인가?

모자이크 세대는 우리 사회를 형성하고 있는 제도들에 대해 회의적이다 못해 냉소적이다. 그들도 이전 세대와 마찬가지로 자신들의 미래에 낙관적이지만, 그들이 꿈꾸는 미래는 지금까지 우리 문화를 규정해온 제도들과는 거의 상관없다. 우리 문화의 제도들 중에서 다음 세대로부터 영향을 받지 않을 제도는 하나도 없다. 음악, 미디어, 일자리, 교육, 정치, 교회 모두 다 포함된다. 제도권 교회 안에 등장한 세대별 교회는, 여러 면에서 우리 사회에 큰 영향을 미치는 소외가 표출된 것이라 할 수 있다.

소외가 주는 기회

오늘날 젊은이들은 진공 상태에서 자라나지 않았다. 모든 세대가 그렇듯, 그들은 이전 세대와 깊이 관련된 문화 속에서 자라났다. 지금 젊은이들에게 가장 큰 영향을 미친 세대는 베이비부머 세대다. 베이비부머 세대가 가족, 교회, 정치, 기업, 그 외 다른 제도들에 대해 내린 결정이 지금의 젊은 세대에게도 영향을 미치고 있다. 베이비부머 세대의 의도가 무엇이었든지 간에, 모자이크 세대는 그들의 가족, 기성세대, 제도에 나름의 관계성을 확립하고 있다.

젊은이들이 우리 사회에서 규범적이었던 것들에 대해 낯설어한다는 사실은, 교회에 좋은 소식이기도 하고 나쁜 소식이기도 하다. 나쁜 소식은, 교회가 '예전의 평범한 사람들'의 필요를 충족시키는 구조로 체계화되었다는 면에서 젊은 사람들에게 의미 있는 장소가 되기 어렵다는 사실이다. 반면 좋은 소식은, 교회는 하나님의 공동체로 특별히 부름받았다는 사실이다. 또한 진실한 공동체라면 소외, 고독, 고립의 자리를 사랑으로 채울 수 있다. '새로운 평범한 사람들'의 필요를 채우는 사역을 위해서는 무엇을 바꿔야 할까?

청년들은 왜 교회를 떠나는가

권위에 대한
회의

　　　　미국 내에서 일고 있는 '변화된 영적 담론'은 우리 문화를 이전 시대와 단절시키는 세 번째 요소다. 이는 '권위에 대한 회의'라고도 할 수 있는데, 누구를 믿어야 하고 왜 믿어야 하는지에 대한 새로운 질문이다. 어떤 이들은 미국을 후기 기독교 국가라고 표현한다. 그러나 이것은 미국 내에서 여전히 기독교의 영향력이 크다는 사실을 간과한 말이다. 미국 성인 다섯 명 가운데 두 명은 기독교 신앙을 갖고 있다(적어도 한 달에 한 번은 교회에 출석하고, 신앙이 중요하다고 말하는 사람들을 포함했다). 게다가 열 명 중 여덟 명은 자신을 분명하게 기독교인이라고 규정한다.

그러나 기독교가 더 이상 미국 사회에서 "역할을 하지 못한다"고 말하는 새로운 영적 담론이 일어나고 있다. 이전 시대에는 기독교 신앙이 문화에 지대한 영향을 끼쳤으나 지난 130년[9] 어간에 이 같은 공적 역할이 상당수 사라졌고, 지난 50년 사이에 세속화 과정이 가장 증폭되었다.

존 웨스터호프는 《교회의 신앙교육》(*Will Our Children Have Faith?*, 대한기독교교육협회)이라는 책에서 이전 시대 여섯 가지 문화 요소가 어떻게 믿음의 사회화에 공헌했는지 설명하고 있다. 즉, 공동체, 교회, (주일학교 같은) 종교 프로그램, (기도와 성경을 가르치는) 공립학교, (성경적 세계관에 기초한) 공영방송, 견고한 가족 구조를 말한다. 완벽하지는 않지만, 그동안 기독교는 문화의 자동 조절 장치 역할을 해왔다.

이렇게 믿음을 다음 세대로 전하는 데 큰 역할을 하던 요소들이 현재는 사라지거나 적어도 심각한 변화를 겪고 있다. 젊은이들이 믿음을 갖는 데 중요한 통로 역할을 하던 문화적 구조들이 더 이상 교회에 존재하지 않는다. 많은 가정들이 기독교라는 이름은 갖고 있으면서도 믿음을 삶 속에서 실천하지 못하고 있다. 문화는 더 이상 믿음을 모방하거나 존중하지 않는다. 공영방송은 공공연히 신앙을 비난하는데, 특히 기독교에 대해 공격적이다. 학교 체제도 최대한 종교적 중립을 지키려 하면서 성경적 도덕성이 아닌 '가치'를 주입시킨다.

우리 다음 세대는 기독교 공동체의 권위가 떨어지고 성경말씀에 순종하는 삶을 경시하는 문화에서 살고 있다. 모자이크 기독교인들은 기독교의 권위가 가시적 혹은 비가시적으로 가장 추락한 현실에 직면해 있다.

권위가 주는 도전

다음의 예를 살펴보자. 음악 파일 다운로드가 폭발적인 인기를 끌던 초창기에 한 기독교 음반 회사가 젊은 기독교인들의 태도 조사를 의뢰했다. (이때에는 디지털 기술을 이용해 노래를 불법으로 '복사'했다.) "음악을 무료로 다운로드하거나 친구를 위해 CD에 굽는 행위를 잘못된 것으로 인식하고 있는가?", "그렇지 않다면, 그것이 잘못된 행위라고 어떻게 확신시킬 수 있을까?"

설문 결과를 보고 그리 놀라는 편이 아닌데, 그때는 심한 충격을 받았다. 10대 기독교인 대다수가 음악 다운로드를 도덕에 어

　　　　　　　　　　청년들은 왜 교회를 떠나는가

굿나는 불법행위가 아니라고 보고 있었다. 더욱이 이 문제를 옳고 그름의 문제가 아닌 친구에 대한 우정, 배려의 문제로 보았다. 인터뷰에 응한 젊은 기독교인들은 대부분 사회의 룰을 지키는 것보다 동료에게 우정을 다하는 것이 더 중요하다고 느끼고 있었다. 세대 차가 느껴지는가?

이 문제는 또한 접근성의 문제였다. 조사에 참여한 한 남자 청년의 말인데, 다음 세대들의 공통된 의견인 것 같다. "그게 정말 잘못된 것이라면, 왜 컴퓨터에서 쉽게 다운로드할 수 있게 만들었겠어요?"

마지막으로, 음악 저작권 이야기는 권위에 대한 회의주의의 문제이기도 하다. 즉, 누구를 믿고 왜 믿어야 하는지의 문제다. 우리가 인터뷰한 학생들은 그들의 부모나 성경에 대해 어떤 부정적인 말도 하지 않았다. 그러나 권위를 가진 사람들과 자신들의 태도나 행동이 연결되어야 한다고도 생각하지 않았다. 그들은 신앙과 행동 사이에 모순이 있다. 그들의 부모를 진정으로 사랑하고 성경을 소중히 여기면서도, 자연스러운 관계 네트워크의 일환으로 음악을 서로 공유하는 것을 도덕적으로 전혀 문제 삼지 않는다.

다음 세대가 권위와 어떻게 관계를 맺는지 관찰해보았으니, 이제 세 가지 영역에서 나타난 회의주의를 살펴보자.

성경

성경이 다음 세대에 미치는 영향력은 미미하다. 복음에 대한 기쁜 소식은 분명 있다. 수많은 젊은 기독교인들이 성경을 하나님의 영감을 받아 기록된 말씀으로 믿으며, 성경을 최고의 가치로 여기는 많은 가정이 자녀에게 신앙을 전하고자 최선을 다하고 있다. 또한 많은 청년들이 성경을 배우고 말씀대로 삶 속에서 실천하기를 진정으로 소망했다.

그러나 세대 전체를 놓고 본다면, 분명 큰 위기에 봉착했다. 청년들은 성경 원본의 진위를 의심한다. 그들은 다원주의 렌즈로 성경을 읽는 경향이 있다. 미디어를 과도하게 사용하면서 종이로 된 성경책에 거의 관심을 기울이지 않는다. 그리고 과거의 그 어떤 세대보다도 성경이 인간의 순종을 요구한다는 사실을 믿지 않는다. 이 책 1장에서 살펴보았듯이, 믿음이 신실하다는 청년들도 신학적으로는 그 기반이 매우 약하다.

기독교와 문화

청년들이 회의를 느끼는 두 번째 영역은, 공적인 삶과 더 넓은 문화적 차원에서 기독교가 차지하는 역할에 관한 것이다. 청년 기독교인들은 세속 사회에는 종교적 헌신이 발붙일 곳이 없다고 생각하는 것 같다. 정치, 성, 과학, 미디어, 기술 등의 분야에서 믿음이 해야 할 역할을 묻는 질문은 토론의 가치도 없는 것으로 치부된다. 질문 자체를 부적절하다고 여긴다. 그런데 다음 세대들은 잘못된 일을 하는 것보다 부적절한 일을 하는 것이 더 나쁘다고 생각한다. 전반적으로 현재의 문화는 기독교에 냉담하다. 우리 다음 세대는 믿는 사람들을 향해 점점 적대적이 되

청년들은 왜 교회를 떠나는가

어가는 문화 현실에 어떻게 반응할 것인가? 예언자적 권위를 가지고 말할 수 있는 새로운 방법을 찾아낼 것인가, 아니면 세상의 다른 동료들처럼 점점 더 종교와 영적 확신에 냉담해질 것인가?

기독교 유력가들

미국 내에서 기독교의 위상이 상당히 달라지고 있다. 특히 바나 그룹이 주요 리서치 대상으로 삼는 복음주의 진영이 그렇다. 조사에 따르면, 빌리 그레이엄에서 제임스 답슨에 이르는 걸출한 복음주의 유력가들의 인지도나 긍정적인 평가가 크게 하락하고 있다. 릭 워렌이나 빌 하이벨스 같은 유명 목회자들도 사실상 젊은이들에게는 잘 알려져 있지 않다. 덴젤 워싱턴이나 오프라 윈프리, 조지 클루니, 페이스 힐 같은 대중 스타들이 지속적으로 긍정적인 평가를 받는 것과 대조된다. 모자이크 세대가 패리스 힐튼과 빌리 그레이엄을 어떻게 평가하는지 비교해보자. 오늘날 모자이크 세대는 이전 세대 신앙의 선배보다 패리스 힐튼을 훨씬 더 긍정적으로 평가할 것이다.

이 현상을 달리 표현하면, 공적인 영역에서 복음주의 신앙을 고수하는 사람들이 다음 세대에 거의 영향력을 발휘하지 못한다는 말이 된다. 다음 세대 지도자들은 어디서 나올까? 지도자가 나오기는 할까? 젊은 기독교인들, 특히 복음주의자들은 누구를 자신들의 지도자로 볼 것인가?

차이

문화적 영웅 vs 기독교 유력가 선호도 조사

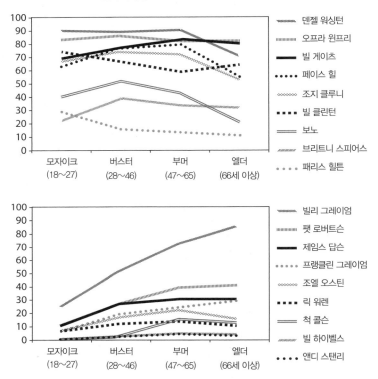

권위가 주는 기회

그래도 희망은 있다. 회의적이라는 것은 질문을 던진다는 의미다. 질문은 대화로 이어지고, 관계를 맺게 하고, 진리로 나아가게 한다. 예를 들어, 다음 세대가 성경에 대해 질문을 하면 그들과 성경에 대해 말할 기회가 생긴다. 정말 멋진 일이다! 신앙

누구를 믿고, 무엇을 믿고, 왜 믿어야 하는지에 대한 새로운 질문들

사실 권위 인식하기

• 젊은이들은 다양한 종교적 배경을 가진 사람들과 이전 세대보다 더 친분을 맺고 있다.
• 젊은이들은 성경을 거룩한 책으로 보지 않는다.

예 실제 상황

• 이전 세대 기독교 리더들은 오늘날 젊은이들에게 거의 알려져 있지 않다.
• 젊은이들은 종교 문제를 목회자와 상담하기보다 인터넷을 이용한다.
• 모자이크 세대는 기술적 지식을 중요하게 여기고 굳이 진리를 필요로 하지 않는다. 정보의 신뢰성을 보증하는 말로 "인터넷에서 찾았어"라는 말이 통용된다.
• 모두가 의견을 낸다. 그래서 누구를 믿어야 할지 알기 어렵다.

새로운 현실 권위와 영성

• 상대주의: "나에게 옳은 것이 너에게는 옳지 않을 수도 있다."
• 결정을 하는 데에 동료들이 도덕적·영적 안내자 역할을 한다.
• 젊은 기독교인들은 매우 다양한 종교에 노출되어 있다. 그런데 그것을 평가할 뚜렷한 기준이 없다.
• 젊은이들은 영적인 일에 관심이 있지만, 그들 나름의 방식대로다.

과 문화의 긴장은 새로운 형태의 문화적·사회적 참여를 유발한다. 또 걸출한 인물 중심의 기독교 문화가 쇠퇴한다는 것은 가까운 곳에서 진심으로 그리스도를 따르는 사람들과 직접 관계를 맺을 수 있는 기회이기도 하다.

어떤 기독교 공동체는 젊은이들을 신앙으로 기르기 위해 전통적으로 사용했던 여섯 가지 요소, 즉 공동체, 교회, 종교 프로그램, 학교, 오락, 안정된 가정 구조를 아직도 철저히 지킨다. 일례로 아미시파 신도들은 100년 전 생활 형태를 그대로 고수하고 있다. 몇몇 정통주의 공동체들도 기독교적인 삶의 습관을 그대로 유지하고 있다. 그들은 전통적인 방식으로 그들의 젊은이들이 기독교적인 삶의 방식을 고수하도록 교육한다.

그러나 대부분의 신앙 공동체는 옛날로 돌아가지 않는다. 변화하는 영적 담론과 그로 인해 제기된 권위에 대한 의문은, 세대 간의 문화 수용 부분에서 겪는 어려움과 유사하다. 첫 세대는 원래 자신들의 언어만 말한다. 두 번째 세대는 이전 언어와 자신들의 언어, 양쪽에서 영향을 받는다. 세 번째 세대는 새로운 언어를 말하며, 자신들의 언어로 번역되지 않은 문화적 전통에는 거의 신경 쓰지 않는다.

많은 모자이크 세대가 기독교를 움직인 권위 구조에 대해 더 이상 신경을 쓰지 않는다. 기독교 공동체에 속한 우리는, 그간 권위에 충성해왔음을 인식해야 한다. 더 나아가 권위에 대한 우리의 충성이 성경적이라기보다 첫 세대 이주민들처럼 문화적인 것이었음을 솔직히 인정해야 한다. 영적 담론이 변해가는 지금, 다음 세대에게 믿음을 전하려면 새로운 접근이 필요하다.

긴장 속에서
살아가기

우리 문화에서 일어나는 디지털 혁명, 독특한 사회

변화, 영적 담론의 변화로 인해 믿음을 '암호화'하는 인식적이고 감정적인 과정이 큰 영향을 받았다. 접근성이 좋아지고 소외가 극대화되고 권위가 의심받으면서, 우리 세대는 다음 세대에게 믿음의 메시지와 의미를 전달하는 능력을 잃고 말았다. 우리는 다음 세대가 쉽게 이해하고 삶으로 받아들이게 하는 데 실패했다.

우리 세대는 아주 독특한 방식으로, 답하기 어려운 질문에 답해야 할 상황에 처해 있다. 문화에 순응하는 것과 문화에 영향을 주는 것의 차이는 무엇인가? 기독교인이 참여하기에 적당한 것은 무엇이고 그렇지 않은 것은 무엇인가? 사실 이 질문들은 이전에도 존재했다. 해 아래 새것은 없다. 하지만 1960년대에 경험한 믿음의 상실이 같은 문화적 배경에서 또 일어났다고 답할 수는 없는 노릇이다. 인쇄술의 발명과 맞먹는 정보 혁명이 지금 일어나고 있다. 모든 것이 디지털화하면서 접근성이 좋아진 것에 반해, 50년 전에 비해 아버지 없는 아이들이 여덟 배가 증가했고, 젊은이들은 30세가 되어도 '성인'이 되지 못하고 있다. 그리고 고도의 개인주의와 소비주의, 다문화 상황들로 인해 젊은이들은 공주, 왕자가 되어 자신들의 왕국에서 절대 권력을 휘두르고 있다. 이러한 변화가 젊은이들의 믿음의 여정에 어떻게 영향을 미치지 않겠는가?

이 같은 새로운 문화 요소들이 만들어내는 도전과 기회를 정리해보면 이렇다.

접근: 오늘날은 공상과학 같은 과학기술에 힘입은 지식 경제의 시

대이자 창조적 시대임이 분명하다. 기독교 공동체는 이런 현실에서 자라는 세대들과 의미 있는 관계를 맺을 수 있을까?

소외: 지금 우리는 관계, 가족 유대, 제도적 재발명이라는 실험을 감행하고 있다. 기독교 공동체는 지금까지 고수해온 실용주의 노선을 버리고 젊은이들을 키워내기 위해 현재 상황에 맞는 새로운 접근을 할 수 있을까?

권위: 우리 문화의 영적 담론은 변하고 있다. 점점 세속화되어가고, 성경과 기독교로부터 멀어지고 있다. 기독교 공동체는 권위에 대한 회의를 기회로 볼 것인가, 위협으로 볼 것인가?

우리 다음 세대와 교회는 급격한 문화적 변화라는 긴장 속에 살고 있다. 이런 시대를 경험할 수 있다니 얼마나 특권인가! 궁극적으로는 모든 세대 속에 역사하시는 하나님을 믿기에, 교회가 가속화되는 변화에 반응할 수 있고 또 반응하리라고 나는 믿는다. 이렇게 소망과 용기를 가질 때, 예전과는 다른 결론이 나올 것이다. 살아 있는 믿음을 한 세대에서 다음 세대로 전하는 일은 여전히 중요한 문제다.

지금까지 다음 세대가 걸어가는 믿음의 여정에서 영향을 받는 문화적 배경에 대해 살펴보았다. 지금부터는 교회를 떠나는 두 그룹인 유목민 유형과 탕자 유형을 만나보겠다.

미디어와 과학기술이 젊은이들의 영적 여정에 어떻게 영향을 미쳤는지 더 알고 싶으면 www.youlostmebook.org를 방문하라.

청년들은 왜 교회를 떠나는가

방황하는 유목민과
신앙을 버린 탕자

음악 잡지 《롤링스톤》에 버스터 세대에 속한 유명 연예인의 기사가 최근 실렸다. 인터뷰에 그의 신앙 여정을 묻는 질문이 있었다. 신앙을 잃은 적이 있느냐는 물음에 그는 이렇게 대답했다.

> 그럼요. 대학생 시절에 누구나 한 번은 겪는 일이죠. 그런데 대학을 졸업하고, 시카고 어느 거리에서 성경을 나눠주는 기드온을 만나게 되었어요. 그 사람은 제게 신약과 시편, 잠언 말씀이 들어 있는 상자를 건네더군요. 저는 즉시 산상수훈이 시작되는 마태복음 5장을 펼쳤습니다. 성경을 읽지 않아도 마태복음 5장의 내용이 그대로 떠올랐습니다. 벼락을 맞은 듯했죠. 그때 이런 생각이 들었

습니다. '신앙에 대해 다시 한 번 생각해봐야겠어.'[1]

거리에서 만난 복음전도자가 준 선물로 다시 예수님을 만난 이 유명 희극인은 누구일까? 바로 스티븐 콜베어다. 그는 미국 내 보수 정치인들이나 방송인들을 풍자하는 〈콜베어 르포〉의 진행자다.

콜베어는 겨우 열 살 때 비행기 사고로 아버지와 두 형을 잃으면서 암울한 어린 시절을 보냈다고 한다. 그 사건과 함께 갑자기 낯선 도시로 이사를 하면서 어린 그의 마음에 믿음에 대한 회의가 파고들었고, 그가 대학생이 될 때까지 지속되었다. 그러다 거리에서 성경을 나눠주는 기드온 용사를 우연히 만나게 된 것이다.

다시 신앙을 회복하기까지 20년의 세월을 유목민 유형으로 살았던 그는 자신의 상태를 이렇게 표현한다.

교리적으로나 겉으로 드러나는 모습으로는 정말 훌륭한 신앙인처럼 말할 수 있었습니다. 하지만 말한 것을 실천하는 방법은 알지 못했지요. 어머니나 형들을 보면 신앙을 소중히 여긴다는 것을 알 수 있었습니다. 또 그리스도의 말씀은 무척 감동적이었습니다. 하지만 딱 거기까지였습니다.[2]

이번 장과 다음 장에서는 몇몇 유명인들의 이야기를 소개하려 한다. 잘 알려진 사람들이고, 우리가 다루고자 하는 교회를

청년들은 왜 교회를 떠나는가

떠나는 문제를 실제로 경험했기에 생생한 예증이 될 것이다. 한편으로는 하나님의 형상대로 지음받은 사람들의 모습을 객관적으로 보여주고 싶었다. 따라서 스티븐 콜베어, 케이티 페리, 데이비드 바잔, 그 외 많은 사람들의 이야기를 그저 흥미를 주기 위해서가 아니라 존중하는 마음으로 실었음을 밝힌다. 또한 개인의 영적 여정을 자세히 살피다 보면, 그들의 신앙과 동기라는 복잡한 그림이 밝히 드러나리라는 믿음에서 이들의 이야기를 소개한다.

콜베어의 이야기는 우리가 찾고 싶은 답을 위한 질문을 하게 한다. "우리 다음 세대가 겪고 있는 방황은, 어느 세대든 어른이 되어가면서 겪는 삶의 한 과정인가? 대학생이라면 누구나 한 번쯤 겪는 진통 아닌가?" 그 밖에 "젊은이들은 나이가 더 들 때까지 교회로 돌아오지 않는 것인가?"라는 질문이 떠오른다.

우리는 이 질문에 좀 더 학문적으로 접근해야 한다. "기독교를 떠나는 문제는 21세기 초반에 독특하게 나타난 사회 현상인가, 아니면 어느 시대나 젊은이들이 성숙한 신앙인이 되기 위해 자연스럽게 거치는 과정인가?" 앞에서도 언급했지만, 이 문제에 대한 전문가들의 입장은 다양하다. 또 교회를 떠나는 문제로 강의를 하거나 상담을 할 때 가장 많이 듣는 질문이기도 하다.

이 문제는 오래된 것이면서 새로운 것이다. 교회를 떠나는 현상은 신앙 성숙 과정에서 자연스럽게 나타난다. 어느 세대든 자신들만의 영성과 종교적 옷을 입어야 편안한 법이기 때문이다. 그러나 교회 입장에서는 그때마다 독특하고 긴급한 해결을 요하는 문제다. 버스터 세대인 콜베어의 인생에서 믿음의 씨름은 청년으로 성장하는 내내 지속되었다. 기독교 공동체 입장에서 이 싸움은 시급히 해결해야 할 딜레마다. 다음 세대가 경험하는 사회적·영적 변화는 매우 심각한 수준이기 때문이다. 사실 교회를 떠나는 모자이크 세대의 영적 싸움은 새로운 것이 아니며, 기독교 역사상 모든 세대가 반복적으로 경험해온 것이다. 그러나 오늘날의 싸움은 '접근, 소외, 권위'라는 새로운 현실로 인해 더 악화되고 있다. 이 현실은 오늘날 젊은이들을 이전 세대들과 더 극명하게 단절시키고 있다.

이번 장과 다음 장에서 교회를 떠난 다음 세대들을 크게 세 가지 유형, 즉 유목민 유형, 탕자 유형, 포로 유형으로 나누어 소개하려고 한다. 각 유형마다 믿음을 떠나는 방식이 다른데, 여기서는 큰 흐름만 보여주겠다. 개개인의 경험이 다양해서 어느 한 유형에 완전히 꼭 들어맞지는 않을 것이다. 나는 수많은 젊은이들을 인터뷰하면서 각 사람마다 신앙을 버리고 교회를 떠난 나름의 이유를 들을 수 있었다. 모든 이야기가 중요하다는 사실을 꼭 기억하자.

우리가 인터뷰한 사람들은 자신들만의 독특한 경험을 이야기했지만, 우리는 이를 통해 중요한 패턴을 파악하게 되었다. 젊은이들은 세 가지 방식으로 교회를 '떠나고' 있었다. 두 그룹(유목민 유형과 포로 유형)은 '교회'를 떠난 데 반해, 세 번째(탕자 유형) 그룹은 '기독교 신앙 자체'를 거부했다. 나는 의도적으로 각 유형에 성경 인물들의 이름을 붙였는데, 이 연구가 신앙 선조들과 깊은

청년들은 왜 교회를 떠나는가

관련이 있기 때문이다.

만일 당신이 30세가 넘은 성인이라 해도, 당신의 경험 혹은 동료들의 경험 또한 이 유형에 속할 수 있다. 18세부터 29세까지에만 국한되는 분석은 아니다. 젊은 층 가운데 교회를 떠나는 현상이 집중되고 있어 이 유형을 통해 그들의 상황을 더 깊이 이해하고자 하는 것이다.

이제 유목민 유형과 탕자 유형을 알아보자.

유목민 유형의
대표 주자

20세기 중반 이래 모든 세대에는 유행을 선도하는 대중 스타들이 있었다. 1950년대와 1960년대에는 금발의 미녀 마릴린 먼로가 시대의 아이콘이었다. 화려한 패션에 초현실적인 헤어스타일을 한 셰어와 다이애나 로스는 1970년대 디스코 시대 최고의 영웅이었다. 1980년대, 1990년대에는 마돈나를 따라올 사람이 없었고, 이후에는 브리트니 스피어스가 〈Baby One More Time〉으로 선풍적인 인기를 끌었다.

교회를 떠나는 젊은이들 중에서 유목민 유형을 대표하는 문화 아이콘을 찾으라고 하면 팝 뮤직의 선두 주자 케이티를 빼놓을 수 없다. 2008년에는 어디를 가나 〈I Kissed a Girl〉이라는 노래가 흘러나왔고, 2011년 상반기에는 〈Teenage Dream〉이 대세였다. 남부 캘리포니아 출신의 27세 페리는 화려한 빈티지 스타일에 10대들의 마음을 뒤흔드는 섹시미로 최고의 인기를 끌었다.

페리는 영국인 코미디언 러셀 브랜드와 결혼했는데, 브랜드는 한때 헤로인과 성에 중독되었다가 회복되었고 한 달에 80명이 넘는 여자와 잠자리를 했다는 주장을 하기도 했다.

그런데 케이티 페리는 오순절 계통 복음주의 목사의 딸이다. 페리는 교회에서 노래를 부르고, 방언을 하며 성장했다. 한때는 자신의 의지대로 대중음악을 하며 엄격한 신앙 때문에 금지되었던 것들을 시도하기도 했다. "세상에는 선택의 폭이 넓다는 사실을 깨닫고 예전에 하지 못했던 것들에 탐닉하기 시작했어요. … 고양이처럼 호기심에 가득 차 있었죠."[3] 페리는 자신이 감행한 실험과 모험에 대해 대체로 긍정적이었다. "성장하면서 전과는 다른 모습이 되는 것, 날개를 달고 훨훨 날아가는 것… 정말 멋지지 않나요?"[4] 페리는

하지만 그와 동시에 그녀가 물려받은 신앙 유산은 아직도 그녀의 신념 체계에, 비록 뒤죽박죽 뒤얽혀 있더라도 일부를 차지하고 있다. 2010년 《롤링스톤》은 커버스토리로 "성, 하나님과 케이티"라는 제목으로 그녀에 대한 기사를 실었다. 여기서 케이티는 자신의 신앙을 이렇게 표현했다.

> 저는 아직도 예수님이 하나님의 아들이라고 믿어요. 하지만 우주의 존재에 대해서도 믿어요. 하늘을 올려다보면 수많은 별들과 행성이 있는, 끝도 없는 우주가 보이죠. … 하늘을 볼 때마다 저 자신은 아무것도 아님을 깨닫게 되고 내 이해를 넘어서는 더 큰 세계가 있음을 알게 돼요. 이 세계를 단순히 천국과 지옥으로만 생

청년들은 왜 교회를 떠나는가

각해서는 안 돼요.[5]

그녀는 여전히 신앙적인 사고와 원칙을 가치 있게 여기지만, 성인이 된 자신의 정체성과 얼마나 맞을지는 회의적이다. "영성은 제게 분명 중요해요. 어떤 부분이 중요한지는 더 고민해봐야겠지만, 제 생각엔 … 나이가 들면서 부모님의 가치관으로부터 멀어지려 하지만 결국엔 다시 돌아오는 것 같아요. DNA 속에 각인되어 있다고나 할까요."[6]

페리는 교회를 떠나는 유형 중 가장 흔한 경우인 유목민 유형(방랑자)에 속한다. 이런 사람들은 신앙적으로 방황을 많이 하고 기복이 심하다. 혹은 신앙을 하나의 선택 사항이나 부속품 정도로 여기는 것처럼 보일 수 있다. 유목민 유형은 10대나 청년기에 일정 기간 교회 출석을 안 하거나 공동체와 거리를 둔다. 그들은 케이티나 스티븐 콜베어처럼 신앙 기복이 심하고 한동안 신앙을 멀리하지만, 대부분 신앙을 완전히 버리지는 않는다.

우리는 기독교 배경을 가진 성인 중 약 5분의 2가 영적 유목민 시기를 경험하는 것으로 추정한다. 20대에 겪는 영적 표류는 그 시기가 짧든 길든, 다음 세대 청년 기독교인들에게 흔한 일이다. 많은 젊은이들이 일정 기간 교회 활동을 중단하는데, 이런 방황의 시기는 바나 그룹에서 진행한 다른 조사에서도 확인되었다. 그 조사를 보면, 회심한 성인 중 절반이 하나님으로부터 멀어지고 영적으로 단절된 느낌을 가진 시기가 있었다고 응답했다. 또한 대부분이 청년기에 이런 경험을 했다고 답했다.

영적 방랑자,
유목민 유형

모자이크 세대 유목민 유형은 의도적인 선택에 따라 교회를 떠났다기보다는 몇 달 혹은 몇 년에 걸쳐 교회 활동을 등한시하다가 조금씩 시들해진 경우다. 때로는 신앙이 깊지 않아 교회를 떠나게 된다. 그들은 '교회 건물'에 속해 있었던 것이지, 그리스도를 따르는 일에 전심으로 헌신하지 않았다. 그러나 정반대 경우도 있다. 유목민 유형 중에 많은 이들이 그리스도께 전심으로 헌신한 적이 있다고 말한다.

유목민 유형의 결정적인 특징 중 하나는 자신들이 '물려받은' 신앙에 대해 긍정과 부정의 감정이 혼재하는 것이다. 많은 경우, 이들은 종교에 대해 일부 환멸을 느끼면서도 기독교 신앙과의 연결 고리를 다 끊어내지는 않는다. 유목민 유형은 대체로 지금 교회에 다니지 않으면서도 자신을 기독교인이라고 생각한다. 그리스도를 헌신적으로 따르느냐 아니냐는 완전히 별개의 문제다. 이들은 믿음을 변두리로 밀어냈기 때문에 그들의 행동이나 우선순위를 봐서는 전혀 신실한 기독교인으로 보이지 않는다.

유목민 유형은 교회 안에 있는 것도 아니고 밖에 있는 것도 아니기 때문에, 부모나 교회 지도자들에게 특히 실망을 안길 수 있다. 유목민 유형의 자녀를 둔 부모는 자식의 신앙적 방황을 걱정하겠지만, 그들이 뭘 할 수 있겠는가? 그들은 자식의 방황을 보면서도 아무것도 할 수 없는 무력감을 느낀다. 유목민 유형은 연구자들에게도 상당히 골칫거리다. 그들은 어떤 질문을 던지느

냐에 따라 상당히 영적인 상태로도 보일 수 있기 때문이다. 하지만 목회자들과 교회 지도자들에게 물으면 이렇게 답할 것이다. "유목민 유형은 이따금 나타나는데, 그리스도와 깊은 관계를 맺으려고 하지 않는 것이 결정적인 문제입니다."

신앙의 방황은 때로 고등학교 후반기나 졸업 직후에 나타난다. 그리고 20대에는 대부분 믿음을 버린다. 신앙의 방황은 얼마나 지속될까? 몇 달이 될 수도 있고, 몇십 년 또는 평생이 걸릴 수도 있다. 우리의 조사에 의하면, 유목민 유형은 3년 정도 '기능 정지' 상태로 있는 것으로 나타났다. 물론 더 오래 걸리는 경우도 있다. 이 유형에 속하는 젊은이들 중에는 애매하게 주변을 기웃거리며 성숙한 신앙인으로 성장하려는 의지가 없는 이들도 있다.

이제 유목민 유형의 몇 가지 특징을 살펴보자.

- **여전히 자신을 기독교인이라고 말한다.** 기독교 자체를 부정하지는 않지만 더 이상 신앙에 열심을 내지 않고 교회에 출석도 하지 않는다.
- **교회 출석은 개인 선택의 문제라고 믿는다.** 교회에 가거나 영적 성장을 위해 신앙인들과 교제하는 것을 필수가 아닌 선택으로 생각한다.
- **신앙의 중요성이 퇴색했다.** 현재보다는 과거에 기독교 신앙을 더 중요하게 생각했다고 인정한다. 인터뷰에 응한 젊은 기독교인 중 약 4분의 1(24%)이 나중에 교회로 돌아가겠다고 응답했다. 지금

은 그리 서두르고 싶지 않다고도 말했다.

- **기독교에 대해 화가 나 있다거나 적대적이지 않다.** 대부분 과거의 신앙생활을 즐겁게 회상한다. 설령 나쁜 기억이 있더라도 과거의 경험에 대해 대체적으로 관대하다. 기독교에 실망을 했거나 환멸을 느꼈을 뿐 적대적인 것은 아니다.

- **많은 사람들이 영적 실험주의자다.** 유목민 유형은 삶의 다양한 활동을 통해 의미를 찾고 영적 자극을 추구한다. 그래서 시험 삼아 때로 다른 종교를 경험해보기도 한다.

신앙 이탈자,
탕자 유형

교회를 떠나는 두 번째 유형은 어린 시절 혹은 10대에 가졌던 신앙을 완전히 버리는 사람들이다. 여기에는 무신론자, 불가지론자, 종교에 전혀 관심이 없다고 말하는 사람들뿐 아니라 다른 종교로 개종한 사람들도 포함된다. 이들을 다 포함해 '탕자 유형'이라고 한다.

교회와 기독교에 대한 탕자들의 견해는 자신들이 겪은 부정적 혹은 긍정적인 경험에 따라 매우 다양하게 나타난다. 대부분 신앙을 버리게 된 논리적인 이유가 있고, 교회와 명확히 선을 긋고 단절한다. 탕자들은 스스로 이제는 기독교인이 아니라고 분명히 말하는 특징이 있다. 유목민 유형은 이 교회 저 교회로 옮겨 다니거나 교회를 나왔다 안 나왔다 하는 반면, 탕자 유형은 전형적으로 '신앙 거부'라는 입장을 확고히 고수하거나 아예 다

유목민 유형이 말하는 신앙 여정

기독교 배경을 가진 18~29세 젊은이들의 응답

	매우 그렇다	거의 그렇다
교회에 가고 성도들과 교제하는 것은 선택의 문제라고 생각한다	21%	43%
신앙과 종교가 지금 당장 그렇게 중요한 문제는 아니다	15%	25%
나이가 더 들면 교회로 돌아가겠지만 지금은 별 관심이 없다	9%	24%
예전에는 열심히 교회 활동을 했지만 지금은 나와 맞지 않는다	8%	23%
어렸을 때는 교회가 큰 의미가 있었지만 지금은 별 도움이 안 된다	8%	20%
기독교인으로 자라긴 했지만 다른 종교에 대해 늘 알고 싶었다	6%	14%
어릴 때는 기독교인이 되겠다고 결심했지만 지금은 그렇지 않다	5%	14%

바나 그룹(2011년), 1,296명 대상

른 종교로 개종한다.

우리 조사에 의하면, 많은 탕자 유형이 교회에 대해 꽤 심각하게 부정적인 경험을 한 것으로 나타난다. 그룹 페드로 더 라이언의 싱어송라이터 데이비드 바잔은 탕자 유형에 속한다. 2009년에 발표한 그의 첫 솔로 앨범 〈Curse Your Branches〉는 "하나님, 예수님, 복음적인 삶을 버리는 아픔을 노래"[7]한 것으로 알려져 있다. 그는 기독교를 떠난 경험에 대해 인터뷰하면서, 신앙을 버린 아픔을 이렇게 표현했다. "마치 메스를 들고 수술을 하는 것 같았죠. 25년간 기독교 신앙으로 완전히 굳힌 나의 정체성 전부를 도려낸 거죠."[8] 그리고 인터뷰 후반부에서는 이렇게 말했다. "부모님이 가장 많은 영향을 주셨어요. 그분들의 진지한 신앙과 사랑, 섬김, 봉사를 실천하는 모습이 제게 큰 영향을 주었습니다. 부모님은 정말 도덕적이고 다른 사람을 불쌍히 여길 줄 아는 분들이었어요. 그분들이 보여주신 진정 어린 모본이 아니었다면 저는 훨씬 이전에 기독교를 버렸을 거예요."[9]

바잔은 한 기독교 팬에게 비난을 받은 후 이렇게 말했다. "제 행동이 어떤 사람에게는 용서받지 못할 행동이겠죠. 하지만 믿음을 더 큰 범주로 본다면, 전 단지 하나님을 향해 삿대질을 하는 사람들의 신념을 받아들인 거라 할 수 있죠."[10]

'탕자'라는 말은 우리가 잘 아는, 예수님이 들려주신 아버지와 두 아들의 비유에 나오는 단어다. 누가복음 15장의 비유에서, 둘째 아들은 아버지의 집을 떠나 방탕하게 지내다가 재산을 탕진한다. 예수님의 비유에서 결국 집으로 돌아오는 탕자처럼 나는 오늘날의 탕자들도 이렇게 되기를 소망한다. 그러나 아직까지는 부모의 신앙과 분리되어 방황하고 있다. 나는 얼마 전에 한 어머니가 자신의 딸에 대해 말하는 것을 들었다. "제 딸은 탕자예요. 그래서 제 마음이 무너져요."

현대의 탕자들은 예수님의 비유에 나오는 탕자처럼 완전히 밑바닥까지 내려가지는 않았지만, 그렇다고 해서 그들을 떠나보

청년들은 왜 교회를 떠나는가

낸 부모나 교회 지도자들, 신앙 교사들의 걱정이나 슬픔이 감해지는 것은 아니다. 나는 우리가 탕자에 대해 더 알려 하고 그들이 '집'을 떠나는 이유를 이해하도록 함으로써 예수님의 비유에 나오는 아버지처럼 인내와 사랑으로 그들을 대하기를 소망한다. 팀 켈러 목사가 《마르지 않는 사랑의 샘》(*The Prodigal God*, 베가북스)에서 지적한 것처럼 탕자 이야기는 곧 아버지의 풍성한 사랑, 즉 무모할 정도로 넘치게 부어주시는 은혜에 대한 이야기이기도 하다.

바잔은 탕자 유형의 첫 번째 부류를 대표한다. 이 부류는 기독교를 이성적으로 거부한다. 신앙을 버리는 이유가 합리적이고 논리적 타당성을 제시하기 때문에 이들을 '지식형 탕자'라고 부른다. 실제로는 교회에서 상처를 받아 떠난 것인지도 모르지만 말이다.

반면 '감정형 탕자'는 어떤 면에서 탕자라는 말이 더 잘 어울린다. 이들은 신앙이 완전히 고갈된 사람들이다. 주로 교회에서 받은 깊은 상처나 좌절, 분노 혹은 신앙의 속박을 벗어나 살고 싶어 신앙을 버린다. 그들은 매우 감정적인 언어로 어린 시절의 기독교 신앙을 거부하고, 교회를 떠나고 나서도 한동안 교회에 대해 분노의 감정을 품는다.

알다시피 탕자들이 신앙을 버린 데는 지식적 요소와 감정적 요소가 뒤섞여 있다. 탕자 유형과 유목민 유형 모두 성, 알코올 의존, 마약 중독 같은 문제를 안고 있다. 이 중 어떤 요소가 신앙적 방황을 하게 했는지 우리 조사만으로는 알기 어렵다.

탕자 유형이 말하는 신앙 여정

기독교 배경을 가진 18~29세 젊은이들의 응답

	매우 그렇다	거의 그렇다
기독교 신앙이 이해되지 않는다	10%	21%
교회 혹은 기독교에서 부정적인 경험을 했다	9%	20%
기독교만으로는 영적 욕구가 충족되지 않는다	10%	19%
교회로 돌아갈 계획은 없다	12%	18%
기독교인이었을 때 나 자신에 대해 별로 생각해보지 못했다	7%	18%
예전에는 기독교인이었지만 지금은 아니다	9%	15%
부모님은 내가 부모님의 신앙을 버렸다고 생각한다	5%	14%

바나 그룹(2011년), 1,296명 대상

탕자 유형의 특징은 다음과 같다.

- **기독교와 기독교인들에 대해, 각기 다르지만 적개심을 품고 있다.** 부모님 같은 특정인에 대해서는 아직 긍정적인 생각을 갖고 있지만, 기독교에 대한 전체적인 시각은 부정적이다.
- **교회로 돌아가기를 거부한다.** 교회에서 큰 상처를 받은 경험이 있어서 돌아가려 하지 않는다.
- **기독교를 떠난다.** 탕자들은 자신들을 '끝난 기독교인'이라고 부르

청년들은 왜 교회를 떠나는가

젊은이들은 무엇을 버리는가?

유목민 유형과 탕자 유형의 비교

유목민 유형	탕자 유형
신앙의 문제로 씨름하며 교회 주변에서 방황한다	신앙을 거부하거나 종교를 바꾼다
교회, 기독교 공동체 또는 틀에 박힌 다른 신앙 형태들을 떠난다	종교를 바꾸거나 아예 신앙 자체를 버린다
일정 기간 하나님으로부터 마음이 떠나거나 불순종하거나 관계가 멀어진다 또는 교회나 부모님의 신앙에 대해 실망하거나 환멸을 느낀다	신앙관이 완전히 바뀌며 자신들이 믿음 안에서 자랐다는 사실을 거부하며 선을 긋는다 지식형(지적인 질문)과 감정형(감정적 경험)으로 구분된다
이들을 지칭하는 용어 －유목민 －배교자 －영적 방랑자 －교회 이탈자	이들을 지칭하는 용어 －탕자 －회의주의자 －신앙 이탈자 －예전 기독교인(ex-Christians)

며 더 이상 기독교는 자신들에게 아무 의미가 없다고 말한다. 그래서 다른 것으로 종교적 욕구를 채운다.

- **주로 부모님에게 원망하는 마음을 갖고 있다.** 다른 말로 하면, 부모님 때문에 기독교 신앙을 갖게 되었다고 한다.
- **마치 자유를 얻은 것처럼 느낀다.** 많은 탕자들이 기독교가 그들을 옭아맸다고 느끼고 자신과는 다른 모습이 되길 강요했다고 생각한다. 그들은 기독교를 떠나면서 자유를 경험한다.

유목민 유형(교회를 떠나는 사람)이 탕자 유형(신앙을 버린 사람)보다 수적으로 훨씬 많다. 거의 네 배에 가깝다. 그러나 목회자들이나 청년 사역자들은 청년들이 대부분 교회를 일시적으로 떠난다는 것을 알지 못하고 믿음을 버린다고 생각하는 경향이 있다. 한편으로는 이들의 판단이 옳을 수 있다. 그들의 관점에서 보면, 교회는 젊은이들을 잃었기 때문이다. 부모, 목회자 및 청년 사역자들은 이러한 손실을 청년들이 믿음을 버린 것으로 해석한다. 하지만 사회학적으로 접근해보면, 교회를 떠난 젊은이들은 대부분 잠시 유목민 시기를 통과하고 있는 것이다. 사실 기독교 신앙 안에서 자란 사람 중에서 완전히 신앙을 버리거나 다른 종교로 개종하는 경우는 11퍼센트에 불과하다. 그리고 어린 시절에 다른 종교를 가졌다가 청년기에 기독교로 개종하는 4퍼센트를 상쇄하면 수치는 더 줄어든다. 이 모든 변수를 고려해볼 때, 젊은이들 중에서 신앙을 완전히 버리는 경우는 9분의 1 정도에 불과하다. 아주 높은 수치는 아니다. 물론 18세부터 29세까지의 인구가 5백만 명임을 감안하면 결코 적은 숫자는 아니지만 말이다.[11]

대부분의 기독교인들은 탕자 유형을 더 심각한 문제로 인식한다. 맞는 말이기도 하다. 심하게 말하면 탕자들은 더 이상 '기독교인 명단'에 올릴 수 없기 때문이다. 그러나 이 생각은 중요한 점을 놓치고 있다. 자신을 기독교인이라 말하는 유목민들이 탕자 유형보다 신앙적으로 더 나은 상태에 있다는 보장은 없다. 사실 성경은 이도 저도 아닌 '뜨겁지도 않고 차지도 않은' 사람들에 대해 더 비판의 소리를 높인다(계 3:16). '뜨겁지도 않고 차

　　　　　　　　　　　　　　청년들은 왜 교회를 떠나는가

지도 않다'라는 표현은 우리가 인터뷰한 젊은 유목민들 대부분에게 해당되는 표현이다. 그들은 스스로 영적이라 여기지만, 바른 신앙관이나 책임감이 없을 뿐 아니라 신앙적인 삶을 살지도 못한다. 게다가 누군가의 영적 상태를 좋다 나쁘다 판단하는 것은 신중을 기해야 하는 일이다.

이 모든 것을 고려해볼 때, 1장에서 제시한 내용이 더 확실해진다. 교회를 떠나는 현상은 신앙을 버리는 것이라기보다는 제도화된 교회를 떠나는 것이라는 사실이다. 젊은이들은 기성 교회(제도화된 공동체)를 떠나고 있다. 예수 그리스도와 긍정적 관계를 맺고 있는 많은 젊은 기독교인들이 제도화된 신앙의 형태로부터 소외되고 있다.

새로운 현실에서
바라보라

3장을 시작하면서, 모자이크 세대가 교회를 떠나는 현상이 이전 세대 젊은이들이 교회를 떠나는 현상과 다른지에 대해 질문했다. 나는 그렇다고 믿는다. 베이비부머 세대부터 시작된 청년기에 겪는 신앙 공백기는 20대라면 이제 누구나 겪는 경험이 되었다. 그러나 모자이크 세대는 사회적으로나 영적으로나 극심한 변화를 겪으면서, 이전 세대들이 일정 기간 후에 다시 교회로 돌아간 전철을 밟지 못하고 있다.

온갖 정보와 세계관에 쉽게 접근하는 지금의 젊은이들은 영적 성장과 성숙이 꼭 교회를 통해 이루어진다고 생각하지 않게 되었다. 그들은 교회만이 영적 성숙을 이룰 수 있는 유일한 통로라고 생각하지 않는다. 유목민 유형이나 탕자 유형은 교회에서 흔히 사용하는 시스템을 통하지 않고서도 다른 다양한 통로를 통해 영적 양식을 공급받을 수 있다.

모자이크 세대는 우리 사회의 제도들로부터 소외되고 있다. 특히 전통적인 가족, 교육 및 경제 시스템, 교회로부터 소외되고 있다. 그래서 그들은 이 제도들이 그들의 삶에 맞는지 깊이 의심하고 있다. 기독교 공동체가 이전 세대의 필요를 채워주는 데만 급급하다면 현대의 20대들에게는 아무런 감동도 주지 못할 것이다.

마지막으로, 우리 다음 세대는 후기 기독교 문화에 살고 있기 때문에 성경과 영적 지도자들의 권위를 거부하라는 요구를 받는다. 심지어 진리 자체에 대해서도 의심을 품게 만든다. 많은 탕자와 유목민 유형이 전통적인 기독교 형식 밖에서 권위의 출처를 찾고 있다.

이들은 매우 다양하고 개인적인 이유로 교회 참여나 기독교를 거부하고 있다. 그들이 내세우는 이유들 중에는 근시안적이고, 자기중심적이고, 별것 아닌 이유도 있을 수 있다. 자기중심적으로 생각하고 행동하는 '미 제너레이션'(Me Generation)의 자아도취적 표현일 수도 있다. 그러나 교회에서 상처를 받거나, 믿음이 제대로 서지 못해 반발하는 사람들의 이야기는 우리의 가슴을 무너져내리게 한다. 2부에서는 모자이크 세대가 교회를 떠나는 주된 여섯 가지 이유를 살펴보고, 그 이유가 다음 세대가

　　　　　　　　　청년들은 왜 교회를 떠나는가

살아가는 현실을 대변하는 접근, 소외, 권위와 어떻게 연결되어 있는지 살펴보겠다.

그 전에 교회를 떠나는 마지막 유형을 만나보자.

편안한 신앙과
위험한 세상 사이

리안의 말을 그대로 옮겨오면, 그는 "교회 의자에서 태어났다". 분명 조금 과장된 표현이다. 그는 남부 캘리포니아에 있는 은사주의 대형 교회에서 자라면서 주일에는 예배를 네 번이나 드리고, 매주 성경공부를 하고, 일주일에 두세 번은 교회 활동에 참여했다. 그의 가족은 교회를 중심으로 생활했고, 리안은 부모님과 마찬가지로 매우 진지하게 신앙생활을 했다. 열두 살 즈음에 그는 교회 리더에게 이렇게 질문했다. "사람들은 예수님을 몰라서 모두 지옥 길로 가고 있는데 우린 왜 쓸데없는 일들만 하고 있죠?"

어린 리안의 신학에 지옥은 너무나 분명하게 자리하고 있었다. 그는 말한다. "저는 지옥 불에 떨어질 수밖에 없는 죄인이지만, 예수님을 구주로 인정하면 지옥 형벌을 받지 않고 천국으로 갈 수 있다고 배웠어요. 이 '구원'은 죽기 전에 저지른 모든 죄를 낱낱이 회개해야 얻을 수 있는 거였죠. 그래서 저는 일곱 살 무렵부터 매일 밤 울면서 제가 지은 모든 죄를 고백했어요. 자다가 죽을 수도 있기 때문에 그 전에 모든 죄가 다 생각나게 해달라고 하나님께 간절히 기도했죠."

리안은 음악적 재능이 있었고 예배 사역자가 되기 위해 기독교 대학에서 공부하기로 결심했다. 어린 시절부터 배우고 자란 복음에 대해 의심하는 마음이 있긴 했지만 그는 이렇게 생각했다. "전, 정말 의미 있는 삶을 살고 싶었어요. 그리고 지금도 예배 사역자의 삶이야말로 가장 의미 있다고 확신해요."

리안은 결혼을 했고, '현대적' 예배를 막 시작하려는 대형 교회에서 사역을 시작했다. 그런데 성도들 대부분이 지지하지는 않는 분위기였다. 한번은 나이 든 권사님 한 분이 고통 속에서 간절히 기도를 드리기에 그분의 어깨에 손을 얹었는데, 권사님은 '교회에 사탄의 음악을 끌어들인 변절자'를 탄원하는 기도를 하고 있었다. 그럼에도 사역은 몇 년간 잘 굴러갔다. 아울러 그 시기에 리안과 아내 던은 이웃에 사는 불신자들과도 꽤 가깝게 지냈다. 불신자 친구들은 하나님과 예수님에 대해 이야기하는 것을 좋아했고, 영적인 일이나 세상에서 선한 일을 하는 것에 늘 관심이 많았다. 그러는 동안 리안과 던은 차차 의아함을 품게 되었다. 이들과는 반대로 교인들은 늘 교회 프로그램에만

청년들은 왜 교회를 떠나는가

신경을 쓰고 보수적인 정책들에만 집착하는 것 같았다. 그래서 리안은 교회에서 찬양하는 일을 계속해야 할지, 아니면 "정의를 행하며 인자를 사랑하며 겸손하게 네 하나님과 함께 행하는 것이 아니냐"(미 6:8)라는 말씀의 의미를 새롭게 해석해야 할지 고민했다.

그러던 중 리안은 아내 던이 우울증에 걸려 가정에서 큰 스트레스를 받게 되었다. 같은 시기에 교회 사역도 점점 힘들어졌다. 리안은 거의 1년 동안 두 짐을 동시에 지고 씨름하다 완전히 침체되고 말았다. 결국 그는 교회를 사임하고, 남은 힘을 아내 던과 결혼 생활에 쏟았다.

그게 3년 전 일이다. 교회에서 어려움을 경험했지만, 리안은 여전히 예수님과의 관계를 포기하지 않았다. 하지만 더 이상 교회 사역을 주업으로 생각하지 않는다. 작은 교회에서 파트타임으로 찬양 사역을 하며 교회 밖에서 경력을 쌓고 있다. 리안은 말한다. "교회 친구들과 우정을 나누는 것도 좋지만, 그보다 더 중요한 건 기독교인이든 아니든 상관없이 예수님이 우리에게 주신 사명을 실천하는 사람들과 함께하는 거라고 생각합니다. 교회에서 안 좋은 경험을 많이 했기 때문에 교회에서 장기간 일하고 싶지는 않아요. 그래도 당연히 예수님의 방식대로 살아가고 싶습니다."

리안은 전형적인 포로 유형에 속한다. 포로처럼 두 세상 사이에 끼어 있다고 느낀다.

이 시대의
포로들

앞서 우리는 유목민 유형과 탕자 유형 모두 어느 세대에서나 발견되지만, 모자이크 세대에는 문화적 독특성이 있음을 살펴보았다. 이번 장에서는 교회를 떠나는 세 번째 유형인 포로 유형에 대해 알아보려고 한다. 포로 유형은 교회 안에서 성장했지만 지금은 물리적으로나 정신적으로 교회와 분리되었고, 그럼에도 여전히 하나님을 경외하는 삶을 추구하는 사람들을 말한다. 그들에게 교회는 한때 의미와 정체성을 부여하는 친근한 장소였지만, 지금은 먼 곳이 되었다.[1] 그들은 교회와 멀어졌음에도 여전히 소망을 품고 있다.

포로 유형의 특징 중 하나는 자신들의 소명, 특히 직업적인 소명이 교회 경험과 맞지 않는다고 느끼는 것이다. 자신들이 붙들고 살아온 기독교 신앙을 사회에서 능력 있게 살아가는 데 접목시키지 못한다. 그들의 신앙은 월요일부터 금요일까지는 '행방불명'된다. 그들이 배운 기독교는 지금 그들이 일하는 패션, 경제, 의학, 과학, 미디어 분야에서 의미 있는 역할을 감당하지 못한다. 리안은 사실 자신의 음악적 재능이 교회 안에서 가장 잘 발휘되리라 생각했다. 그러나 교회 밖에서도 영향력을 끼치고 싶다는 소망과 함께 교회 안에서 부정적인 경험을 하게 되면서 길을 잃고 말았다.

다음 세대 포로 유형에 대한 최신 자료를 보기에 앞서, 먼저 포로 유형의 범주를 정하려고 한다. 당신이 생각하는 포로의 개

청년들은 왜 교회를 떠나는가

념과 다를 수 있기 때문이다. 포로라는 말을 통해 의도하는 바와 그렇지 않은 부분을 설명해보겠다.

먼저, '포로'라는 단어는 구약성경에서 가져왔다. 특히 에스겔 선지자와 다니엘과 친구들의 삶을 지칭하는 말이었다. 이 젊은 히브리인들은 유다가 바벨론에 의해 망하면서 정치 포로로 끌려온 사람들이다.

둘째, '포로' 비유는 현대 미국 사회가 바벨론에 비유된다는 점에서 특히 잘 어울린다고 생각한다. 현재 우리 문화의 접근, 소외, 권위는 3천 년 전 바벨론의 영성과 그리 다르지 않다. 현대 서구 문화는 방종과 혼탁, 우상 숭배, 쾌락주의가 극치에 다다랐다 해도 과언이 아니다. 시간과 장소는 다를지 몰라도 신앙인들이 느끼는 긴장감은 같다.

특히 20세기 후반과 21세기 초반에 활동한 저명한 가톨릭 사상가 리처드 존과 신학자 월터 브루그만은 고대 포로로 잡혀간 유대인들과 현대 기독교인들이 직면한 공통의 어려움을 잘 보여주었다. 리처드 존은 유작 《미국식 바벨론》(*American Babylon*)에서, 기독교인들은 그 시민권이 하나님 나라에 있기에 외국 땅에 포로로 잡혀온 사람들과 같다고 말했다.

이와 비슷하게 브루그만도 "바벨론에 포로로 잡혀간 이스라엘 백성들이 느꼈을 이질감, 불안감, 불편함"[2]을 표현했는데, 이는 현대 미국 기독교인들도 똑같이 느끼는 것이다. 브루그만의 책을 주해하면서, 호주 출신 마이클 프로스트는 이렇게 적었다. "과거 포로로 잡혀간 유대인들의 경험을 오늘날 교회가 똑같이 경험하고 있다. 사실 우리 시대와 지금의 신앙 상태에 꼭 맞는 상황을 성경에서 고르라고 한다면 포로 시기가 가장 적합할 것이다. 유대인 포로들처럼, 오늘날 교회는 힘을 잃고 수치심에 괴로워하고 있다.”[3]

나는 기독교 공동체가 현대 문화의 실태를 파악하고, 바벨론과 같으면서도 다른 현대인들의 삶을 이해하고, 포로 시기가 제공하는 새로운 기회에 충실히 응답해야 한다고 생각한다. 유진 피터슨은 이렇게 말한다. “세대마다 문화가 다르고, 사회 현상이 다르고, 직업의 양상도 다르고, 정치·경제적 상황도 다르다. 따라서 기독교 공동체는 세대마다 독특한 현실 속에서 어떻게 그 역할을 다할 것인지 배워야 한다.”[4]

이 일을 가장 하고 싶어 하는 사람은 포로 생활을 하는 사람들이다. 그들은 말씀대로 사는 삶을 통해 세상의 문화를 거스르는 것이야말로 교회의 사명이라고 생각한다. 그들은 자신을 둘러싼 ‘이방’ 문화에 휩쓸리기보다 그 문화를 변화시키고자 한다. 하지만 방법을 모르는 경우가 많다.

그들은 그리스도를 따르는 삶이 자신들이 속한 공동체나 직장에서 제대로 드러날 수 있도록 새로운 방법을 모색한다. 이런 고민 때문에 그들은 교회에서 통용되는 사고방식이나 방법을 거부한다. 그들은 기성 교회 안에 세상의 바벨론식 가치가 그대로 들어와 있다고 생각한다. 예를 들어, 소비주의, 극단적 개인주의가 그렇고, 세상에 속해 있지만 하나님 나라의 백성답게 살기보다는 도덕적으로 타협한다고 생각한다. 교회가 이렇기 때문

청년들은 왜 교회를 떠나는가

에 오늘날 많은 포로 유형들이 교회로부터 소외되고 이질감을 느낀다. 교회의 현실적인 모습과 이상적인 모습 사이에 끼어 있는 것이다.

두 세계 사이에 있는
포로 유형

젊은 기독교인들을 인터뷰하면서 많은 이들이 두 세계 사이에 끼어 있다는 사실을 확인할 수 있었다. 유목민 유형과 탕자 유형을 살펴볼 때와 마찬가지로, 포로 유형의 특징과 그들의 신앙관을 알아보기 위해 문화 변혁의 선두에 서서 그리스도를 따르는 이들을 만나보기로 하자.

- **포로 유형은 '세상'과 분리되려고 하지 않는다.** 그들은 믿음이 중요한 역할을 하기를 원한다. 젊은 기독교인 중 3분의 1(32%)이 "믿음과 삶을 연결시키고 싶다"고 말했다. 그들은 세상 속에서 영적인 삶을 살고 싶어 한다. 믿음과 삶이 분리되지 않고, 삶 속에서 믿음이 통하기를 바란다.
- **제도 교회를 불신하지만 그렇다고 완전히 발을 빼지는 않는다.** 하나님께서 교회 밖에서도 역사하신다는 것을 느끼지만, 모든 신앙 체제에서 그런 것은 아니다. 젊은 기독교인 중 5분의 1(21%)만이 제도화된 교회에서 신앙생활을 하기 어렵다고 응답했다. 젊은 포로 유형은 대체로 대예배 참석 같은 전통적인 신앙생활을 거의 하지 않는다. 그럼에도 어떤 방식으로든 신앙 공동체와 대부분 연결되

어 있다.

- **젊은 포로 유형은 하나님께서 '교회 담 밖으로' 움직이시는 걸 느낀다.** 이번 조사를 통해 가장 많이 들은 응답이었다. 그들은 하나님이 교회 울타리 밖으로 나가고 계신다고 생각하며 자신들도 거기에 동참하고 싶어 한다. 리안의 이야기에서도 알 수 있듯이, 많은 청년들이 기독교 공동체의 전통적인 형태를 벗어난 사역에 동참하고 싶어 한다. 이 점에 대해서는 앞으로 자세히 살펴보기로 하자. 어쨌든 포로 유형은 주말 행사로 그치는 교회 활동으로는 만족하지 못한다. 주말 활동만으로는 그리스도를 위해 하나님의 백성들이 감당해야 할 사명을 다할 수 없다는 것이 이들이 갖고 있는 생각이다.

- **그들은 전통에 환멸을 느끼는 것이 아니다. 다만 겉만 번지르르하고 내용은 없는 종교 활동에 실망한 것이다.** 몇몇 조사에서 발견된 공통점은 "일주일에 한 번 교회에 가는 것 이상의 신앙생활"을 하기 원한다는 것이었다. 이와 비슷하게 많은 이들이 "대중화된 기독교보다 좀 더 전통적인 신앙을 갖고 싶다"고 응답했다.

- **포로 유형은 동시대 다른 신앙인들에 대해 우려와 소망이 뒤섞인 감정을 갖고 있다.** 모자이크 세대는 자기중심적이면서 공동체적이고 동료 지향적이다. 이와 관련해서 많은 젊은 그리스도인들이 동료들을 잃고 있다고 느끼고 있었다. 청년들은 자신들의 세대가 교회를 떠나는 것을 걱정스러운 눈으로 바라보고 있다.

- **그들은 신앙을 통해 사명과 은사가 더 깊어지는 경험을 하지 못했다.** 젊은 포로 유형을 조사하면서 자주 언급된 주제는, 기독교 신앙은

자신들이 선택한 직업이나 진로에 어떤 도움도 되지 않는다는 것이었다. 많은 젊은이들이 직업과 믿음의 공동체를 연결시키지 못하고 있다.

• **포로 유형은 다른 기독교인들이 교회를 떠난 동기를 물을 때 힘들어한다.** 동료 신앙인들은 이 유형이 내린 선택이나 이들이 하는 염려를 이해하는 데 종종 어려움을 겪는다. 특히 부모님과 부모님의 지인 등 나이 든 신앙 선배들이 그렇다. 포로 유형은 동료 신앙인들이나 믿지 않는 사람들 양편에서 자신들의 신앙과 사명에 대해 오해를 받는다.

젊은 포로 유형의 비율은 유목민 유형이나 탕자 유형보다 계산하기가 더 복잡하다. 나머지 두 유형은 교회를 떠나고(유목민 유형), 신앙을 버리는 것(탕자 유형)으로 쉽게 구분할 수 있다. 그러나 포로 유형은 태도와 관점에 근거해서 정의를 내려야 한다. 우리 조사에서는 18세부터 29세까지의 젊은 기독교인 중 약 10분의 1이 신앙적으로 포로 유형과 매우 유사한 관점을 가진 것으로 드러났다. 동시에 태도 면에서는 거의 절반 정도가 포로 유형의 모습을 조금이라도 갖고 있었다.

여기서 또 다른 점이 발견된다. 유목민 유형과 포로 유형은 신앙생활에 기복이 있다(탕자 유형은 가끔 이렇다). 그들은 교회 참여나 신앙의 헌신도 및 열정 면에서도 오르내림이 있었다.

포로 유형이 말하는 신앙 여정

기독교 배경을 가진 18~29세 젊은이들의 응답

	매우 그렇다	거의 그렇다
믿음과 삶을 연결시킬 방법을 찾고 싶다	15%	38%
하나님은 교회 안보다 밖에서 더 많이 역사하시기 때문에 나도 세상에 속하고 싶다	12%	33%
세상과 분리되지 않는 기독교인이고 싶다	14%	32%
예수님이 본래 원하셨던 교회 모습이 되기 위해서는 교회의 우선순위가 바뀌어야 한다고 생각한다	12%	29%
나는 기독교인이지만, 제도권 교회 안에서는 신앙생활을 하기가 어렵다	8%	21%
기독교 공동체는 중요하지만, 예배를 위해 일주일에 한 번 모이는 것만으로는 만족할 수 없다	10%	23%
부모님께 물려받은 편안한 신앙과 하나님께서 내게 원하시는 삶 사이에 끼어 있다고 느낀다	4%	11%

바나 그룹(2011년), 1,296명 대상

포로 유형에 속하는
실제 인물들

연구 조사를 통해 포로 유형의 특징을 살펴보았다. 실제 포로 유형에는 어떤 사람이 있을까? 이 책을 쓰기 시작한 지 얼마 안 되었을 때, 세대 간의 교류를 중요시하는 한 교회에서 탕자 유형과 유목민 유형, 포로 유형에 대해 발표를 했다. 발표가 끝나자 20대 여성이 찾아와 자신의 오빠가 포로 유형에 꼭 들어맞는 것 같다고 말했다. "그래요? 오빠가 뭘 하는데요?" 내가 물었다.

"작가예요. 오빠는 우리 교회를 바꿔보려고 무던히 애썼어요. 사람들을 무척 괴롭게 만든 거죠. 선생님은 포로 유형들이 세상에서 펼치고자 하는 사명을 교회가 이해하지 못하고 그 동기를 문제 삼는다고 하셨는데, 오빠의 경우가 딱 그래요. 오빠는 교회를 무척 사랑하는데, 교회에서는 누구도 오빠가 하려는 게 뭔지 알려고 하지 않아요."

이 이야기 속에 우리가 연구를 통해 얻은 결론이 나와 있다. 포로 유형은 대체로 직업(사회에서 주류를 이루는 예술, 미디어, 과학, 패션, 법률 등)과 신앙 사이에서 극심한 긴장 관계를 느낀다. 많은 경우, 직업 속에서 그리스도를 따르도록 교회로부터 교육받지 못하고 지지 또한 받지 못한다고 느낀다. 이를 염두에 두고, 지난 몇 년간 만나온 몇몇 젊은 포로 유형들을 살펴보겠다.

할리우드 영화의 포로

저스틴은 서던캘리포니아 대학교 영화학과에서 수준 높기로 유명한 프로듀싱 과목을 이수한, 몇 안 되는 기독교인이었다. 그의 아버지는 전국에서 손꼽히는 대형 교회 목사다. 저스틴의 부모님은 심정적으로 아들을 지지하긴 했지만, 그가 졸업 후에 만든 영화에 대해 사람들에게 '변론하느라' 진땀을 빼야 했다. 저스틴이 만든 영화들은 그가 자라온 기독교적 배경과는 사뭇 달랐기 때문이다.

그의 어머니는 이렇게 말한다. "저는 제 아들이 문화를 변화시키기 위해 그 속에 뛰어들었다고 생각해요. 교회는 우리 자녀들이, 지도상에는 없지만 그 어떤 땅 위의 선교지보다도 문화적으로 더 큰 영향력을 미치는 '세상'이라는 선교지로 부름받았다는 사실을 이해했으면 좋겠어요. 교회는 이런 젊은이들을 더 지지하고, 격려하고, 이해해주어야 해요." 저스틴은 세상 문화에 영향을 줄 수 있는 위대한 영화를 만들고 싶어 한다. "영화에 복음을 넣는다고 해서 기독교 영화가 되는 것은 아니라고 생각해요. 오히려 우리의 모습을 정직하게 보여주고, 우리 각자에게 필요한 구원을 경험할 수 있게 해준다면 그것이 바로 영화를 통해 그리스도를 보여주는 것이라고 생각해요."

과학기술의 포로

캐서린은 세포생물학 박사학위를 가지고 있다. 그녀는 과학학회와 교회에 모두 열심이다. 그녀는 이렇게 하소연한다. "제 이야기를 듣는 사람들은 대부분 주류 과학, 특히 진화생물학과 전통적인 기독교 신앙을 함께 받아들이는 것이 불가능하다고 생각해요. 과학자들은 신앙을 비지성적인 것이라고 깔보고, 기독교인들은 자신들의 세계관에 맞지 않으면 과학적 결론을 거부하려고 하죠. 그래선 안 되는 거잖아요! 기독교인들은 다른 사람들보다 특히 확신을 가지고 진리를 추구해야 하는 사람들이고, 교회는 우리가 그렇게 할 수 있도록 더 적극적으로 격려해야

청년들은 왜 교회를 떠나는가

하지 않나요?" 캐서린은 교회가 과학을 외면해서는 안 된다고 열정적으로 도전하고 있다. 그러나 교회의 모든 사람이 그녀의 행동을 옳게 보는 것은 아니다.

음악계의 포로

몇 년 전, 젊은 기독교 음악인들과 예술가들을 대상으로 강의를 했다. 내 친구 찰리 피콕이 주선한 자리였는데, 찰리와 그의 아내 앤디는 내슈빌에 아름다운 교회를 개조해서 예술가들을 대상으로 목회를 하고 있었다. 강의를 마친 후, 장래가 유망한 몇몇 예술가들을 만났다. 그중 한 여인은 자기가 작곡한 음악을 텔레비전 방송에 내보내고서는 교인들이 반대하는 바람에 어려움을 겪었다고 말했다. 반대 이유는 '복음의 내용이 변질된다'는 것이었다. 그녀는 이렇게 말했다. "그건 정말 퇴보적인 생각이에요. 사람들이 텔레비전을 통해 복음을 들으면 오히려 복음이 더 '드러나지' 않겠어요?" 젊은 음악인 한 사람은 자신의 음악이 '기독교 밴드' 혹은 '기독교 음악'이라는 이름을 내걸지 않아도 저절로 기독교 복음을 드러낼 수 있으면 좋겠다고 말했다.

언론사의 포로

유진은 《뉴스위크》나 〈USA 투데이〉 같은 유명 매체에 글을 기고하는 언론인이다. 콘퍼런스에서 만난 그는, 내가 포로 유형에 대해 설명하자 자신의 이야기 같다고 말했다. "전, 회사에서 기자들이 종교와 신앙 공동체에 대해 최대한 정확한 이야기를 하도록 최선을 다해 돕고 있어요. 내부 반발이 만만치 않죠. 그런데 반대편에서도 공격이 들어옵니다. 제가 언론사에서 일하는 걸 이해 못하는 기독교인들이 있어요. 그런데 제가 언론사에서 일하는 건 제가 잘하는 일이니까 그렇지 않겠어요? 이런 긴장 관계 속에서 어떻게 해야 훌륭한 기독교인으로 살아갈 수 있을지 알려줄 교회를 찾기란 참 어려워요."

군대의 포로

몇 년 전 워싱턴 공군 기지에 있는 군목을 만났다. 게리는 군대에서 영적 지도자가 된다는 것의 의미를 이렇게 설명했다. "군대에서 사역을 하려면 내 신앙을 타협하지 않으면서 다른 종교들과도 협력해야 해요." 그는 군목으로서 다른 종교를 가진 사람들도 이끌어주어야 한다. 군목들은 자신의 신앙을 고수하면서도 가톨릭, 개신교, 유대교, 불교, 이슬람교 등 다른 종교에 대해서도 잘 숙지하여 이런 종교를 믿는 사람들을 도와야 한다.

대학의 포로

미셸과 폴은 지적인 리더이며 신실한 신앙인이다. 그들은 캐나다에 사는데, 그곳도 미국만큼이나 접근, 소외, 권위라는 문화적 변화와 씨름하고 있다. 미셸은 자신의 큰딸이 밴쿠버에 있는 공립대학에 들어갈 거라고 말하면서 이렇게 덧붙였다. "우리는 딸을 바르게 키웠지만, 밴쿠버나 대학이란 곳은 기독교 신앙을 지키기에 그리 쉬운 장소는 아니에요. 우리는 딸을 위해 기도

포로 유형의 특징

그리스도를 향해 더 깊은 믿음을 추구하며 '문화적 기독교'를 거부한다

기독교 문화가 주는 안정성과 현대 사회를 살아가는 현실 속에서 괴리감을 느낀다

믿음을 자신의 사명 혹은 직업과 연결시키기 위해 애쓴다

세상 문화를 긍정하고, 그 속에 뛰어들어 변혁시키고자 한다. 때로는 교회가 훨씬 문제가
많은 곳이라고 느낀다

이들을 지칭하는 용어

– 포로
– 창조적인 사람
– 문화에 관련된 사람
– 개혁가들

하며 대화를 하고 있는데, 아직까진 딸이 잘하고 있어요. 하지만
우리 딸이 끝까지 신앙을 지켜낼 수 있을지 걱정이 돼요. 그리고
딸을 신뢰하는 마음이 큰 만큼 딸이 자라면서 우리의 신앙을 어
떻게 성장시킬지도 궁금해요."

사역의 포로

제이 바커는 기독교 TV에서 〈주 찬양 클럽〉을 진행하던 짐과
태미의 아들이다. 제이의 아버지는 성추문 사건에 연루되었고,
사역에서 공금 횡령이 드러나 교도소에 수감되었다. 이렇게 가
족이 몰락한 후에 제이는 교회를 떠나 재산을 탕진하며 살았다.
그러다 결국 그리스도께 돌아와 "전통적인 기독교에서 거부당

한 사람들을 위해 … 그들 삶의 형태나 배경에 상관없이 예수님의 조건 없는 사랑과 은혜를 보여주기 위해"[5] 혁신 교회를 세웠다. 특히 동성애자 부부에 대해 공적으로 호의를 보여 기독교 내에서 지지를 받지 못하고 있다.

바벨론 포로기와
다를 바 없는 시대

지금부터 내가 하려는 이야기에 화가 나거나 마음이 불편할 수도 있다. 왜냐하면 몇몇 포로 유형들은 기독교 공동체가 용인하는 수준을 훨씬 넘어서기 때문이다. 나 자신도 이들의 견해나 행동을 변호하려는 뜻이 전혀 없다. 사실 나 역시 이들을 지지하기 힘든 부분이 상당히 많다. 그러나 이 이야기를 통해 젊은 기독교인들의 광범위한 포로 유형의 특징들을 주의 깊게 바라보았으면 한다.

다음 세대 포로 유형에게 자주 듣는 말은 '불확실성', '즉흥성', '융통성'이다. 기성세대 기독교인들의 귀에 이런 단어는 상당히 상대주의적으로 들린다. 사회학자 로버트 우스노우는 모자이크 세대를 "영적 땜장이들"이라고 부른다. 그러나 바벨론과 같은 오늘날의 상황과 옛 이스라엘 백성이 경험한 포로 생활을 연결해볼 때, 나는 우리의 젊은 기독교인들이 그리스도를 온전히 따르기 위해 최선을 다하는 것이라고 믿는다. 그들은 문화적으로 급변한 상황 속에서 최선을 다해 그리스도를 따르려고 애쓰며, 심지어 새로운 세상에서 교회 공동체가 어떤 모습이어야 하는

청년들은 왜 교회를 떠나는가

지 방향을 제시하고 있다.

이에 앞서 실제 바벨론 포로기에 가장 유명했던 포로 다니엘이 직면했던 사회적 · 영적 상황을 간략하게 살펴보겠다. 지금 우리 시대 젊은 기독교인들처럼, 다니엘은 바벨론이라는 완전히 다른 문화에서 살아야 하는 현실에 직면했다. 다니엘의 이야기 속에서도 접근, 소외, 권위라는 친숙한 주제를 발견하게 된다.

접근

다니엘이 바벨론에 끌려왔을 때, 그는 더 큰 세상에 놓이게 되었다. 고국 유다는 거대한 바벨론 왕국에 비하면 아주 작은 시골 마을에 불과했다. 또 완전히 다른 정치, 문화, 교육 환경에 갑자기 뚝 떨어진 셈이었다. 성경은 그가 바벨론의 언어와 학문을 배우게 되었다고 기록한다. 다시 말하면, 다니엘은 서쪽 바벨론에서부터 동쪽 페르시아에 이르는 거대한 제국의 사상과 세계관을 접하게 되었다는 의미다. 갑자기 이렇게 엄청난 정보에 노출된 것은 그에게 대단한 경험이었을 것이다.

소외

다니엘은 바벨론에 도착하는 순간부터 그동안 자신의 삶과 신앙을 형성해온 모든 것을 새로운 현실의 빛 앞에서 재평가해야 했다. 신앙에서도 무엇을 고수하고, 무엇을 타협할지 결정해야 했다. 시간도 매우 촉박했다. 이 새로운 현실에서, 자신을 지켜주던 모든 것이 더 이상 소용없게 되었다.

포로는 모든 관계가 차단된다. 다른 말로 하면, 낯선 문화 속에서 사람들과 깊은 관계를 맺을 수 없고, 사회적으로 다른 사람들과 연결될 수도 없으며, 어떤 식으로든 정체성을 형성할 길이 없다. 그래서 다니엘은 자신의 신앙을 지킬 수 있는 다른 방식을 찾아야 했다. 예전 전통이나 형식으로는 바벨론이라는 새로운 현실에서 믿음을 지킬 수 없었기 때문이다.

권위

다니엘은 하나님을 대적하는 세상 권세에 복종하면서 동시에 하나님을 향한 믿음을 지켜야 했다. 다니엘의 입장에 놓이지 않고는 다니엘의 행동이 쉬워 보일 수 있다. 다니엘은 사자 굴에 던져질 걸 알면서도 기도했다. 하나님께서 지켜주실 거라는 믿음에 전혀 흔들림이 없었다(단 6장). 그러나 그 사건이 그가 바벨론에서 지낸 지 수십 년 후에 일어난 것임을 기억해야 한다. 그의 용기는, 그동안 매일의 삶을 통해 하나님의 권위를 신뢰하는 동시에 이 땅의 왕을 섬기는 법을 배운 데서 왔다.

여기서 중요한 점은 다니엘이 바벨론에 올 때부터 이미 준비된 것은 아니라는 사실이다. 다니엘서 1장을 보면, 다니엘도 바벨론의 권위 아래 무엇을 하고 무엇을 하지 말아야 할지 아직은 분명하게 선을 긋지 못했다. 하나님의 종으로 신실하게 살겠다는 의지는 처음부터 분명했지만, 포로로서 느부갓네살 왕의 통치 아래 어떻게 대처할지는 하루아침에 안 것이 아니다. 젊은 유다 청년 다니엘과 친구들은 느부갓네살 왕을 섬기도록 유다에

청년들은 왜 교회를 떠나는가

서 왕궁으로 끌려왔다.

이 젊은이들은 바벨론의 관습을 받아들이도록 강요받았다. 그 일환으로 새로운 이름도 받았다. 다니엘은 벨드사살이라는 이름을, 그의 친구들은 사드락, 메삭, 아벳느고라는 이름을 받았다. 그 이름들은 이방 신들의 이름을 따서 지은 것이기에 작은 일이 아니었다. 다니엘의 이름 벨드사살은 '벨'이라는 바벨론 신의 이름을 따서 지은 것이다. 한번 상상해보라. 유일하신 하나님 여호와를 섬기는 자가 "벨을 섬기는 자"라는 뜻의 이름을 강제로 써야 한다면 어떻겠는가? 몇몇 성경 역사학자들은 이 젊은 이스라엘 포로들이 내시가 되도록 강요받았을 것이라고도 주장한다.[6]

다니엘은 지혜와 통찰력으로 바벨론 궁정에서 인정을 받았고, 그로 인해 세력을 얻고 기회를 갖게 되었다. 승승장구하는 동안 그는 자신의 신앙과 가치관과 충성심을 새로운 문화적 현실에 맞추어 포기하고 싶은 유혹이 컸을 것이다. 그러나 다니엘은 하나님을 섬기기 위해 이 낯선 문화에서 최선을 다했다.

같은 노래, 다른 세대

우리의 조사와 성경 속 포로들에 대해 연구해보면, 사회적·영적 변화가 거셀 때 포로 유형의 숫자와 영향력이 커진다는 사실을 확인할 수 있다. 물론 유목민 유형이나 탕자 유형도 그들을 둘러싼 환경에 의해 어느 정도 영향을 받은 것이 사실이지만, 사회적·기술적·영적 변화로 인해 숫자가 가장 늘어난 유형은 바로 포로 유형이다.

이것은 좋은 일이다. 우리 시대에 나타난 접근, 소외, 권위에 대한 세대 간의 양상을 볼 때, 전략적인 이유로 교회와 멀어진 청년 포로 유형이 교회의 미래를 위해 얼마나 중요한 존재인지 보여준다. 기독교가 우리 문화에서 주변으로 밀려나고, 미국이 점점 종교 다원주의 사회가 되어가는 이때에, 나는 포로 유형들이야말로 우리가 이 변화를 잘 탐지할 수 있도록 도울 수 있는 사람들이라고 믿는다. 더 이상 기독교가 문화의 자동조절 장치로 기능하지 못하는 이때에, 두 세계를 모두 아는 기독교인들만이 교회가 새로운 현실 속에서 어떤 모습이 되어야 하는지 방향을 제시할 수 있다.

다시 한 번, 과거 이스라엘 백성의 포로 생활을 통해 통찰력을 얻어보자. 다니엘은 바벨론에 잡혀간 후 3년간 왕의 음식을 먹으며 훈련을 받아야 했다. 게다가 '바벨론의 언어와 학문'을 배워 종교적으로도 교화를 받아야 했다(단 1:4). 이는 분명 젊은 다니엘의 신념, 전통, 신앙을 위협하는 것이었다.

그러나 다니엘과 친구들은 재교육을 전면 거부하기보다는 왕의 음식만을 거절했다. 그리고 이렇게 작은 부분을 거부하면서도, 마지막 결정은 환관장에게 맡기겠다는 식으로 이야기한다. "청하오니 당신의 종들을 열흘 동안 시험하여 채식을 주어 먹게 하고 물을 주어 마시게 한 후에 당신 앞에서 우리의 얼굴과 왕의 음식을 먹는 소년들의 얼굴을 비교하여 보아서 당신이 보는 대로 종들에게 행하소서"(단 1:12-13). 분명 사자 굴에 들어가던 용

청년들은 왜 교회를 떠나는가

맹과는 다르지 않은가!

　당시 이스라엘 청년들은 교화 프로그램에 대부분 협력했다. 이는 새로운 문화 현실을 탐지하려는 시도였다. 자신들의 고국 유다에서는 그냥 하면 되던 영적 선택들이 이제는 불확실하고, 유동적이고, 심지어 위험하게 되었다. 그들은 어쩔 수 없이 한동안 신앙에 대해 즉흥적이어야 했다. 그들이 살던 세상은 우리가 사는 세상과 마찬가지로 너무나 복잡하고 종교적으로도 다원화된 곳이었다. 영적·정치적으로 서로 옳다고 주장하는 세상이었다.

　이들과는 다른 환경에 사는 신앙인들의 눈에는, 다니엘이나 성경에 나오는 다른 포로들이 보여준 타협적인 행동이 용납할 수 없거나 용서받을 수 없는 변절로 보일 수 있다. 하지만 다니엘이나 에스더, 에스겔, 그 외 많은 사람들의 경우에서 알 수 있듯이 하나님은 문화적·영적으로 혼란한 시기에 살았던 포로들을 축복하셨다. 그들이 선조들의 신앙을 그대로 실천했기 때문이 아니라 새로운 방식으로 신앙을 지키는 방법을 찾아냈기 때문이다. 그뿐만이 아니다. 포로들의 활약은 결국 공동체의 영적 쇄신을 이끌어냈다. 하나님은 다니엘이나 에스더 같은 포로들을 백성을 회복시키는 일에 사용하셨다.

　영국 기독교계 리더인 패트릭 휘트워스는 전환기에 포로들이 하는 역할에 대해 이렇게 쓰고 있다.

　지난 2천 년간 교회는 여러 부분에서 정치 지도자들과 연합하여 권력 패러다임을 창출했다. 그러나 시간이 지나면서 하나님의 뜻을 제대로 수행하지 못하게 되면, 어떤 방식으로든 변형되거나 대체되었다. 변화의 핵심은 대부분 포로들에 의해 이루어졌다. 개인으로든 그룹으로든 혹은 운동을 통해서든 포로들은 교회의 사명을 새롭게 하고 개혁하는 일에 일조해왔다.[7]

지금 기독교 공동체는 포로 유형이 늘어나는 것을 해결해야 하는 문제에 직면해 있다. 우리가 어떻게 하면 될까? 바벨론에서 다니엘이 한 선택들을 하도록 그들을 준비시킬 것인가? 다시 말해, 문화적으로 적응하면서 그리스도 중심적인 생활을 하도록 준비시킬 것인가? 점점 다원화되어가는 사회 속에서 교회를 향해 던지는 그들의 비판의 목소리에 귀 기울이고 받아들일 것인가? 그들이 세상 속에서 자신들의 재능과 독특한 사명을 감당할 수 있도록 우리는 변함없는 성경의 진리를 따라 교회 구조를 바꿀 의향이 있는가?

이렇게 한다면, 우리는 분명 다음 세대가 새로운 문화적 상황 속에서 번성해나가는 것을 보게 될 것이다. 그들은 새로운 문화적 상황에 그대로 적응하는 것이 아니라 그 속에서 신앙을 지키는 새로운 방식을 찾아낼 것이다. 또한 바벨론 포로들이 그 시대 하나님의 백성들에게 복을 끼치고 새롭게 했듯이, 그들의 노력이 하나님의 모든 백성에게 유익을 주리라 확신한다.

유목민 유형, 탕자 유형, 포로 유형에 속한 이들에 대해 더 알고 싶으면 www.youlostmebook.org를 방문하라.

청년들은 왜 교회를 떠나는가

You Lost Me

You Lost Me

2부

교회와 단절되는
결정적 요인

교회를 떠나는
이유와 대안

우리는 한 가지 '결정적인 증거'를 찾고 있었다. 그런데 한 가지 결정적 증거 대신 많은 것을 발견했다. 나는 조사를 통해 젊은이들이 교회와 단절되고 신앙을 버리는 결정적인 이유를 한 가지나 많아야 두세 가지쯤 찾아내리라 생각했다. 예를 들면 청년들이 대학에 가는 것 때문에 신앙을 잃어버린다는 식일 줄 알았다. 하지만 대부분 그렇지 않았다.

한두 개의 '큰 이유들' 대신, 20대가 교회와 분리되는 데는 좌절, 실망, 관점 등 꽤 복잡한 이유가 뒤엉켜 있었다. 어떤 한 가지 이유로 청년들이 교회를 떠나는 게 아니었다. 사람마다 독특하고 현실적인 이유가 있었다. 그러나 어떻게 보면 아주 개인적이고 시시한 이유들이 갖는 일상성으로 인해 그것이 중요하지 않거나 별 볼일 없다는 것은 아니다. 모든 유목민, 탕자, 포로 유형에게는 사연이 있다. 그리고 앞에서도 살펴보았듯이, 모든 사연이 다 중요하다.

젊은이들이 교회를 떠나는 이유를 조사하면서, 우리가 가장 중점을 둔 것은 그들이 '잘못되었다고 생각하는 것이 무엇인가'였다. 설문 조사란 절대적인 것이 아니고 해석이 필요하다. 어느 누구도 청년들이 교회를 떠나는 이유를 정확하게 파악하기는 어렵다. 따라서 연구자로서 우리가 해야 할 일은 이런 응답들을 분석하여 드러나는 주제를 찾는 것이다. 이 과정에서 전문 지식뿐 아니라 영적 분별력도 사용하게 된다.

지금부터 살펴볼 2부는 젊은이들이 교회와 분리되는 이유를 밝혀내기 위해 애쓴 결과를 담았다. 그리고 그리스도의 몸 된 교회가 사랑과 사명감을 가지고 답할 수 있는 몇 가지 방법들을 제안한다.

교회를 떠나는
여섯 가지 이유

다양한 설문 결과와 개인 응답자들의 이야기를 통해 다음 세대와 교회가 분리된 이유를 여섯 가지로 분류할 수 있었다. 반복해서 말하지만, 모든 세대가 비슷한 경험을 한다. 그러나 1장에서 살펴본 바와 같이 오늘날은 유난히 변화의 속도가 빨라서 다음 세대의 단절이 더 가속화되었다. 우리 시대 20대들

청년들은 왜 교회를 떠나는가

은 이전 세대 젊은이들과는 달리, 한때 자신들에게 영적 유산을 건네주던 다리를 주저함 없이 태워버리고 있다.

청년들이 말하는 교회 혹은 신앙을 떠나는 이유들이다. 그들은 교회를 이런 식으로 보고 있다.

1. 세상으로부터의 과잉보호

모자이크 세대의 두드러진 특징 하나는 창조적이고 문화 참여 욕구가 강하다는 것이다. 그들은 상상력이 풍부하고, 창조적이며, 사고하기를 원한다. 그들은 기업가, 혁신가, 스타터가 되기를 원한다. 모자이크 세대에게 창조적인 표현은 대단히 중요하다. 그런데 교회는 창조성을 죽이는 곳처럼 보이고, 위험한 일을 감행하거나 세상 문화에 속하는 것을 싫어하는 것 같다. 교회가 어떻게 하면 안전 지향성을 벗어버릴 수 있을까? 어떻게 해야 교회를, 위험을 감수하는 상상력을 펼칠 수 있는 장소, 창조적으로 자신을 표현할 수 있는 곳으로 만들 수 있을까? 이 모든 것은 다음 세대들이 가장 소중히 여기는 특징들이다.

2. 깊이 없는 믿음

모자이크 세대가 갖고 있는 교회에 대한 가장 일반적인 인식은 지루하다는 것이다. 상투적인 말들, 제멋대로인 성경 해석, 틀에 박힌 외침. 이것들은 젊은이들의 흥미를 잃게 만들고, 그리스도를 따르는 것이 얼마나 능력 있는 삶인지 생각하지 못하게 한다. 젊은 기독교인 중에서 신앙과 자신의 재능, 능력, 열정을 연결할 수 있는 사람은 거의 없다고 할 수 있다. 다른 말로 하면, 그들이 물려받은 기독교 신앙은 그들에게 사명감을 주지 못하고 있다. 교회는 어떻게 해야 이들이 모든 삶의 영역에서 신실하고 거룩하게 그리스도를 따르게 할 수 있을까?

3. 신앙과 과학의 대립

많은 젊은 기독교인이 신앙과 과학은 양립할 수 없다는 대답을 듣는다. 그런데 그들이 사는 세상에서 과학은 매우 중요한 역할을 하는 것 같다. 예를 들어 의학, 과학기술, 여행, 환경운동 등에서 과학의 역할은 실로 지대하다. 게다가 과학은 교회와 달리 매우 수용적인 것처럼 보인다. 과학은 질문이나 회의를 얼마든지 용인한다. 반면에 믿음의 문제는 뚫고 들어갈 여지가 없어 보인다. 그렇다면 기독교 공동체는 어떻게 해야 다음 세대가 긍정적으로 또 예언자적으로 과학과 교류할 수 있도록 도울 수 있을까?

4. 성에 대한 태도

신앙 규율, 특히 성적인 규율은 젊은이들에게 답답함을 느끼게 한다. 결과적으로 그들은 교회를 억압적인 곳으로 인식한다. 젊은이들은 성에 대한 관심 때문에 믿음 성장에 큰 어려움을 겪는다. 교회가 성과 문화에 대해 긍정적인 접근을 하려면 어떻게 해야 할까?

5. 배타적인 문화

무엇을 수용하고 누구를 포용할지에 대해 다음 세대도 분명한 한계선을 가지고 있다. 하지만 그들은 열린 마음, 관용, 수용을 중시하는 문화에서 자랐다. 따라서 배타성을 주장하는 기독교는 비타협적으로 보인다. 그들은 서로에게서 공통점을 찾고 싶어 한다. 비록 그 공통점이 진짜 차이를 가리는 것일지라도 말이다. 기독교 공동체는 어떻게 해야 그리스도의 유일성과 그리스도께서 이방인을 찾고 받아들인 혁신적인 방법을 서로 연결시킬 수 있을까?

6. 가로막힌 질문

젊은 기독교인들은 교회가 의심을 표현하는 것을 허용하지 않는다고 말한다. 마음 안에 있는 의심을 표현하기에 안전하지 않은 곳으로 생각한다. 게다가 교회가 의심에 대해 대수롭지 않게 생각하고 무시한다고 느낀다. 기독교 공동체는 어떻게 해야 다음 세대가 그들의 의심을 정직하게 바라보고, 의심을 넘어 확고한 믿음으로 나아가도록 도울 수 있을까?

세대가 연결되기 위한
방향 전환

다음 세대가 교회와 기독교에 대해 느끼는 어려움이 무엇인지 우리가 알았다면, 이제 우리는 이런 어려움을 해결하기 위해 교회가 어떻게 변해야 하는지 결정해야 한다. 다음 세대의 치열한 싸움이 우리의 사고와 행위를 바꿀 수 있을까? 젊은이들의 영적 여정을 무시하거나 얕잡아보는 것은 이 시대 복음의 진보를 막는 행위가 아닐까?

세대 간에 영적으로 긴밀하게 교류하는 것은 성경이 중요하게 말하는 주제다. 일례로 사무엘상 3장에 나오는 엘리(구세대)와 사무엘(젊은 세대)의 이야기가 있다. 아마 다 아는 이야기일 것이다. 한밤중에 하나님께서 사무엘을 부르지만, 아직 훈련 중이던 젊은 선지자는 하나님의 부름을 스승 엘리의 부름으로 착각한다. 엘리는 사무엘에게 여러 차례 잠을 방해받은 후에야, 제자에게 이렇게 말하라고 가르친다. "말씀하옵소서 주의 종이 듣겠나이다"(삼상 3:10).

언젠가 잭 헤이포드 목사는, 사무엘이 하나님께서 부르신다는 사실을 깨닫기 위해 엘리의 도움이 필요했듯이 우리 다음 세대도 하나님의 음성을 분별하기 위해 위 세대의 도움이 필요하다고 말한 적이 있다. 또한 엘리가 그랬듯이 우리 역시 하나님께서 다음 세대에게 말씀하고 계신다는 사실을 인지해야 한다고 지적했다.

당신이 젊은 기독교인이라면, 지금은 들어야 할 위치에 있다는 의미다.

당신이 '정착한' 신자(기성세대)라면, 하나님께서 다음 세대 가운데 역사하고 계심을 믿어야 한다.

이 책을 통해 세대 간에 필수적인 역동성이 어떤 식으로든 촉진될 수 있기를 바란다. 2부에서는 모자이크 세대가 밝히는 교회나 신앙을 떠나는 여섯 가지 이유를 하나하나 살펴보려고 한다. 더불어 각 장이 끝날 때마다 '대안'을 제시하고자 한다. 즉, 젊은이들이 교회를 떠나는 이유를 더 깊은 믿음을 향한 갈망으로 바꾸고, 기성세대들이 느끼는 절망과 실패를 회복할 수 있는 몇 가지 방법을 제안하려고 한다.

교회와 신앙과 단절하는 여섯 가지 이유 중, 교회가 과잉보호한다는 내용부터 살펴보겠다. 이것은 교회가 세상을 향해 사명을 감당하기보다 안전 위주로 간다는 주장이다.

www.youlostmebook.org를 방문하면 이 책에 제시된 각종 조사 자료와 각 장에 해당하는 토론 질문을 이용할 수 있다.

세상으로부터의
과잉보호

떠나는 이유: "교회는 무슨 일을 왜 해야 하고 왜 하지 말아야 하는지 논리적인 이유를 제시하기보다 그저 두려워서 뭔가 하게 만들었어요."_나단

믿음의 회복: "우리는 비록 사역자지만, 아들에게서 배우고 있어요. 아들이 만든 영화에는 인간의 상태와 우리에게 구원이 필요하다는 진리가 표현되어 있어요. 어떤 설교보다도 강력하고 도발적입니다."_발레리

언젠가 한 예배 인도자의 찬양을 듣다가 이런 생각을 했다. '내가 본 어떤 아이돌보다 노래를 잘하네. 저 친구, 오디션을 본 적이 있을까?'

예배가 끝나고 식당에서 우연히 그 친구를 만나게 되어 오디션 프로그램에 나가봤느냐고 물었다.

"아니요. 음반 계약이 되어 있는 사람은 참가 자격이 없어요." 그의 말에는 어떤 거만한 기색도 없었다.

샘과 더 이야기를 나누면서, 몇 년 전에 찬양곡은 아니지만 그의 노래가 큰 인기를 끌었다는 사실을 알게 되었다. 결혼할 사람을 위해 만든 노래였는데, 후렴구가 아주 재미있고 외우기 쉬워 곧 10대들에게 인기 있는 TV 드라마 주제곡으로 채택되었다.

그런데 샘을 아는 교인 중에는 그의 노래가 화제가 된 것에 실망스러워하는 사람들도 있었다. 그들은 샘이 TV라는 세속 문화에 그의 노래를 내보내지 말아야 했고, 그것도 10대가 성관계를 맺는 장면에서 그의 노래가 나온 것은 잘못이라고 생각했다.

샘은 이렇게 말했다. "전, 그렇게 생각하지 않아요. 저는 제 시간을 대부분 찬양곡 작업에 할애하고 있어요. 그렇다고 제가 쓴 곡이 전부 신앙에 관련된 건 아니에요. 저는 뮤지션, 특히 기독교 음악가가 된다는 것은 진실한 노래를 통해 사람들에게 의미를 전하고, 문화에도 영향을 끼치는 것이라고 생각해요. 그런데 모든 기독교인들이 동의하는 방식으로 노래를 만들지 않으면 늘 비판을 받아요. 재능을 올바로 쓰기 위해서는 어떻게 해야 할까요?"

헬리콥터
문화

　　　'헬리콥터 부모'라는 말을 들어보았을 것이다. 이

런 부모는 아이들 주위를 항상 맴돌며 모든 위험에서 아이들을 안전하게 지키려 한다. 그들은 자녀에게 한시도 눈을 떼지 않은 채 인생의 차갑고 뜨겁고 날선 부분들로부터 그들을 보호한다. 헬리콥터 부모는 자녀를 육체적인 위험에서 보호할 뿐 아니라 모든 종류의 실패나 부정적인 결과로부터 보호하려고 한다.

헬리콥터 부모의 등장은 안전성을 중시하는 '보호 문화'의 등장과 시기가 맞아떨어진다. 내가 자라던 1970년대만 해도 안전 띠는 필수 사항이 아니었다. 의약품은 누구나 쉽게 열 수 있는 병에 담겨 있었고, '금연' 표기 역시 필수 권고 사항이 아니었다. 정글짐이나 미끄럼틀은 녹슨 금속 재질이었고, 회전목마나 시소도 마찬가지였다. 헬멧은 카레이서나 쓰는 거였지, 자전거를 타는 동네 아이들은 쓸 생각조차 하지 않았다.

향수에 깊이 젖기 전에 다음 이야기로 넘어가야겠다.

그런데 지금은 장난감이며 음식이며 그릇이며 모두 안전성이 최대 관심사다. 가게에 진열된 상품마다 믿을 만한 회사에서 만들었다는 표시가 붙어 있다. 회사들은 소송이나 기소를 피하기 위해 매년 품질 관리에만 수십 억을 쓰고 있다. 심지어 교회들도 성도들의 안전을 책임지기 위해 애쓰고 있다. 예를 들어, 어린이 사역자를 뽑을 때는 어린이들의 안전을 위해 사역자의 성장 배경을 조사하고, 교회 안에서 누군가 다쳤을 때를 대비해 보험을 들기도 한다.

안전 확보는 어느 순간 우리 삶의 방식이 되어버렸다. 그리고 모든 상황을 고려해볼 때 대부분 좋은 것이다. 어느 누가 자신의 자녀가 유해 물질로 만들어진 장난감을 갖고 놀기를 원하고, 자격 없는 사역자를 만나 부당한 대우를 받기 원하겠는가? 그런데 문제는 위기를 극도로 싫어하는 부머 세대와 버스터 세대가 부모 세대가 되면서 안전 위주의 문화가 강박적으로 정착했다는 것이다.

안전과 보호에 고착된 문화가, 다음 세대를 제자 삼아야 하는 교회의 사명에도 심각한 영향을 끼친 것이 아닐까? 우리는 다음 세대가 하나님 나라를 위해 삶을 내려놓으라는 하나님의 뜻을 따르기 위해 위험을 무릅쓰고 모험을 하도록 준비시키고 있는가? 아니면 '보호'라는 명목으로 아이들에게 겁을 주어 방 안에 가둬두고 있는가?

다음은 젊은 기독교인들, 그리고 한때 기독교인이었던 사람들이 교회를 향해 던지는 비판의 소리이다.

- **기독교인들은 신성과 세속을 잘못 구분하고 있다.** 우리가 인터뷰한 젊은 기독교인 중에 많은 이들이 교회와 세상을 이분법적으로 구분하는 것은 잘못이라고 느끼고 있었다. 우리 조사에 따르면, 다음 세대는 적어도 그들의 부모님이 하던 방식대로 신성과 세속을 구분하고 있지는 않았다.
- **기독교인들은 세상의 현실과 복잡성을 외면한다.** 젊은 기독교인들에게 교회는 딱딱하고 비현실적인 곳으로 비칠 수 있다. 기독교인들의 흑백 논리는 세상을 있는 그대로 보여주지 못하는 것 같다. 많은 청년 기독교인들이 세상을 "복잡하다"고 표현한다. 나는 종종

'과잉보호한다'에 대한 응답

기독교 배경을 가진 18~29세 젊은이들의 응답

	매우 그렇다	거의 그렇다
기독교인들은 교회 밖의 것은 모두 사탄의 것이라고 생각한다	11%	23%
교회는 세상의 문제를 무시한다	9%	22%
교회는 영화, 음악, 비디오 게임을 아주 해로운 것으로 여긴다	9%	18%
교회는 예술가나 창조적인 사람들에게 기회를 주지 않는다	5%	13%
나는 교회가 신경 쓰지 않는 사회적 이슈에 관심이 있다	6%	12%

바나 그룹(2011년), 1,296명 대상

젊은이들이 서로 다른 의견을 세련되게 조정하는 것을 보고 놀란다. 적어도 자신들이 중요하게 생각하는 안건에 대해서는 그렇다. 이 젊은이들에게는 '세상'과 관련한 모든 문제가 매우 다양하고 복잡하다.

과잉보호의
위험성

간단히 말하면, 많은 젊은 기독교인들이 과잉보호를 받고 있다고 느낀다. 수많은 청년들이 교회가 믿음으로 세상을 구원하도록 부름받은 자신들로 하여금 세상을 두려워하게 하고 세상과 분리되도록 만든다고 느낀다. 이런 과잉보호가 얼마나 다음 세대들을 교회로부터 분리시키고 있는지 함께 살펴보겠다.

다른 스릴을 찾게 만든다

과잉보호를 받을 때 일어나는 가장 심각한 결과 중 하나는 수많은 젊은이들이 전통적인 테두리 밖에서 즐거움을 찾는다는 것이다. 포르노나 성행위, 약물이나 다른 것에 중독될 수도 있고, 스릴을 과도하게 찾거나 게임 세계에 지나치게 몰입하는 것으로 나타날 수도 있다. 그 외에도 운동을 과하게 하거나 음식 조절을 제대로 못하는 등 다양하게 나타날 수 있다. 10대와 청년들 사이에서 나타나는 자기 자신을 해치는 행위들은 대개 위험을 무릅쓰고 싶은 열망에서 나온 것이다. 어떤 젊은이들은 강한 자극을 원해서 자신의 몸을 자해하기도 한다.

위험을 제거한 기독교는 또한 뭔가 다른 형태의 영성을 추구하게 한다. 청년 네 명 중 한 명(27%)이 "기독교 가정에서 자랐지만 다른 종교로 바꾸거나 다른 영적 경험을 시도해본 적이 있다"고 응답했다. 유목민 유형에 속하는 가톨릭 신앙을 가진 젊은 여성은 바하이교(19세기 중엽 이란에서 시작된 이슬람교 계통의 신종교—옮긴이 주)에 관심이 있었다. 그녀는 이렇게 말했다. "그 종교는 제가 배운 교리문답과는 완전히 달랐어요. 그동안 예수님은 기적을 행하시는 분이라고 배웠지만 전 그런 경험을 한 적이 한 번도 없거든요. 그런데 어떤 사람이 바하이교에 대해 말해주면서 개종하라고 권유했어요. 그가 말하는 영적 경험을 들으니 정말 흥미가 생기더라고요."

젊은이들은 이렇게 스릴을 좇는 경향이 있다. 대중문화가 계속해서 더 큰 자극을 추구하게 만들기 때문이다. 모든 광고가 "이런 건 한 번도 못 봤지!"라고 외치는 것 같다. 하지만 교회는 그리스도의 가치를 전하지 못하고 하품이나 하게 만드는 곳이 되어버렸다.

시작조차 못하게 만든다

문화적으로 기대치가 높아지고, 경제적·직업적 장벽이 높아지면서 젊은이들이 미래를 설계하기가 더 어려워졌다. 2장에서 논의했듯이, 20대들은 대부분 성인으로 완전히 옮겨가지 못하고 있다. 집을 떠나고, 교육을 마치고, 경제적으로 독립하고, 결혼하고, 가정을 꾸리는 일을 완수하지 못하고 있다.

이렇게 성인이 되는 시기가 늦어지는 데는 많은 사회적·경제적 이유들이 있겠지만, 교회의 책임도 크다. 결혼 적령기가 늦어지는 등 젊은이들을 '정체되게' 만드는 이슈들에 대해 교회는 분명하면서도 도전을 주는 예언자적 응답을 해주지 못하고 있다. 몇 년 전, 바나 그룹에서 주류 교단을 대상으로 설문 조사를 했다. 지금은 교회를 떠난 청년들을 대상으로 인터뷰를 진행했는데 그들은 교회를 떠난 주된 이유 중 하나가 그들이 직면한 인생의 문제를 교회가 도와주지 못했기 때문이라고 말했다. 사실 많은 경우, 결혼, 부모 되기, 직업과 소명을 비롯해 성인이 되면서 부딪히게 되는 크고 작은 문제들에 대해 교회는 실질적인 조언을 해주지 못하고 있다.

인터뷰했던 한 청년은, 고등학교 때 선생님이 자신이 기독교 대학에 진학하려는 것을 알고 충격을 받으셨다는 이야기를 했다. "선생님은 제가 '더 좋은' 대학을 선택하지 않는 것은 매년 수십만 달러를 버리는 것과 마찬가지라고 말씀하셨어요. 그때 선생님의 충고를 따랐고, 그 문제를 교회에 있는 누군가와 의논해야겠다는 생각은 하지 못했어요."

자기 의심을 하게 만든다

얼마 전 한 친구가 자신이 멘토링하고 있는 여자 청년에 대해 말했다. 26세 크리스는 어떤 문제든 결정하는 것을 무서워한다. 후회에 대한 불안감과 두려움이 극에 달해 빵집에서 빵을 고르는 것도 어렵고, 남자 친구의 청혼을 받아들여야 할지도 결정을 내리지 못했다. 때로 크리스는 선교사로 부름받았다고 느끼지만 확신할 수가 없었다. 최근에는 크리스가 친구에게 이렇게 말했다고 한다. "미래를 연답시고 '잘못된' 결정을 내리느니 차라리 룸메이트와 계속 지내면서 적은 월급으로 그냥 사는 게 낫겠어요."

크리스의 이야기는 극단적인 예지만, 많은 20대가 자기 의심으로 인해 직업도 관계도 맺지 못하고, 영적으로도 마비되고 있다. 한번 생각해보라. 헬리콥터 부모를 가진 젊은이들은 지금까지 살면서 실패나 후회를 경험해보지 못했다. 그들에게 부정적인 결과는 생각할 수도 없는 것이다. 아니, 죽는 것이나 마찬가지

청년들은 왜 교회를 떠나는가

일 것이다! 그들의 부모는 왜 그렇게 철저히 보호하려 했을까?

교회에서 자란 청년들 중에는 영적인 판단을 내릴 때 이와 비슷한 경험을 한다. 교회는 그들이 깊이 생각하고 기도하며 결정을 내리되 그 결과를 하나님께 맡기도록 훈련하지 못하고, 그저 죄에 대해 두려워하고 '하나님의 뜻에서 한발 물러서게' 만들었다. 우리가 어떻게 해야 다음 세대가 실패에 대한 두려움을 이기고 하나님께서 예비하신 미래를 향해 확신을 갖고 발을 내딛을 수 있을까?

창조성이 결여된다

과잉보호에 따른 네 번째 결과는 재능이 많고 창조적인 사람들이 교회 공동체를 떠나게 된다는 것이다. 교회가 과잉보호한다는 인식은 젊은 포로 유형에게서 흔히 볼 수 있다. 이들은 교회에서 경험하는 안전하고 편안한 세상과 하나님께서 원하신다고 믿는, 위험하지만 모든 것을 내맡기는 신앙 사이에 끼어 있다고 느낀다. 포로 유형들은 그들이 사는 세상과 연결되는 방식으로 예수님을 따르고 싶어 한다. 교회 밖에서 하나님과 동역하고 싶어 하는 것이다.

세상과 자신을 구별하지 않는 기독교를 원하는 포로 유형들은 대개 창조적인 경우가 많다. 예를 들어, 예술가, 음악가, 연예인, 영화제작자와 같은 직업을 가진 이들은 자신들의 소명이 신앙 배경과 조화를 이루지 못한다고 느낀다. 그들은 교회가 자신들과 같은 창조적인 사람들을 어떻게 다뤄야 하는지 모른다고 생각한다.

샘의 경우처럼 교회 안의 많은 인재들이 그 재능을 오직 기독교 공동체를 섬기는 일에만 쓰도록 요구받았다. 결과적으로 많은 젊은 인재들이 도망가고 말았다. 오늘날 잘나가는 연예인이나 예술가들 중에 교회를 다녔던 사람이 많은 것은 결코 우연이 아니다. 교회는 이런 젊은이들이 세상에서 일하도록 준비시키지 못했고, 그리스도의 몸 된 교회에 깊이 뿌리박게 하지도 못했다.

3장에서 만난 케이티 페리를 떠올려보자. 어린 시절 그녀의 가족은 '천사표' 달걀만 먹었다. 그런데 20대가 된 그녀는 마치 '호기심 많은 고양이처럼' 과잉보호 속에서 하지 못했던 모든 것을 해보려고 한다. 또 그래미상을 받은 록 밴드 킹즈 오브 리온의 경우를 생각해보자. 밴드 구성원인 네이슨, 케일럽, 제러드는 오순절 교회 설교가였던 아버지를 따라 "테네시, 아칸소, 루이지애나, 미시시피, 오클라호마 등지 교회를 순회하고 천막 부흥집회를 인도하며"[1] 거리에서 유년 시절을 보냈다.《롤링스톤》에 따르면, "이들은 종교적으로 엄격한 교육을 받았다. 영화도 못 보고, CCM 외에는 음악도 듣지 못하고, 남녀가 같이 수영장에서 노는 것은 물론 몸싸움이 심한 스포츠도 금지였다. 짧은 바지는 수상스키를 탈 때에도 금지"[2]였다고 한다.

《렐러번트》와의 인터뷰에서 네이슨 팔로월은 이렇게 말했다. "우리 집에 CD가 세 장 정도 있었는데 … 어머니가 레온 파틸로라고 부르셨던 것 같아요. 또 러스 태프가 기억나고, 또… 아! 셜리 카이사르였어요. 전부 기독교 음악이었지요." 네이슨은 그

청년들은 왜 교회를 떠나는가

들이 교회를 떠난 것은 과잉보호 때문이었다고 지적했다. "교회는 무슨 일을 왜 하고 왜 하지 말아야 하는지 논리적인 이유를 제시하기보다 그저 두려워서 뭔가를 하게 만들었어요."[3]

얼마 전 내슈빌에 있는 친구 찰리 피콕의 아트 하우스에 방문할 기회가 있었다. 찰리는 별말을 하지 않지만, 여기서 하는 일을 무척 즐거워하는 눈치다. 그는 훌륭한 젊은 아티스트들을 키워내고 있다. 나는 그곳에서 70여 개 팀의 젊은 음악 예술가들에게 강의를 했고, 강의가 끝난 후 그들과 대화를 나누었다.

그리고 이 창조적인 젊은이들 중에 기독교 음악을 하려는 사람이 거의 없다는 사실에 적잖이 충격을 받았다. 대부분 자신들의 재능으로 '세상 주류'에 들어가려고 애쓰고 있었다. 또 한편으로는 그들이 기독교 문화 밖에서 믿음대로 살려고 애쓰는 모습이 인상적이었다. 찰리와 이 모임의 또 다른 주최자인 마크 로저스는 연예 산업의 약육강식적이고 자기도취적인 바다에서 그들이 어떻게 그리스도를 따라야 하는지를 가르치고 있었다. 쉬는 시간에 몇몇 음악인들이 나를 찾아와 자신들의 교회에서 지지를 받지 못해 무척 실망스럽다고 말했다. 교회는 그들에 대해 기껏해야 애매모호한 태도를 취하거나 나쁘게는 주류에 들어가려는 그들의 꿈을 정죄한다고 했다.

비단 이 젊은 음악인들만 그런 것이 아니다. 우리 조사를 통해 밝혀진 바로는, 창의적인 젊은 기독교인들 대부분이 더 넓은 세상으로 나가고 싶어 한다. 인터뷰에 응한 배우나 영화감독, 그래픽 아티스트, 디자이너, 사회운동가, 그 외에도 창의적인 일을 하는 많은 젊은이들이 교회가 필요 이상으로 세상과 분리시킨다고 생각하고 있었다. 그들은 '기독교 게토'(Christian ghetto, 인터뷰 내내 지속적으로 나온 단어로, 격리된 유대인 거주 지역이라는 뜻)에 머물고 싶어 하지 않는다. 이들의 목소리에는 교회가 모험을 하기에 안전한 장소가 아니라는 것과 다음 세대들의 창조적 충동을 별로 좋아하지 않는다는 울림이 담겨 있다.

과잉보호에서
통찰력으로

이 책의 중심 논의 중 하나인 "다음 세대는 사회적·문화적·과학기술적으로 급변하는 시대를 살고 있다"는 사실을 다시 상기해보자. 이런 환경으로 인해 그들은 신앙을 새롭고 때로는 당혹스러운 방법으로 표현하게 된다.

젊은이들 가운데 널리 퍼져 있는 주류에 속하고 싶은 열망은 엄청난 변화의 결과 중 하나라고 말하고 싶다. 믿는 자들이 주류에 속하고 싶어 하는 것은 비단 이 세대만 그런 것이 아니다. 성경에 나오는 다니엘을 생각해보라. 이 젊은 히브리인은 바벨론에서 살게 되면서 정치·사회적으로 막강한 힘을 가진 나라에 영향력을 끼칠 기회를 얻게 되었다. 하나님은 다니엘과 세 친구처럼 이방에 포로로 잡혀간 이들을 사용해서 하나님의 목적을 이루셨다. 오늘날 젊은 기독교인들 사이에서 주류에 속하고 싶은 열망이 커져가는 것 역시 하나님의 역사가 아닐까? 그들을 통해 우리 문화를 회복하고 새롭게 하시려는 하나님의 뜻이 있

청년들은 왜 교회를 떠나는가

는 것은 아닐까?

나는 그렇다고 믿는다.

그러나 다음 세대 안에 보이는 희망적인 잠재력에는 실제적인 위험도 동반된다. 젊은이들은 세상 문화에 영향을 끼치고 싶어 할 뿐, 세속 문화에 속해 있지만 그에 동화되지 않고 믿음을 지키려면 어떻게 해야 하는지, 또 주류 문화가 갖고 있는 독소는 어떻게 다루어야 하는지에 대해서는 해답을 갖고 있지 못하다. 나는 이렇게 답하고 싶다. 자신을 위해 세상의 신뢰를 얻는 것은 공허하다. 그러나 이 세상을 구원하시려는 하나님의 역사에 참여하기 위해 세상의 신뢰를 얻는 것은 사명이다. 그러나 많은 모자이크 세대 기독교인들이 좋은 것, 진실한 것, 아름다운 것은 아주 열심히 찾는 반면, 근원이 되시는 예수님을 잊고 그분께로 가까이 나가지 못하는 것 같아 걱정스럽다.

교회는 다음 세대에게 과잉보호가 아닌 통찰력을 제시함으로써 그들이 세상에서 다른 방식으로 살아가도록 도와야 한다. 여기서 과잉보호를 통찰력으로 바꾸는 방법 몇 가지를 제시하겠다.

'**과잉보호**'는 기독교가 아닌 것은 다 악하다고 규정한다.

'**통찰력**'은 젊은이들에게 다른 사람은 적이 아니라는 사실을 이해시키면서 인간에게는 근본적인 죄성(罪性)이 있으며, 우리를 어떻게든 탈선하게 만들려는 대적이 있음을 알게 한다.

'**과잉보호**'는 자녀를 음란물에서 보호하기 위해 미디어 사용을 엄격하게 제한한다. 그들이 바른길을 가도록 하기 위해 대중문화나 이슈가 되는 사건들은 보지도 읽지도 말하지도 못하게 한다.

'**통찰력**'은 신학자 칼 바르트의 유명한 관용구인 "한 손에 성경, 다른 한 손에는 신문"(이제는 "성경과 인터넷"이라고 해야 맞겠다)을 놓는 것이다. 고립된 기독교 공동체 안에서만 살지 않는 한 미디어 주도적인 문화에 노출되는 것은 피할 수 없다. 세상 영화나 음악, 인터넷, 책, TV 쇼를 피하는 대신 함께 보고, 듣고, 읽어서 기독교 공동체로서 '문화 해설'을 해주어야 한다.

'**과잉보호**'는 인생의 어려운 문제인 고통, 실패, 관계를 아주 단순화한다. 그리고 정직하고 상황에 맞는 답을 주는 대신 틀에 박힌 대답만 한다.

'**통찰력**'은 인간이 당하게 되는 어려움을 분명히 인정하면서 성경의 진리를 가르친다. 성경은 산만하고 복잡해 보이지만 궁극적으로 완전한 진리다.

'**과잉보호**'는 다음 세대가 위험을 감수하지 못하게 막고 보호하기 위해 두려움을 사용한다.

'**통찰력**'은 젊은이들에게 삶과 명성과 세상적인 성공이 위협받더라도 두려움 없이 하나님을 따르고 성령의 능력을 힘입어 그리스도를 따르도록 인도한다.

'**과잉보호**'는 젊은이들에게 하나님을 섬기는 유일한 혹은 최선의 방법이 교회, 기독교 단체, 선교지에서 일하는 것이라고 확신하게 한다. '**통찰력**'은 거룩한 직업이나 세속적인 직업에 차이가 없음을 인정한다. 물론 소명을 받고 준비된 젊은이들이 목사, 선교사, 복음 전도자로서 섬겨야 하는 것은 맞다. 그러나 네덜란드 신학자이자 정치가인 아브라함 카이퍼의 외침을 새겨들어야 할 필요가 있다. "정신세계의 한 부분도 나머지 다른 부분과 완전히 구분되어 별개로 존재할 수 없고, 이 세상의 어떤 공간도 모든 것을 통치하시는 하나님의 것이 아닌 부분이 없다."

'**과잉보호**'는 젊은이들에게 현실에 대한 잘못된 그림을 제시한다. 이 그림은 당장에는 맞는 것 같지만, 결국에는 젊은이들에게 큰 상처를 준다. 많은 10대와 청년들이 원하는 대로 될 수 있고, 뭐든 할 수 있고, 모든 것을 다 가질 수 있다고 배운다. 하지만 결국 현실이 그렇게 호락호락하지 않다는 것만 발견하게 된다.

'**통찰력**'은 젊은이들에게 하나님께서 개개인에게 주신 독특한 목적과 재능을 알게 하여 소명을 깨닫게 한다. 우리는 성령께서 다음 세대를 향해 그들이 꿈꿀 수 있는 것보다 훨씬 더 큰 계획을 갖고 계심을 인정해야 한다. 우리가 할 일은 다음 세대가 우리의 목소리가 아닌 성령의 소리를 들을 수 있게 하는 것이다.

그리스도를 따를 때 감수해야 할 위험

나는 수백 편의 설교를 들었지만 아버지께서 전해주신 말씀이 아직도 떠오른다. "아이가 생기면 무덤 문을 연 것이다." 너무

비관적인 말로 들리겠지만, 아버지는 우리 인생이 그만큼 덧없이 지나간다는 성경적 진리를 청중들에게 전하려 하셨다.

이런 식의 사고는 안전 지향적이고 미래 대비적인 사고방식과 분명 정반대된다. 나는 과잉보호를 인간의 통제 욕구와 직접적으로 연관된 것으로 본다. 하지만 하나님은 통제받기를 거절하신다.

과잉보호를 받은 세대는 거짓말에 속고 있다. 기독교인은 물질의 축복을 누리고 모든 위험으로부터 안전하다는 거짓말이다. 그러나 2천 년 동안 늘 존재했던 기독교 순교자들은 그와는 다른 사실을 말해준다. 그리고 오늘날 젊은 기독교인들은 위험하지만 사명을 완수하는 순교자들의 삶에 관심을 보인다. 젊은 기독교인들은 그리스도를 따를 때 감수해야 할 가치 있는 위험을 이해하고 경험하려고 애쓰고 있다. 안전하고, 과잉보호받고, 편협하고, 절박함이 없는 인생은 가치 없는 인생이다. 다음 세대는 의미 있고 영향력을 끼치는 삶을 살기 위해 몸부림치고 있다. 좋아하는 영화나 소설을 한번 떠올려보라. 내용은 다르겠지만, 분명 주인공이 큰 시련을 겪는 이야기일 것이다. 위기에 처한 주인공을 걱정하는 것은 당연하다. 그러나 우리는 하나님의 위대하고 위험천만한 이야기 속에 등장한 실제 주인공들인 다음 세대의 위험을 다 없애려고 했다.

기독교인들의 삶에서 위험이 차지하는 역할에 대해 다르게 생각해야 할 것이다.

부모가 감수해야 할 위험

불행히도 기독교인 부모가 자기 자식을 오랫동안 안전하게 살도록 가르쳤다고 해서 하늘의 상을 받지는 못한다. 물론 모든 사람이 오래 살기를 원하고, 젊어서 죽지 않으려고 애쓰는 것이 나쁜 것은 아니다! 그러나 위험을 경감시키는 것이 하나님께서 부모들에게 바라는 역할은 아니다. 하나님은 우리가 마음과 뜻을 다해 하나님께 순종하도록 자녀를 가르치는지 보신다.

예수님의 이 말씀을 진지하게 경청해보라. "누구든지 제 목숨을 구원하고자 하면 잃을 것이요 누구든지 나를 위하여 제 목숨을 잃으면 찾으리라"(마 16:25). 우리는 하나님께서 우리에게 맡겨주신 자녀를 위해 이 말씀을 따르고자 하는가?

내 친구 브릿과 케이트는 똑똑하고 예쁜 일곱 살짜리 딸 데이지의 몸에 생긴 암과 열심히 싸웠다. 감사하게도 하나님께서 곧 그 딸을 회복시켜주셨다. 그러나 남부 캘리포니아에서 목회를 하던 브릿은 딸이 아픈 동안에도 설교를 통해 교회와 부모의 희망이 모든 아이가 살아나는 것이 되어서는 안 된다고 분명히 말했다. 교회와 부모의 희망은 예수님이 주(主)가 되시는 것이어야 한다. 나는 그의 믿음을 보며 큰 감동을 받았다. 그리고 이런 믿음이야말로 그리스도를 따르는 모든 부모가 가져야 할 믿음이라고 믿는다. 자녀를 위해 중보하는 것을 멈춰서는 안 되지만 우리의 소망은 모든 것의 주이신 예수님께만 있어야 한다.

물론 때와 장소를 가려 자녀를 위험과 불건전한 내용으로부터 지켜야 한다. 성경도 우리가 자녀, 특히 어린 자녀를 안전하고 경건한 환경에서 양육해야 한다고 가르친다. 그러나 안전을 걱정하는 마음을 앞세워 그들이 하나님께 마땅히 쓰임받는 것을 막아서는 안 된다. 예수님은 제자들을 위해 하나님께 이렇게 기도하셨다. "내가 비옵는 것은 그들을 세상에서 데려가시기를 위함이 아니요 다만 악에 빠지지 않게 보전하시기를 위함이니이다"(요 17:15). 우리도 우리 자녀를 위해 이렇게 기도해야 하지 않을까?

하나님께서 이 세대로 하여금 하나님의 이름으로 위대한 과업을 행하도록 준비하고 계시다면 어떡하겠는가? 이 세대를 통해 지상 선교의 새로운 르네상스가 실현된다면 어떡하겠는가? 우리는 안전에 집착하며 자녀를 옆으로 밀어내고 있는가, 아니면 하나님과 동역자가 되어 자녀를 준비시키려는 하나님의 계획에 동참하고자 하는가?

문화적 영향력이 주는 위험

요즘 젊은이들 사이에서 일어나는 감정은, 내 친구 게이브 라이언의 말을 빌려 표현하면 "공공의 이익을 위해 반문화(反文化, 사회의 지배적인 문화에 반대하고 적극적으로 도전하는 문화로, 대항문화라고 한다—옮긴이 주)가 되고자 하는 것"이다. 많은 젊은 기독교인이 문화와 분리되지 않으면서 그리스도를 따르고 싶어 한다. 그들은 문화 기피자가 아니라 문화 창출자가 되기를 원한다.

이렇게 문화에 영향력을 끼치려면 대가를 지불해야 한다. 때로는 기독교 공동체에 받아들여지는 것을 포기해야 한다. 샘의

청년들은 왜 교회를 떠나는가

노래가 주류 문화에서 인기를 얻었을 때처럼 말이다. 세상 기업, 미디어, 연예계, 사회과학, 정치 등에서 편하게 활동하는 사람들은 독실한 신자들의 눈에 회의주의자처럼 보일 수 있다.

이와 비슷한 맥락에서 내가 아는 몇몇 청년 기독교인들은, 기독교가 사회에서 부정적인 평가를 받고 있으므로 얽히기를 꺼려 한다. 어느 재능 있는 여배우는 자신의 신앙을 숨겨야 한다고 느낀다. 유명한 싱어송라이터 또한 20대에는 자신의 신앙을 공개적으로 밝히지 않으려고 조심했다고 한다. 마찬가지로 과학계나 정부, 기업, 학계에 있는 젊은 기독교인들도 이와 비슷한 감정을 느낀다. 정확히 말해서 신앙을 숨기는 것이 아니라 언제 누구에게 밝힐지 의식적으로 행동한다는 의미다.

이쯤 되면 몇몇 독자들은 이렇게 생각할지 모르겠다. '그들은 복음을 부끄러워하는 것이 아닌가? 대체 그리스도를 믿겠다는 거야, 아니야?' 이런 의문이 드는 것도 이해가 간다. 그러나 잠시 이 젊은이들이 그리스도, 하나님, 성경에 대해 전혀 모르는 사람들에게 파송된 선교사라고 생각해보자. 생명이 위태로울 수 있는 이슬람 국가에 파송된 선교사라고 가정해보자. 그들의 목적이 그저 생명을 부지하는 것이 아니라 하나님의 목적을 이루는 것이라면, 그들은 하나님께서 주신 생명, 재능, 관계, 기회를 무모하게 버리려 하지 않을 것이다. 이런 상황에 있는 선교사라면 언제 어떻게 자신의 신앙을 드러내야 할지에 대해 민감해야 한다. 나는 세상이라는 더 넓은 문화 속에서 자신들의 재능을 사용하고 있는 우리의 젊은이들을 선교사로 보자고 제안하고 싶다.

그들은 "인간이란 어떠해야 하는가?"라는 광범위한 대화에 자신들의 목소리를 냄으로써 문화를 재창조하고, 갱신하고, 새롭게 하는 데 일조하고 있다. 비록 대부분의 젊은이들이 자신의 종교 성향을 드러내지는 않더라도, 삶을 통해 하나님의 형상을 드러냄으로써 하나님께로 가는 길을 보여주고 있다. 이것은 그저 말로만 하는 것보다 훨씬 어려운 일이다. 기성세대인 우리는 이제 그들에게 기회를 넘겨주고, 우리가 자라온 문화와는 현저히 다른 문화 속에서 하나님께서 원하시는 일을 감당할 수 있도록 그들을 도와야 한다.

그리스도의 제자들은 상반되는 두 유혹과 싸워야 한다. 첫째는 문화에서 도망치고 싶은 유혹이다. 우리가 문화에서 도망쳐 버리면, "세상의 빛"(마 5:14)이 되라는 예수님의 명령을 무시하는 것이 된다. 우리는 그리스도인으로서 주위를 복되게 할 의무가 있다.

예레미야 선지자는 바벨론에서 돌아온 하나님의 백성에게 이렇게 도전했다. "너희는 집을 짓고 거기에 살며 텃밭을 만들고 그 열매를 먹으라 아내를 맞이하여 자녀를 낳으며 너희 아들이 아내를 맞이하며 너희 딸이 남편을 맞아 그들로 자녀를 낳게 하여 너희가 거기에서 번성하고 줄어들지 아니하게 하라 너희는 내가 사로잡혀 가게 한 그 성읍의 평안을 구하고 그를 위하여 여호와께 기도하라 이는 그 성읍이 평안함으로 너희도 평안할 것임이라"(렘 29:5-7). 마지막 절을 다시 한 번 읽어보라. 믿든 안 믿든 간에 주변 사람들을 위해 노래를 만들고 영화를 만들고 도구를 만들고 아이디어를 제시하자. 우리는 다른 사람들에게 복을 끼침으로써 복을 받는다.

두 번째 유혹은 문화에 순응하는 것이다. 문화에 영향을 끼치고 싶은 건강한 바람은 주류 문화에 편입되고 싶은 집착으로 쉽게 바뀔 수 있다. 그러면 우리는 세상과 전혀 다를 바 없는 삶을 살게 된다. 세대마다 이런 유혹에 넘어간 그리스도인들이 있었다. 물론 모자이크 세대도 마찬가지다. 이들은 그리스도를 닮는 것이 아니라 오히려 그리스도를 멀리한다.

우리는 문화적 퇴보와 문화적 순응을 비판적으로 견제하면서, 다음 세대가 세상에 있지만 세상과 같지 않도록 이끌어줄 새로운 방법을 강구해야 한다. 이 말은 부모나 교회 지도자들이 젊은 이들에게 더 위험을 감수하도록 허락해야 한다는 의미일 수 있다. 또 그들의 사명은 우리와 다르기에 강도 높은 긴장 속에서 살아야 할 필요가 있고, 다음 세대와 더 투명한 대화와 관계를 가짐으로 문화적 퇴보와 순응 사이에서 하나님께서 마련한 공간을 발견할 수 있어야 한다는 의미다.

내 친구 스티브와 발레리는 이 책 4장에서 살펴본 것처럼 영화제작자가 된 아들에게 '새로운 마음'의 본을 보여주었다. 스티브와 발레리는 미국에서 가장 영향력 있는 기독교 단체를 섬기고 있었다. 그런데 아들 저스틴이 신학교를 마친 후, 일반 대학 영화학과에서 영화제작을 배우겠다고 결심했다. 그때 많은 사람들이 이렇게 걱정했다. "기독교인과 할리우드는 섞일 수 없어." "저스틴은 교회 지도자로서 장래가 촉망되잖아!" 그들 가족은 언제나 문화 참여적(공립학교에 다녔고, 극장에도 갔고, 믿지 않는 이웃들과도 친하게 지냈다)이었고, 주변인들은 언제나 위험을 감수할 의지가 있었기에 스티브와 발레리는 그들이 준비되어 있다고 생각했다.

그러나 스티브는 내게 이렇게 말했다. "저스틴이 할리우드에서 명성을 얻기 위해 만든 대표작들을 자네도 한번 봐야 해. 정말 훌륭한 영화들이야. 하지만 몇몇 장면들은 눈에 거슬린다네. 전국 극장가를 강타했던 첫 영화의 시작 장면에 그 애 이름이 나오는데 배경이 성관계하는 장면이야. 시각적으로 보여주지는 않았지만 무슨 일이 일어나는지 확실히 알 수 있지. 그때 이런 생각이 들더군. '아이고! 이 영화를 누구에게 보라고 할 수 있을까? 저스틴이 전략적으로 이런 장면을 사용했다고 이해하는 기독교인이 몇 명이나 될까?'"

발레리는 이렇게 말했다. "몇몇 친구들이 우리를 위해 기도하고 있다고 말하면, 우리는 저스틴이 지옥에 가지 않게 해달라고 기도한다는 의미인가 보다, 하고 받아들였어요. 저는 저스틴이 이 일을 통해 하나님께서 기뻐하시는 일을 할 수 있도록 그들이 기도해주었으면 좋겠어요. 그거 아세요? 우리는 비록 사역자지만, 아들에게서 배우고 있어요. 아들이 만든 영화에는 인간의 상태와 우리에게 구원이 필요하다는 진리가 내포되어 있어요. 어떤 설교보다도 강력하고 도발적입니다."

스티브는 계속해서 이렇게 말했다. "우리가 좀 더 젊고 용기가 있다면, 우리도 이 일을 해보고 싶었을 것 같아. 저스틴은 그의

청년들은 왜 교회를 떠나는가

인생을 향한 하나님의 특별한 사명을 수행하고 있지. 우리는 그 어느 때보다 그 애의 믿음이 강하다고 확신하네. 비록 그 애의 직업상 우리와는 다른 방식으로 믿음이 표현되더라도 말일세."

거룩이 주는 위험

문화적 영향력이 복음에 위험할 수 있는 것은 사실이다. 그러나 걱정스럽게도 많은 다음 세대 기독교인들이 거룩함과 순종의 중요성에 대해 충분히 알지 못한다는 점이다. 젊은 기독교인들이 주류 문화에서 영향력을 끼치려 하는 것은 당연하다. 그러나 우리 문화가 갖는 유혹의 힘을 이해하지 못한 채 그렇게 하는 것은 위험할 수 있다.

우리는 젊은 문화 창출자들이 세상에서 영향력을 끼치는 만큼 신앙심과 개인의 가치와 재능과 선한 영향력을 유지하도록 유혹을 이기는 법을 가르쳐야 한다. 세상적인 성공 기준이 척도가 될 때, 선한 의도를 가진 기독교인들도 지름길로 가라는 압력에 굴복하게 된다. 조금씩 속이고, 인기를 위해 거짓말을 하게 되고, 은밀한 거래를 즐기고, 다수를 즐겁게 하기 위해 소수를 무시하고, 사회 규범에 맞추기 위해 자신의 행동 규범을 깨뜨린다. 세상에서 인기를 얻는 것이 하나님께 순종하는 것보다 더 중요해져서는 안 된다.

사도 요한은 이렇게 말했다. "이 세상이나 세상에 있는 것들을 사랑하지 말라 누구든지 세상을 사랑하면 아버지의 사랑이 그 안에 있지 아니하니 이는 세상에 있는 모든 것이 육신의 정욕과 안목의 정욕과 이생의 자랑이니 다 아버지께로부터 온 것이 아니요 세상으로부터 온 것이라 이 세상도, 그 정욕도 지나가되 오직 하나님의 뜻을 행하는 자는 영원히 거하느니라"(요일 2:15-17). 하나님의 거룩한 목적과 상관없이 창조적이고 성령 충만한 삶을 산다는 것은 의지가 약한 우리에게는 불가능한 일이다.

다니엘의 삶을 다시 살펴보면, 거룩함은 그를 구속하기도 했지만 그가 주변 세상에 영향을 끼칠 수 있는 원동력이기도 했다. 그가 바벨론의 문화 엘리트가 되었기에 권력자에게 진리를 말할 기회가 생겼다. 그러나 권력자가 그의 말에 귀를 기울인 것은 그가 거룩함을 유지했기 때문이다. 물론 그 때문에 사자 굴에 들어가기도 했지만 말이다(단 6장). 하나님은 사자의 입을 막으셨고 그를 죽이려 했던 바벨론의 정치인들 앞에서 그의 손을 들어주셨다.

그러나 거룩함을 유지하기 위해 위험을 감수하는 것이 늘 행복한 결말만 안겨주지는 않는다. 2차 대전 당시, 독일의 목회자 디트리히 본회퍼는 아돌프 히틀러와 제3제국에 반기를 들었고, 나치 통치를 묵인하고 지지하는 독일 교회에도 반기를 들었다. 본회퍼는 그리스도를 따르는 자들은 비록 나치처럼 악한 문화일지라도 문화에 등져서는 안 되고 그 안에 속해야 한다고 확신했다. 동시에 문화에 순응해서는 안 되고 독일 교회처럼 동화되어서도 안 된다고 믿었다.

전쟁이 끝나기 3주 전, 정부에 반대했다는 이유로 본회퍼는 사형을 당했다. 그는 거룩함을 지키기 위해 모든 것을 걸었지만,

청년들은 왜 교회를 떠나는가

하나님은 '사자의 입을 막아주시지' 않았다.

본회퍼에게 찾아온 '다니엘의 위기'는 그를 죽음으로 몰아넣고 말았다.

본회퍼의 삶과 죽음은 그리스도를 따르는 것이 복을 받고 부자가 되고 편안하고 인정받는 쉬운 길이라고 믿는 사람들에게 확실한 도전이 된다. 그리고 그의 삶과 글은, 세상에서 거대하고 무시무시한 모험을 하도록 준비시키지 못하는 교회를 꾸짖고 있다.

우리도 언젠가 '다니엘의 위기'에 직면하게 될 것이다. 한 번 이상일 수도 있다. 하나님께서 우리에게 제자 삼으라고 보내신 이들과 우리는 그러한 위기가 닥칠 때 어떻게 해야 할지 알고 있는가?

깊이 없는
믿음

떠나는 이유: "미국인들은 모두 신앙과 일과 삶을 분리시키는 것 같아요." _트레이시

믿음의 회복: "지금은 소수의 젊은이들과 깊은 관계를 맺는 데 집중하고 있다네." _존

트레이시는 아프리카 탄자니아에서 미국에 있는 집으로 돌아가는 길이었다. 29시간 비행은 긴 여정이었다. 나는 워싱턴에서 덴버까지 가는 비행기를 탔다가 그녀 옆자리에 앉게 되었다. 트레이시는 스물세 살이었다. 무척 고단한 여행이었을 텐데도 비행하는 내내 자신이 경험한 이야기들을 재미있게 들려주었다.

트레이시가 아프리카를 여행한 것은 석사 과정의 일환이었다.

그녀는 덴버 대학교에서 정치학 석사 과정을 밟고 있었다. "미국 국무장관이었던 콘돌리자 라이스가 밟은 바로 그 과정이에요." 트레이시는 자랑스럽게 말했다. 트레이시는 가톨릭 가정에서 자랐고 가톨릭 대학을 다녔지만, 유목민 유형이었다. 그녀는 남자 친구와 아주 가끔씩 미사를 드리는데 여전히 자신을 기독교인이라고 생각한다. "제 남자 친구가 저보다 더 열심히 교회에 다녀요. 저도 영적인 편이지만, 남자 친구가 훨씬 더 영적이죠. 제가 '오, 주님'이라고 말하면, 제 남자 친구는 '널 사랑하셔'라고 재빨리 덧붙여요. 귀엽지만 그래도 좀 성가셔요."

트레이시는 외국에 나가 새로운 경험을 하는 것을 가장 좋아한다고 했다. "낯선 사람들과 함께 일하는 건 정말 멋져요. 제 남자 친구는 수학 괴짜예요. 그 친구는 금융과 회계를 공부하는데, 저는 전혀 모르는 분야죠. 그 친구는 그 일을 좋아해요. 하지만 저는 제 일을 그저 회사 나가서 근무하는 것 이상이라고 생각해요. 의미 있는 일이라고나 할까요? 전 이 일을 그저 직업으로 생각하지 않아요."

"그게 바로 소명이야." 내가 이렇게 말하자 트레이시는 약간 당황하는 눈치였다. 나는 덧붙여 말해주었다. "내 말은 하나님께서 네게 그런 마음을 주신 것 같다는 의미야. 너는 그 일을 위해 창조된 거지."

"세계의 가난한 사람들을 도와주고 싶다는 관심이 하나님의 소명이라고는 한 번도 생각해보지 못했어요. 미국인들은 모두 신앙과 일과 삶을 분리시키는 것 같아요. 그런데 아프리카에서

청년들은 왜 교회를 떠나는가

는 그렇지 않더라고요. 남미나 중미도 마찬가지고요. 이런 나라에서 오래 생활하며 느낀 건데, 그곳 사람들은 신앙이 일상 가운데 그대로 녹아 있어요."

트레이시는 잠시 말을 멈추고 깊이 생각하더니 이렇게 말했다. "아무래도 제 소명이 맞는 것 같아요."

나와 트레이시의 대화는, 다음 세대 젊은이들 가운데 전염병처럼 번지고 있는 단절의 한 형태를 보여준다. 즉, 신앙과 '실제 삶'을 분리시키는 것이다. 많은 부분을 부모로부터 물려받은 신앙은, 생명력 없는 역사적 기독교의 그림자일 뿐이다. 역사적 기독교는 그리스도를 따르는 것이 삶의 방식이라고 주장한다. 삶과는 상관없는 애매모호한 신념들만 죽 늘어놓는 그런 것이 아니다. 다음 세대가 교회와 분리된 것은, 교회가 다음 세대에게 문화 속에서 신앙을 삶으로 살아내도록 하지 못했기 때문이다. 교회에서 자라난 많은 젊은이들조차 교회를 사람들이 직면하는 실제 사건들에서 한 걸음 물러나 있는 무관심하고 지루한 곳으로 본다.

그야말로 피상적이다. 피상적인 것에는 두 가지 측면이 있다. 하나는, 많은 젊은이들이 믿음과 성경에 대해 피상적인 이해만 하고 있다는 것이다. 그들이 믿는 기독교는 아주 얕다. 또 다른 하나는, 교회가 하나님께서 주신 현실 속에서 믿음대로 온전히 살도록 다음 세대를 제자 삼기보다는 그저 많은 지식을 전달하는 데 그치고 있다는 것이다. 모든 교회가 그렇지는 않겠지만, 교회들이 다음 세대에게 전하는 기독교는 너무 가볍다. 이 두 가지를 함께 놓고 보면, 다음 세대의 신앙이 얼마나 얕을지 알 수 있다. 그들의 신앙은 이 세상에서 살아남아 세상을 변화시키기에는 너무나 깊이가 없다.

이 문제를 좀 더 깊이 살펴보자.

신앙의 뿌리가 없고
피상적이다

우리의 조사 결과, 젊은이들 대부분이 신앙에 대한 깊은 이해가 없는 것으로 나타났다. 성경 기초 지식이 부족한 것은 모든 세대의 문제지만, 날이 갈수록 심각해지고 있다. 나의 멘토 조지 바나가 젊은 세대에 대해 《베이비 버스터스: 환멸을 느끼는 세대》(Baby Busters), 《다음 세대》(Generation Next), 《실제 10대들》(Real Teens) 같은 책을 썼던 시기에 비해서도 훨씬 그렇다. 다른 조사들에서도 이런 현상이 목격되었다. 켄다 크리시 딘은 그의 책 《명목상 그리스도인》(Almost Christian)에서 10대들은 대체로 겉모습만 기독교적 신앙을 갖고 있다고 말했다. 조금만 깊이 들어가면 그들에게 신앙이 없음을 알게 된다.

크리스천 스미스와 멜린다 룬드퀴스트 덴튼이 쓴 《영혼 탐구》(Soul Searching)에서는, 오늘날 젊은 미국인들의 신앙을 "도덕적이고 심리치료적인 이신론"(moralistic therapeutic deism)이라 이름 붙이고 그 의미를 생생하게 풀어준다. "하나님은 '전능한 집사'(Divine Butler)와 '우주적 치료자'(Cosmic Therapist)의 결합체다. 즉, 하나님은 늘 대기하고 계시며, 모든 문제를 해결해주고, 자

청년들은 왜 교회를 떠나는가

기 백성이 스스로에 대해 더 긍정적으로 생각하도록 전문적으로 도움을 준다. 또한 이 모든 과정에 일일이 개입하지 않는다."[1]

이렇게 피상적이고 기독교적이지 않은 이해가 바나 그룹의 연구에서도 여실히 드러났다. 우리는 1999년 한 프로젝트에서 정기적으로 믿음을 공유하는 선교 단체에 속한 10대 복음주의자들의 생각을 조사했다. 그런데 그들이 전하려고 애쓰는 믿음은 역사적인 기독교 신앙이기보다 도덕적이고 심리치료적인 이신론에 더 가깝다는 사실을 발견했다. 젊은 전도자들 대부분이 자신들의 신앙을 말하면서 성경을 한 구절도 대지 못했다.[2]

이런 얕은 신앙을 가진 젊은이들은 대체로 신앙 성장을 위한 공동체의 양육을 필요로 하지 않는다. 당연히 그리스도를 위해서 자신을 죽이지도 않는다. 이런 신앙은 그리스도의 제자로 살아가는 것보다 훨씬 쉽다. 이토록 쉽기 때문에 많은 청년들이 교회를 떠나 유목민이나 탕자가 된다.

젊은 기독교인들의 인식을 몇 가지 살펴보면, 약 3분의 1(31%)이 교회를 지루하다고 생각하고, 4분의 1은 신앙이 직업이나 관심사와는 별 연관성이 없으며(24%), 교회는 실제 삶에 대비하지 못하고(23%), 성경을 제대로 배우지 못했다(23%)고 대답했다. 5분의 1(20%)은 교회에서 하나님을 경험하지 못했다고 대답했다. 수치가 아주 높지는 않지만, 이를 통해 수많은 젊은이들이 유목민, 탕자, 포로 유형에 속해 있음을 알 수 있다.

트레이시 같은 청년들은 의미 있는 삶을 살려고 최선을 다하지만, 그들이 믿는 좋은 하나님께서 세상에서 의미 있는 삶을 살

깊이가 없다

기독교 배경을 가진 18~29세 젊은이들의 응답

	매우 그렇다	거의 그렇다
교회는 지루하다	16%	31%
신앙은 내 직업이나 관심과 무관하다	13%	24%
교회는 실제 삶을 위해 준비시키지 않는다	9%	23%
교회는 인생의 목표를 찾도록 나를 돕지 않는다	9%	23%
성경을 명확하게 배우지 못했다	7%	23%
교회 활동을 하며 하나님을 체험하지 못했다	7%	20%

바나 그룹(2011년), 1,296명 대상

게 해주신다는 사실은 알지 못한다. 그러나 누가 그들을 비난할 수 있겠는가? 그나마도 이런 고민을 하는 몇몇을 빼면, 의미 있는 삶에 관심도 없는 청년들이 대부분이다. 신앙을 통해 목적을 이루는 삶은 더더군다나 관심 밖이다. 이처럼 젊은이들이 가진 기독교와 성경에 대한 인식이 너무나 얕은 나머지, 그들의 신앙의 뿌리는 현실이라는 거센 폭풍을 이겨내지 못한다. 영적으로나 관계적으로나 직업적으로나 그들을 그리스도 안에 깊이 심겨진 "의의 나무"(사 61:3)라고 보기는 어렵다.

청년들의 잘못된 자기 확신

청년들의 믿음이 깊지 못한 문제를 다루려면, 그 책임이 어디에 있는지 알아야 한다. 그렇다고 누구를 비난하자는 말은 아니다. 하나님께서 주시는 해답을 찾기 위해서는 문제의 원인을 바로 알아야 한다. 다음 세대의 피상적인 믿음은 기독교 공동체의 책임일 수 있다. 그러나 젊은이들이 자아도취나 권리 주장, 편향된 자기 확신에 빠져 있다면, 믿음이 성장하기 어렵다. 바나 그룹의 조사에서 이 현상이 포착되었다. 교회에 다니는 10대들 대부분이 성경의 가르침을 "아주 좋게" 생각한다고 대답했다. 하지만 성경의 가르침에 대해 구체적인 질문을 던지자, 대부분 잘 대답하지 못했다. 다른 말로 하면, 그들의 자기 확신은 그들이 가진 실제 지식과 완전히 달랐다는 의미다.

오리건에서 온 17세 소년은 이 불균형을 전형적으로 보여주었다. 그에게 인생의 목적이 무엇이냐고 묻자 이렇게 대답했다. "잘 모르겠어요. 전 잘하는 게 아주 많아요. 관심 분야도 많고요. 대학에 가려고 생각 중이에요. 여러 과목을 가르칠 수 있을 것 같아요." 큰 꿈을 품는 것은 좋다. 그러나 지나친 자기 확신으로 인해 야망은커녕 잘난 체하는 것으로 보인다.

자녀가 비현실적으로 자신을 평가하고 있다면, 그것은 부모가 지나치게 오냐오냐하며 키운 탓이 크다. 그러나 또 한편으로는 젊음이란 본래 아름답고, 고귀하고, 현명하다고 예찬하는 문화의 영향이기도 하다. 광고에서 젊은이들을 어느 정도까지 예찬하는지 보았는가? 음료수, 화장품, 술, 자동차, 옷, 의약품, 놀이공원, 식당, 그 외에도 수많은 업종이 20대를 겨냥하고 있다. 기성세대에도 해당되는 물품들인데 말이다.

간단히 말하면, 젊은이들을 겨냥해 마케팅을 하려다 보니, 뭔가 부적절하고 피상적인 개념이 파고들었다. 이로 인해 적어도 두 가지 부정적인 결과가 나왔다. 첫째는, 다른 누구보다 먼저 젊은이들을 만족시켜야 한다는 생각과 기성세대는 젊은 세대만큼 큰 가치가 없다는 오해를 불러일으켰다. 이로 인해 세대 간의 문화적 차이는 더 커졌다. 다시 말해 우리 문화가 이 세대의 깊이 없음을 조장했다는 말이다.

젊은 세대에게 없는 요소

이런 것들로 인하여 젊은이들은 핵심적인 요소, 즉 '겸손'이 빠진 믿음을 갖게 되었다. 알 건 다 아는 데다가 잘 살고 있다는 평가까지 받았다면, 우리가 믿는 하나님께서 하실 일은 그저 우리가 스스로에 대해 만족하도록 하면 된다. 굳이 예수님의 제자로서 겸손한 삶을 살겠다고 주님 발 앞에 엎드려 회개할 이유가 없는 것이다.

예수님을 따르려면, 다음 세대 젊은이들은 더욱더 겸손을 배워야 할 것이다. 누구에게 겸손을 배울 것인가? 그들이 기성세대인 우리를 볼 때, 겸손한 종이요 주님으로부터 열심히 배우려는 학생처럼 보일까?

청년들의 믿음이
깊지 못한 이유

많은 젊은이들의 믿음에 깊이가 없는 것은 그들 자

청년들은 왜 교회를 떠나는가

교회에서 경험한 것들

질문 내용: 고등학교 때의 교회 생활을 떠올려보라.
다음 중 교회에서 경험한 것이 있다면?

기독교 배경을 가진 18~29세 젊은이들의 응답

	가톨릭	개신교
관계적 영향		
교회 어른 중에 친하게 지낸 사람이 있었다	28%	39%
교회 어른 혹은 목사님이나 교역자들 중에서 멘토 역할을 해준 사람이 있었다	12%	17%
사명적 영향		
교회가 가난한 사람들을 돕는 사역에 동참했다	24%	20%
선교 여행을 통해 생각의 폭이 넓어졌다	16%	19%
교회 활동을 통해 사명을 발견했다	11%	15%
교육적 영향		
목회자나 교역자에게서 도움이 되는 교육을 받았다	11%	11%
교회에서 장학금을 받고 대학을 다녔다	4%	3%
교회에서 내가 가고 싶은 대학 혹은 학교에 대해 배울 수 있었다	4%	3%
직업적 영향		
기독교인이 사회에서 긍정적으로 기여할 수 있는 방법을 배웠다	28%	28%
내 은사나 열정을 하나님의 소명의 일부로 보는 법을 배웠다	25%	26%
교회를 통해 내 인생의 목적을 더 잘 이해할 수 있었다	23%	25%
성경말씀을 내 직업이나 관심 분야에 적용하는 방법을 배웠다	10%	16%
위의 내용 중에 어떤 것도 경험하지 못했다	44%	46%

바나 그룹(2011년), 1,296명 대상

신의 문제이자 문화의 영향이기도 하지만, 교회 공동체의 책임이기도 하다. 믿음의 공동체가 많은 사람들에게 영향력을 끼치지 못한다는 것은 비극이다. 교회는 사람들이 하나님과의 관계를 통해 삶의 의미와 소망을 찾도록 도와야 한다.

젊은 기독교인들이 기독교 공동체를 통해 경험한 것을 조사한 결과(165쪽 도표 참조), 관계, 사명, 교육, 직업이라는 네 가지 영역에서 좋은 소식과 나쁜 소식이 뒤섞여 나타났다.[3]

먼저 관계 부분을 살펴보자. 젊은 기독교인들(개신교, 가톨릭)은 대체로 교회에서 어른들과 의미 있는 관계를 맺지 못했다고 응답했다. 또한 5분의 4 이상이 어른 멘토가 없었다고 했다. 이것이 우리의 현실이다. 교회는 다음 세대가 믿음을 갖도록 관계를 통해 돕고 있는지 돌아보자. 세대 간에 활기차고 건강한 관계를 만들려면 먼저 공동체의 생각이 새로워져야 한다.

사명, 교육, 직업에 미친 영향도 집중적으로 살펴보았다. 젊은이들은 교회를 통해 사명을 발견했는가? 신앙 공동체는 그들이 중요한 선택을 할 때 도움을 주었는가? 교회나 공동체가 그들이 직업을 선택할 때 도움이 되었는가? 젊은 기독교인들은 교회에서 이런 경험을 많이 하지 못하는 것으로 드러났다. 기독교 공동체는 젊은이들이 그리스도의 제자로 살아가기 위해 필요한 경험들을 할 수 있도록 노력을 기울여야 한다.

젊은 기독교인들이 깊은 믿음을 갖지 못하는 네 가지 요인을 살피면서, 나는 교회가 먼저 젊은이들을 새로운 마음으로 바라보아야 한다는 점을 이야기했다. 이제는 얕은 믿음을 어떻게 해

청년들은 왜 교회를 떠나는가

야 좀 더 깊은 믿음으로 '바꿀 수' 있을지 살펴볼 것이다. 내가 연구하고 글을 쓰는 이유는 바로 '변화'를 위해서다. 물론 젊은 세대를 제자로 세우기 위해 최선을 다하는 많은 교회, 단체, 가정이 있지만, 더 많은 사람들이 이 일에 동참하게 하는 것이 내가 이런 연구를 하는 이유다.

논의에 앞서 나는 기독교 공동체가 다음 세대에게 얕은 믿음을 전하는 불행한 현실을 먼저 살펴보겠다.

제자는 대량생산 되지 않는다

15년 넘게 미국인의 신앙에 대해 조사하면서, 미국 교회가 깊이 없는 신앙을 갖게 된 이유는 다음 세대를 제자 삼는 일에 실패했기 때문이라는 결론을 얻었다. 게다가 젊은이들의 믿음에 깊이가 없는 것은 어른들의 믿음에 문제가 있다는 것이기에 더 긴급한 사안이라는 생각이 들었다.

앞에서 제안했듯이, 우리는 신앙 성장을 위해 대량생산 방식을 취하고 있다. 사회의 많은 분야, 그중에서도 공공 교육에서 힌트를 얻어 젊은이들의 영성을 대량으로 만들어내고 있다. 그럼으로써 젊은이들을 얕은 신앙을 가진 성인이 되게 만들었다. 결과적으로 신앙적인 면에서 아이의 상태를 벗어나지 못한 성인을 만들어낸 셈이다. 이들이 나이가 더 든다고 한들 무엇을 기대할 수 있겠는가?

어떤 사람들은 영적 능력을 교회의 규모나 내용의 세련됨과 연결시키려 한다. 그러나 이것들은 진리를 넘어설 수 없다. 오늘날 미국 사회만큼 영적 기반이 탄탄한 나라가 또 있을까? 수많은 기독교 단체, 수많은 기독교 방송, 유치원에서 대학원에 이르는 수천 개의 기독교 학교, 수십만 개의 지역 교회가 있다. 게다가 오늘날 미국의 기독교인들은 인류 역사상 가장 발전된 의사소통 기술과 미디어를 사용하고 있다.

그러나 이런 기반 설비들이 있다고 해서 더 나은 제자를 자동으로 더 많이 배출할 수 있을까? 우리가 조사한 결과는, 아니라고 답한다. 기독교 대학, 출판사, 단체, 학교가 나쁜 것은 아니다. 나는 이런 기관들이 우리 믿음의 미래를 위해 대단히 중요하다고 믿는다. 단, 새로운 마음으로 제도적 의사 결정체들을 바라보는 것이 중요하다. 이들이 해야 할 일은 무엇인지, 이들이 추구하는 성공은 무엇인지 새롭게 볼 수 있어야 한다. 그때에야 비로소 이 제도들이 다음 세대의 미래를 위해 중요한 열매를 맺을 수 있을 것이다.

그러나 제도의 영향력은 여전히 진정한 제자 양성과 대치되고 성경의 접근과는 다른 결과를 가져올 수 있다. 물론 성경에도 수많은 사람들이 그리스도를 따르게 되었다는 기록이 나온다. 사람이 많든 적든 올바른 가르침을 전해야 하는 것은 분명한 사실이다. 그러나 오늘날 서구 교회가 사용하는 방법과 예수님이 제자들과 함께 일하시던 방법을 비교해보자. 예수님은 제자와 스승의 관계를 통해 멘토가 되어주셨다. 많은 것이 더 좋다는 산업화의 논리를 받아들인 현대 교회는 과연 예수님처럼 할 수 있을까?

의례가 실종되고 기회가 없다

기독교 공동체가 얕은 믿음밖에 줄 수 없었던 두 번째 이유는, 의미 있는 의례(ritual)를 제공하지 못했기 때문이다. 아울러 의례가 있다 해도 그 의례가 갖는 의미와 중요성을 제대로 전하지 못했기 때문이다. 얼마 전 나는 내 딸 에밀리의 친구 켈시의 유대교 성인식에 참석했다. 랍비가 가족들을 예식에 참여시키는 방법을 보며 무척 감동을 받았다. 켈시는 공동체 앞에서 그간 히브리어를 열심히 공부했다는 것을 보여주면서 토라를 읽었다. 그리고 자신의 인생에서 신앙이 얼마나 중요한지, 방금 읽은 말씀의 내용은 무엇인지 짤막하게 이야기했다. 켈시의 할아버지와 할머니는 맨 앞에 서 있다가 토라를 켈시의 아빠 엄마에게 건네주었고, 그들은 다시 켈시에게 건넸다. 말씀을 세대에서 세대로 전한다는 것을 가시적으로 드러내는 행위였다.

유대인 아이들은 성인식을 치르면 신앙 공동체 안에서 더 이상 어린이로 분류되지 않는다. 그들은 유대교 전통 안에서 성인으로 책임을 다하게 된다. 즉, 자신의 도덕적 결정에 책임지는 일부터 회당에서 말씀을 읽거나 기도하는 일도 하게 된다.

가톨릭에서도 10대들이 '견진성사'라는 예식을 통해 '성인식'을 치른다. 그러나 많은 사람들이 공동체의 영적 성장에 이 예식이 기여하리라는 사실을 모른 채 별 기대 없이 예식을 치른다. 이에 비해 개신교에는 성인이 된 것을 기념하는 이런 예식이 거의 없다. 젊은이들이 주축이 되어 드리는 '청년 예배'가 있기는 하지만, 대부분 교회를 섬기는 자가 아닌 그저 예배를 드리는 자로 참여한다.

그렇다고 모든 교회가 견진성사 같은 의례를 베풀어야 한다는 의미는 아니다. 내 말은 모든 기독교 공동체가 교회의 영적 삶에 10대와 청년들을 포함시킬 방법을 찾아야 한다는 것이다. 교회는 청년들을 성인으로 나아가게 하는 의미 있는 예식을 만들어내야 한다. 어떻게 해야 젊은이들도 공예배에서 성경을 읽고, 대표 기도를 하고, 찬양을 인도하고, 간증하고, 강의하게 할 수 있을까? 10대나 청년들도 교회 내 환자나 어려운 사람을 심방해야 할 의무가 있고, 더 어린 동생들이 영적으로 성장하도록 돕는 '큰 언니', '큰 오빠'가 되어야 한다는 사실을 안다면, 어떤 일이 벌어질까?

또 젊은이들이 교회 지도자로 섬길 기회가 거의 없고, 교회의 의사 결정에 참여하거나 능력을 발휘할 기회가 없는 것도 문제다. 많은 학교나 시민 단체는 젊은이들을 정책 결정에 참여시키고 있다. 물론 나이 든 사람들을 배제한 채 젊은이들만 이 일을 해야 한다는 의미는 아니다. 하지만 젊은이들을 참여시키지 않으면서 그들이 교회의 사명을 위해 중요한 역할을 하기를 소망하는 것은 비현실적인 바람 아닌가? 젊은이들의 열정과 에너지를 온 교회의 유익이 되게 하려면 교회는 무엇을 해야 하겠는가?

기대치가 너무 낮은 것도 문제다

많은 교회와 가정에서 발견되는 세 번째 문제는 다음 세대에게는 기대치가 너무 낮다는 것이다. 켄다 크리시 딘의 책《명목상 그리스도인》은 바로 이 점을 지적하고 있다. 이브 투쉬넷은 이 책의 서평에서 개신교 10대들이 받는 기대와 몰몬교 10대들이 받는 기대를 다음과 같이 대조하고 있다.

개신교 부모들은 말과 행동을 통해 그들의 신앙 신조와 실천이 모호하고, 별로 중요하지 않거나 일상생활에 그리 밀접한 관련이 없다고 말한다. 그래서 그들의 10대 자녀도 믿음이 모호하고 미미하며, 행동이나 계획에 거의 영향을 미치지 못한다. 자녀에게 신앙에 대해서는 거의 이야기하지 않으면서 좋은 대학에 가야 한다는 이야기만 줄기차게 늘어놓는다면, 자녀는 자신이 따르고 신뢰해야 할 우선순위를 무엇이라고 생각하겠는가? 젊은이들을 '세상에 내보내는' 대신 '안으로만 묶어두려는' 교회나 청년 단체나 유사한 모임들은 그저 '교회가 좋사오니'라고 여기는 10대들로만 채워진다. 그러니 이런 10대들이 사명을 감당하기 위해 밖으로 나가려 하겠는가?

이와 반대로, 몰몬교는 10대들에게 도전을 주고 많은 시간과 공부와 리더십을 요구한다. 몰몬교 부모들은 새벽에 일어나 자녀와 함께 교회의 역사와 교리를 공부한다. 몰몬교 젊은이들은 6개월마다 한 번씩 교회에서 배운 것을 발표한다. 또 공예배에서도 역할을 분담함으로써 자신들이 교회 내에서 어느 정도 의사 결정권을 갖고 있다고 느낀다.[4]

우리는 조사를 통해, 많은 부모와 교회가 젊은 세대를 향해 거는 신앙적 기대치는 낮고 세상적 성공에 대한 기대치는 너무 높다는 확실한 증거를 찾을 수 있었다. 우리는 종종 어린 학생들의 교회 참여를 신앙의 성장으로 잘못 해석한다. 그러나 10대들이 교회에 열심이라고 해서 성공했다고 해석해서는 안 된다. 10대들이 교회를 좋아하고 열심히 참석하며, 교회에서 친구를 사귀고 관계를 맺는 것은 영적 성장과는 다르다. 10대들이 프로그램에 참여하는 것을 제자 삼기와 동일시해서는 안 된다.

우리는 다음 세대 젊은이들에게 거는 기대치도 낮지만, 우리 자신에 대한 기대치 또한 너무 낮다. 그러다 보니 낮은 기대감이 10대들에게로 쏠리는 것이다. 우리가 그리스도에 대한 믿음으로 살지 못하고, 마음과 뜻과 힘을 다해 하나님을 사랑하지 못하면서 어떻게 다음 세대에게 그 이상을 기대하겠는가?

질보다 양에 집중했다

믿음의 깊이가 깊지 못한 네 번째 이유는 대부분의 청년 사역이 영적 성장이나 변화보다는 참여자 숫자에 집중하고 있기 때문이다. 대체로 질보다 양을 강조한다. 이런 조사 결과를 뉴욕에서 목회하는 친구 존 타이슨에게 말한 적이 있다. 이 친구는 오랫동안 내슈빌에서 청년 사역을 했다. 나는 몇몇 대규모 청년 단체들이 신앙 성장을 '공장식'으로 이끄는 바람에 젊은이들에게 해를 끼쳤다는 연구 결론을 친구에게 말해주었다. "그렇다고 대규모 청년 단체 자체가 나쁘다는 것은 아니야. 훌륭한 사역은 성과를 낼 수 있지. 하지만 젊은이들을 진짜 제자로 키워내고 있는

청년들은 왜 교회를 떠나는가

지가 문제야. 청년들이 그리스도처럼 사는 법을 배우고 있는 걸까? 그저 좋은 강의를 듣고 친구나 만나려고 모이는 건 아닐까?"

존은 나를 물끄러미 바라보았다. 그를 화나게 한 것이 분명했다. 그런데 그는 이렇게 말했다. "나도 나 자신과 내 성공에만 집중했던 일을 회개한 적이 있어. 얼마나 많은 사람이 예수님처럼 변하는지보다는 얼마나 많은 사람이 참여하는지를 나도 모르게 더 따지고 있었던 거지. 그때 몇몇 사람이 우리 모임이 지나치게 커져서 오히려 사람들을 하나님으로부터 멀어지게 하고 있다고 말하더군. 처음에는 받아들이기 힘들었어. 하지만 하나님은 성공에 대한 내 야망이 사역을 망치고 있다는 걸 보여주셨지."

잠시 후 그는 이렇게 덧붙였다. "지금은 소수의 젊은이들과 깊은 관계를 맺는 데 집중하고 있다네."

대형화가 문제라는 점을 인정하기 힘들다면, 교육 분야를 한번 생각해보라. 학생들에게 더 좋은 배움의 환경을 제공하는 데 학생들의 숫자가 결정적인 요인이라는 증거는 수없이 많다. 즉, 수가 적을수록 교육의 질이 높아진다는 것이다. 그런데 우리는 왜 이런 논리를 교회 교육에는 적용하려 들지 않는 것일까? 규모가 작은 대학들은 학생 수가 적어 학생 대비 교수의 숫자가 많다는 것을 큰 장점으로 내세우고 있는데 말이다.

아니면 이제 막 일을 시작한 신입 사원의 입장을 살펴보자. 수백 명이나 되는 다른 신입 사원들과 함께 강의를 들으며 배우고 싶은가, 그 분야에서 20년 일한 베테랑에게서 직접 배우고 싶은가? 그런데 어느새 사람들은 큰 것이 더 좋다는 결론을 내리고 있다. 우리는 고급 제자반이라는 '교실'을 만들어 수많은 젊은이들을 참석시키는 쪽을 선택했다.

사실 한 사람 한 사람이 하나님과 동행하는 거룩한 삶을 살도록 멘토가 되어주는 것보다 대규모로 이벤트를 진행하는 것이 훨씬 쉽다. 만일 교회가 삶을 나누기에 너무 큰 규모라면, 과연 우리는 다음 세대를 예수님의 제자로 기를 수 있을까?

신실한 제자로
어떻게 키울까?

마태복음 13장에 나오는 씨 뿌리는 비유는 굳건한 믿음을 가지려면 어떻게 해야 하는지 알려준다. 나는 종종 그 비유를 땅의 비유라고 부르는 것이 낫지 않나 생각한다. 왜냐하면 예수님은 이 이야기에서 말씀이라는 씨앗이 떨어지는 다양한 땅에 대해 집중하고 계시기 때문이다. 새들이 와서 진리를 훔쳐 가는 길가 같은 땅, 씨앗이 뿌리를 깊이 내리지 못해 강한 햇볕에 금방 시들어버리는 돌밭 같은 땅, 그리고 말씀의 기운을 막는 가시덤불 같은 땅이 있다. 마지막으로 씨앗이 뿌리를 내릴 수 있는 좋은 땅이 있다.

믿음이 깊은 사람들은 깊이 뿌리를 내린 나무로 비유된다. 이 이미지는 성경 전체에 두루 나온다(시 1:3; 사 61:3). 그렇다면 믿음 안에 뿌리를 깊이 내린 젊은이들을 키워내기 위해서는 무엇이 필요할까? 가장 명쾌한 대답은 크고, 튼튼하고, 열매를 많이 맺는 '나무'를 키우려면 기름진 옥토 같은 부드러운 땅을 준비해야 한다는 것이다. 영적 나무들을 키우는 것은 하나님의 일이다. 그러나 우리는 하나님께서 우리에게 맡기신 젊은이들의 마음 밭을 기경하는 일을 통해 하나님과 동역할 수 있다.

우리는 거대하고 복합적인 문화적 변화(접근, 소외, 권위에 대한 회의) 상황에서 "제자 삼으라"라는 명령이 무엇을 의미하는지 다시 한 번 생각해보아야 한다(마 28:19). 산업화, 대량생산, 공교육적인 접근 대신 '관계'라는 복잡한 모험을 감행해야 한다. 또한 제자 삼기라는 목표 아래 새로운 아이디어와 실천을 강구해야 한다.

복음서를 보면, 예수께서 지상사역을 하는 동안 많은 무리가 따랐지만 그분은 열두 제자에게 온전히 집중하셨다. 사도행전에서는 초대 교회가 공적으로는 복음을 선포하고 안으로는 긴밀한 관계를 맺음으로 성장했던 사실을 보게 된다. 바울이 고린도 교인들에게 보낸 서신서에는 깊은 차원의 신앙 멘토링이 있다. "그리스도 안에서 일만 스승이 있으되 아버지는 많지 아니하니 그리스도 예수 안에서 내가 복음으로써 너희를 낳았음이라"(고전 4:15). 오늘날 미국 교회에도 수많은 '그리스도의 증인들'이 있지만 영적 아버지와 영적 어머니는 찾기 어렵다. 제자 삼기 위해 헌신하는 사람들 말이다.

이제 믿음의 성장을 가져올 세 가지 영역을 살펴보자.

1. 하나님을 만나야 한다

우리 조사에 응한 수많은 젊은 기독교인들은 신앙에 좌절한 이유로 "교회 생활을 통해 하나님을 만나지 못한 것"을 들었다. 이와 관련해 성경에 나오는 기적이나 믿음을 보여주는 수많은 사건들과는 달리 자신들의 교회 생활은 평범하고 생명력이 없다고 말했다. 만일 하나님을 만나고 싶은데 교회에서 하나님을 만날 수 없다면, 우리는 그 이유가 무엇이고 어떻게 해야 하나님을 만나게 할 수 있는지 생각해보아야 한다.

물론 하나님은 장소를 불문하고 누구든 만나실 수 있다. 얼마 전에 마이크와 머린 부부는 스물세 살짜리 딸이 지난여름 기독교 단체 수련회를 다녀오고 나서 전보다 훨씬 믿음이 깊어졌다고 내게 말해주었다. 하나님은 우리의 도움 없이도 언제든 그분을 드러내실 수 있다. 그러나 하나님은 우리를 제자 삼는 사역으로 부르셨다. 예수님을 믿고, 하나님을 위해 살고, 성령의 사역에 동참하는 것이 무엇인지 다른 사람들에게 보여주라고 부르셨다. 사람들은 하나님을 만나고 싶어 한다. 따라서 우리는 제자 삼는 것이 그들을 괴롭히는 것이 아니라 돕는 것임을 명심하자.

2. 진리를 아는 지식을 회복해야 한다

이 세대는 쉽고 편안한 신앙 지식이 아닌 진리를 원하고 있다. 우리 조사에 따르면, 교회는 깊이 있는 지식 대신 가벼운 가르침만 제공한다. 이 세대는 인생의 큰 문제 앞에서 실질적인 답을 간절히 찾고 있으며, 무엇을 해야 하는지에 대한 정보가 무궁무진하다. 다만 '어떻게, 왜 해야 하는지'가 빠졌을 뿐이다. 그래서 기독교 공동체가 필요하다.

청년들은 왜 교회를 떠나는가

《그리스도를 아는 지식》(*Knowing Christ Today*, 복있는사람)에서 달라스 윌라드는 무엇을 가르치고, 어떻게 가르칠 것인지에 대해 두 가지 도전을 한다.[5] 첫째, 우리는 영적 지혜와 세상 지식을 연결시켜야 한다. 윌라드 박사는 교회가 지식의 영역을 학교나 고등 교육 기관에 넘겨버렸다고 주장한다. 특히 신앙과 직업을 연결하도록 젊은 세대들을 전혀 돕지 않고 있다고 한다. 우리는 교회 안에 머물며 실제 삶과는 동떨어진 믿음과 헌신에만 골몰한다. 윌라드 박사는 의학에 대한 믿음과 헌신만 있는 의사를 원하는 사람은 없다면서, 신앙과 삶이 단절된 예를 보여준다. 사람들이 원하는 것은 의학 지식과 수술 경험을 갖춘 의사다! 마찬가지로, 기독교인들은 하나님에 대한 헌신을 실제 삶의 지식과 경험으로 연결시켜야 한다. 우리 다음 세대 또한 그럴 수 있도록 가르쳐야 한다.

둘째, 윌라드는 경험과 이성과 권위를 가지고 가르쳐야 한다고 주장한다. 세 가지 모두 제자 삼는 사역에서 매우 중요하지만, 교회들은 어느 한 가지만 강조하는 경향을 보인다. 그러면 온전한 제자 사역이 불가능하다. 예를 들어, 어느 교회는 너무 경험(행사와 활동)에만 의존하고 권위(성경)나 이성(반성과 적용)은 충분히 강조하지 않는다. 또 어떤 교회는 성경공부만 중시하고 말씀을 경험이나 이성과 연결시키지 않는다. 우리는 이 세 영역을 전체로 아우르는 제자 사역을 통해 청년들이 다양한 방식으로 생각하고 반응할 수 있게 해야 한다.

3. 부르심에 응답해야 한다

다음 세대를 제자 삼기 위해 우리가 할 수 있는 또 다른 일은, 청년들이 하나님께 받은 재능과 사명을 발견하여, 그 사명을 감당하도록 최대한 돕는 것이다. 청년 사역자들은 대체로 이에 대한 중요성을 인식하고 최선을 다하고 있다. 그러나 청년들이 교회 안에서 사명을 발견하도록 하기 위해서는 더 분명하고, 확실하고, 객관적이고, 방향을 제시하는 접근이 필요하다. 그저 주일 설교 한 번으로는 되지 않고, 온 교회의 시각이 바뀌어야 한다.

사명에는 과학, 수학, 의학, 경영, 교회 사역, 예술, 음악, 그 외에도 다양한 직업들이 포함된다. 젊은이들에게 직업 지도를 하기 위해서는 배움의 유형과 영적 재능도 모두 고려해야 한다. 더불어 이 모든 요소가 강력한 사명감에 접목되어야 한다. 교회와 동역함을 통해 하나님께서 각자에게 주신 사명은 무엇일까? 하나님께서 주신 은사를 가지고 세상에서 그리스도를 위해 살려면 어떻게 해야 할까?

우리는 성공의 기준 또한 재고해야 한다. 나무를 세공하는 장인은 제자를 수백 명씩 받지 않는다. 가구를 대량생산 하기 위해서는 많은 노동자를 고용할 수 있겠지만, 장인의 목적은 똑같은 침대나 식탁을 찍어내는 것이 아니다. 섬세한 목공예 기술을 전수하기 위해 그 기술을 배우고 싶어 하는 두세 제자를 선택한다. 장인은 세상에 하나뿐인 아름다운 가구를 만들기 원하므로 미래의 기술자를 키워내는 데 대부분의 시간을 쓴다.

숫자로 성공을 측정하는 대신 다른 기준을 세워보면 어떨까?

청년들은 왜 교회를 떠나는가

성숙한 기독교인의 품질 보증을, 2~4년 정도 한 젊은이를 그리스도를 온전히 따르게 하는 데 헌신할 의지가 있는지 여부로 판단하면 어떨까?

나는 트레이시의 삶이 변화된 것은 제자 훈련의 결과라고 믿는다. 트레이시가 아프리카와 남미에 있는 가난한 사람들을 돕겠다는 열정을 품게 된 것은 제자 훈련의 결과다. 오늘날 국제구호기구에서 활발히 활동하고 있는 박애주의자들은 트레이시의 활동을 보면서 그녀가 가톨릭 신앙에서 멀어진 것이 아니라 행동하는 신앙인으로 성장했다고 이해할 것이다.

예수님은 우리에게 제자를 삼으라고 명령하셨다. 우리는 청년들이 부르심에 응하도록 도움으로써 그 명령에 순종할 수 있다.

신앙과 과학의 대립

떠나는 이유: "과학을 배운 것은 솔직히 지푸라기가 낙타 등뼈를 부러뜨린 격이었어요. 과학과 하나님을 동시에 믿을 수 없다고 교회에서 배웠는데, 정말 그렇더라고요. 전, 더 이상 하나님을 믿지 않아요." _마이크

믿음의 회복: "학생들에게는 과학에 대해 질문할 곳이 필요해요. … 우리 주변은 온통 과학에 대한 문제가 넘쳐나는데 그들에게 그냥 무시하라고 말할 수는 없잖아요." _리처드

수백만 명의 젊은 기독교인들이 기독교는 현대 과학에 적대적이라고 생각한다. 이것이 의미하는 바는 무엇일까? 다음에 소개하는 두 가지 일화에서 문제의 윤곽을 잡을 수 있을 것이다.

첫 번째는 몇 년 전 교회 청년부를 돕다가 경험한 일이다. 고등학교를 갓 졸업한 콜린이라는 자매가 대학 등록금을 벌기 위해 난자를 기증하려는데 어떻게 생각하느냐고 청년부 목사에게 질문했다. 엄청난 액수의 등록금을 마련하기 위해 자신의 재생산 능력 일부를 기증하겠다는 것이었다.

콜린은 대학에 가야만 성공적인 인생을 살 수 있다는 말을 부모님에게 평생 들어왔다. 그런데 정작 그녀의 가족은 대학에 가도록 뒷바라지할 형편이 아니었다. 그래서 뭔가 다른 선택이 필요했다. 빚더미에 올라앉지 않게 해준다면 무슨 수라도 쓰려 했다. 그러다 불임전문 병원과 불임 부부들이 25세 이하 건강한 여성이 제공하는 난자를 고가로 매입한다는 인터넷 광고를 읽었다. 콜린은 난자를 파는 것이 도덕적으로나 신앙적으로 문제가 있는 것은 아닐까 고민이 되었다. 성경은 이 일에 대해 무엇이라 말할까? 하나님은 콜린에게 화를 내실까?

또 다른 일화는 2011년 초 어느 파티에서 있었던 일이다. 한 유명한 과학자가 자신이 젊은 기독교인들과 만난 이야기를 해주었는데, 그는 무척 애석해하고 있었다.

"저는 매주 기독 청년들을 만나는데, 그들이 과학에 관심을 갖기 시작하면서 신앙을 지키기가 너무 힘들다고 말하더군요. 그들은 교회가 과학 아니면 신앙 둘 중 하나를 택하라고 강요한다고 느끼고 있어요. 기독교 신앙을 신실하게 지키든지, 아니면 지성에 솔직한 과학자가 되든지 택일하라고 말이죠." 이 과학자의 지적은, 이번 장에서 살펴보려고 하는 바나 그룹의 연구 결과

청년들은 왜 교회를 떠나는가

와 매우 일치한다.

그 과학자는 계속해서 이렇게 말했다. "물론 그건 잘못된 선택이지요. 젊은 기독교인들이 과학과 신앙을 둘 다 확신하면서 과학 분야에서 사명을 다하도록 우리 기성세대가 돕지 못하는 현실에 매우 마음 아팠습니다. 물론 쉬운 일은 아닙니다. 그러나 이 일을 진지하게 받아들이지 못하면, 과학자도 잃고 그리스도인도 잃게 될 것입니다."

그 후, 그가 의도했든 의도하지 않았든, 과학자이자 신앙인으로서 그는 아주 열정적인 모습을 보여주었다. 먼저는 희귀병에 걸린 사람들을 살리기 위해 그의 팀이 이룬 업적들을 이야기하며 그곳에 모인 사람들의 관심을 집중시켰다. 그런 다음에는 기타를 치며 〈주 하나님 지으신 모든 세계〉를 불러 저녁 식탁 자리를 예배의 장소로 만들었다.

———

과학의 문제는 다음 세대가 기독교와 분리되는 가장 중요한 요인 중 하나다. 많은 경우, 교회는 하루가 멀다 하고 과학이 발전하는 이 복잡한 세상에서 젊은 기독교인들을 살아가도록 도울 준비가 전혀 되어 있지 않다. 수 세기 동안 많은 곳에서 과학과 종교가 긴 문화적 싸움을 해온 데 그 원인이 있다. 그러다 보니 교회는 과학을 논쟁 대상으로만 여기게 된 것이 아닐까?

그렇다면, 분명 우리에게 문제가 있다. 앞서 이야기한 두 가지 일화는 과학과 신앙의 간극에서 중요한 두 영역을 보여준다. 콜린의 이야기는 과학 일색인 문화 속에서 모든 믿는 자들이 도덕적으로 살아가기 위해 직면하게 되는 도전이었고, 과학자 이야기는 과학적으로 사고하는 젊은 기독교인들을 지지하고 양육해야 하는 도전이었다.

이제 더 넓은 차원의 도전을 살펴보자.

과학 문화 속
기독교인

과학은 우리 문화 전체를 규정하고 지배한다. 디지털과 기계공학, 의학 연구와 치료, 환경 조사와 보호, 인간 두뇌와 정신 연구, 유전학, 물리학, 우주론 등 많은 분야가 과학 연구 분야로 우리 현실을 구성하고 있다. 과학적 도구와 방법이 우리 실생활에 엄청난 영향력을 행사하고 있다. 20세기 초반의 사람을 지금 문화에 옮겨다 놓으면 하나도 이해하지 못할 것이다. 앞서 살펴보았듯이 변화의 속도가 굉장히 빨라졌다. 접근 가능한 정보량이 기하급수적으로 늘었고, 모든 인간 문화에 연결될 수 있고, 세상을 경험하고 이해하는 방식이 그 어느 때와도 현격히 다르다.

오늘날 10대와 20대는 이전 세대들보다 훨씬 강하게 이러한 문화적 변화의 영향을 받고 있다. 그들은 어린 시절부터 삶의 거의 모든 영역에서 과학과 기술을 접할 수 있었다. 식량 생산 및 분배에서부터 의료에 이르기까지 과학과 기술의 영향을 받았다. 또한 가정마다 교실마다 컴퓨터가 있을 뿐 아니라 누구나 해외여행도 갈 수 있는 상황이다. 한번 생각해보라. 미국인 10대와 젊은이들은 이메일, 휴대전화, 패스트푸드, 성형수술, 에어백이

청년들은 왜 교회를 떠나는가

장착된 자동차, 디지털 음악, 비디오, 사진 등을 즐길 수 있는 세상에서 살아왔다. 이외에도 더 많은 예를 들 수 있겠지만, 이미 감을 잡았으리라 믿는다.

과학은 믿을 수 없을 정도로 다방면에 손을 뻗고, 과학에 대한 정보는 그 어느 때보다 훨씬 쉽게 얻을 수 있다. 어렸을 때, 우리 집은《내셔널 지오그래픽》을 구독했기 때문에 책장에 그 책이 가득 꽂혀 있었다. 지금 10대와 젊은이들은 손가락 하나만 가지고 오늘 아침 일어난 전 세계적인 사건들을 다 찾아볼 수 있다. 또 〈호기심 해결사〉(MythBusters) 같은 대중과학 프로그램이나 케이블 TV에서 방영하는 동물 행성(the Animal Planet) 같은 프로를 언제든 볼 수 있다. 젊은이들은 이런 매체를 통해 과학적 이슈에 대해 좋은 정보를 얻는다고 느낀다.

과학의 대중화

우리 시대 과학 문화의 또 다른 양상은 많은 과학자들이 록스타와 같은 지위를 갖는다는 것이다. 샘 해리스, 리처드 도킨스, 스티븐 호킹 같은 무신론을 주창한 유명 과학자들이 오늘날 우리 문화의 중심에 서 있다. 그들은 후기 기독교 시대사조의 영향으로 대중적인 관심을 끌었을 뿐 아니라, 인터넷을 통해 그들의 목소리를 더 확대시켜 주류의 관심을 얻었다.

과학의 대중화는 몇 가지 암시를 준다. 첫째, 앞에서도 말했듯이 과학자들은 자신들의 영역 안에서 '전문가'로서 적법성을 구할 뿐 아니라 문화 주류에서도 대중성을 얻고자 한다. 이 자체가 나쁜 것은 아니지만, 이렇게 대중의 인기를 얻으려 하다 보면 과학자들이 대중들이 원하는 연구에만 몰리게 된다. 이로써 기정사실로 인정되던 과학 지식이 새로운 발견에 의해 뒤집히는 것을 보게 된다.

패션 브랜드 타미힐피거의 영업부장이었던 고든 페닝턴은 이렇게 말했다. "과학도 의류 산업이다. 정기적으로 이론이 바뀐다. 물론 여자들 치마 길이만큼 자주 바뀌는 건 아니지만."[1] 이렇듯 너무 많은 모순된 '사실들'이 떠돌다보니, 젊은이들이 진리를 찾아내기란 여간 어려운 일이 아니다. 그리고 미디어에서는 세계 변혁적이고 혁신적인 뉴스들이 계속 쏟아져 나오는데, 합법적인 과학적 지식으로 위장하고 있는 지식들 안에서 진리를 찾아내기는 무척 힘들다.

둘째, 과학의 대중화는 여러 가지 면에서 과학의 민주화를 가져왔다.《과학은 문화다》(*Science Is Culture*) 서문에서 애덤 블라이는 이렇게 쓰고 있다.

> 자동차 산업과 소셜 미디어의 발달과 함께 생겨난 '시민 과학'(citizen science)은 누구나 과학에 참여할 수 있게 해준다. … 과학은 반드시 모두에게 열려 있어야 한다. 누구나 자신의 생각을 말할 수 있어야 한다. … 그로 인해 과학의 다른 특징들(그중에서도 재현성과 거짓을 밝혀내는 기능)이 희생되더라도 최고의 아이디어는 어디서든 나올 수 있다.[2]

청년들은 왜 교회를 떠나는가

누구나 과학에 참여할 수 있기 때문에 때로는 누구의 말을 듣고 듣지 말아야 할지 판단하기가 어렵다. 젊은 기독교인들은 유튜브에서 신학 교수와 진화론자가 논쟁하는 것을 볼 수 있고, 하나님의 놀라운 계획으로 이 세상이 창조되었다고 말하는 블로그의 글을 읽다가 내일 있을 시험을 위해 생물학 책을 펴서 읽을 수도 있다. 또 교회 성경공부 모임에서는 진화론과 성경을 동시에 믿을 수 없다는 말을 듣게 될 것이다. 그런데 이 중 어떤 것이 가장 믿을 만한지 어떻게 판단할 수 있을까? 무엇이 '권위'가 있을까?

반직관적으로 들릴지 모르겠지만, 과학이 사람들의 참여를 이끌어낸다는 점에서 그렇지 않은 다른 영역들보다 더 권위를 부여받게 된다. 대화, 창조적인 문제 해결, 의문과 모호함을 허용하는 삶, 그룹 토의, 기회 제공 등은 다음 세대들이 가장 소중히 여기는 가치들이다. 그러니 교회 안에서 어른들이 생각하는 '옳은' 대답을 젊은이들에게 무조건 강요하는 것은 과학과 신앙 사이의 불필요한 분리를 지속하는 행동이다.

신앙과 과학주의

젊은 기독교인들이 자신들의 신앙과 과학이 적대적이라고 느끼는 이유는, 양쪽 다 서로를 적대시하기 때문이다. 서구 과학은 스스로를 신앙의 적이라고 볼 때가 종종 있다. 우리는 이 현상을 '과학주의'라고 부르는데, 이는 과학이 지식 시장의 중심에 있고, 어떤 것이든 과학적 방법으로 증명된 것만 진리라고 주장하는 것이다. 불행히도, 과학자들의 이런 인식론(지식 이론)이 우리 문화를 지배하면서 '진리'는 "실험실에서 증명될 수 있는 것"[3]을 의미하게 되었다. 과학주의 입장에서 옳은 것은 바로 과학적인 것이다.

과학주의자들을 포함한 무신론자의 수는 교육 수준이 높은 쪽에서 훨씬 높게 나타난다. 이 말은 매년 배출되는 많은 대학원 생들이 자기도 모르는 사이에 '신앙 대 이성'이라는 잘못된 이분법을 갖게 된다는 의미다. 이에 더해 '큰 기업'과 마찬가지로 '큰 과학'도 부패라는 문제가 생기게 된다. 수많은 과학자들이 경력을 쌓으려는 욕심에 편의대로 자료를 조작하거나 거짓으로 제시한다. 더 슬픈 일은 학교에 있는 학자들마저 그렇게 한다는 것이다. 다른 이유도 있겠지만, 이는 교회가 과학에 반감을 가질 충분한 이유가 된다.

그럼에도 불구하고 우리가 과학 문화 안에서 성경적으로 살아가고, 다음 세대도 그러길 바란다면, 주먹을 앞세우거나 귀를 막는 행동은 그리 도움이 되지 않는다. 오늘날 사회 전 영역에 걸쳐 과학의 역할이 중요해졌기 때문에 청년들은 과학의 영향을 받아 교회를 인식하게 된다. 우리가 다음 세대를 제자 삼기 원한다면 그들이 가진 교회에 대한 인식을 잘 다루어야 한다.

18세부터 29세까지 기독 청년들을 대상으로 실시한 조사에서 3분의 1(35%)이 기독교인들은 자신들이 모든 대답을 알고 있다고 지나치게 확신한다고 응답했다. 또 5분의 1(20%)이 기독교는 복잡한 일을 너무 단순화한다고 응답했다. 10분의 3(29%)이 교

반과학적이다

기독교 배경을 가진 18~29세 젊은이들의 응답

	매우 그렇다	거의 그렇다
기독교인들은 자신들이 모든 답을 알고 있다고 지나치게 확신한다	17%	35%
교회는 우리가 사는 과학적 세상에 보조를 맞추지 못한다	12%	29%
기독교는 반과학적이다	9%	25%
'창조 대 진화' 논쟁에는 별 관심이 없다	11%	23%
기독교는 복잡한 일을 너무 단순화한다	9%	20%
기독교는 반지성적이다	8%	18%

바나 그룹(2011년), 1,296명 대상

회는 우리가 살고 있는 과학적 세상에 보조를 맞추지 못한다고 응답했고, 4분의 1(25%)이 기독교를 반과학적이라고 표현했다. 설문에 응한 4분의 1(23%)이 창조와 진화의 논쟁에 관심이 없다고 응답했고, 5분의 1(18%)은 기독교는 반지성적이기 때문에 기독교를 혐오한다고 응답했다. 자신을 기독교인이라고 여기지 않는 탕자 유형들이 대체로 이런 견해를 갖고 있었고, 유목민과 포로 유형에 속한 이들의 상당수도 이에 동의했다. 이것이 젊은 기독교인 전체의 의견은 아니지만 그렇다고 해서 쉽게 사라질 관점 또한 아니다.

응답자 중에 이 견해를 강력하게 주장하는 사람도 있는데, 이

것은 일부 과학주의에 물든 문화의 영향이다. 문화적으로 과학 혹은 과학주의는 "사실을 말한다"는 개념이 널리 퍼져 있다. 이러한 전제에 의문을 품는 것은 문화적으로 위험한 일이다. 이 요소들이 우리가 해결해야 할 문제를 없애주지도 않고 하나님의 백성들에게 부족한 부분을 면제해주지도 않는다. 이 인식 저변에는 많은 다음 세대들이 기독교를 오늘날 과학이 이끄는 문화의 겸손한 동반자로 보지 않는다는 사실이 깔려 있다. 그리고 일면 맞는 생각이다.

과학적 지성을 가진
이들을 잃는다

과학과 관련해서 기독교 공동체가 직면한 두 번째 도전은, 과학적 지성을 가진 사람들이 신앙과 단절된다는 것이다. 교회는 수많은 젊은 과학도들을 잃고 있다.

세상에서 신실하게 예수님을 따르도록 젊은이들을 준비시키고 싶은 기독교 공동체라면, 과학적 지성을 가진 젊은이들이 직면한 문제를 이해해야 한다. 과학 분야에 독특한 재능과 능력과 열정이 있는 사람들이 신앙 문제로 가장 고심할 것이다. 그들은 기독교의 주장과 과학적 증거 및 방법들을 연결시키는 데 힘든 시간을 겪게 된다.

캐나다 밴쿠버에서 열린 목회자 세미나에서 마이크를 만났다. 그는 전형적으로 탕자 유형에 속하는 젊은 과학도로, 가톨릭 집안에서 자랐지만 지금은 무신론자가 되었다. 세미나 주최자인

청년들은 왜 교회를 떠나는가

놈(Norm)은 하나님을 믿지 않는 젊은이를 목회자들 앞에 세우려고 했다. 이 조건에 딱 들어맞는 마이크는 기독교인 친구 브랜든과 함께 이 모임에 참석했다. 그가 고등학교를 졸업한 지 2년쯤 되었을 때였다. 브랜든은 마이크가 기독교 지도자들에게 자신이 왜 더 이상 하나님을 믿지 않는지 이해하도록 돕는 역할을 했다.

그날 마이크는 목회자들이 가득한 곳에 들어서는 모험을 감행했다. 나는 맨 앞줄에 앉아서 그가 목회자들에게 말할 때 취하는 몸짓 언어를 지켜보았다. 그도 그럴 것이 마이크는 처음 이야기를 시작하고 얼마 동안은 많이 경직되어 보였다. 대중 앞에서 말한다는 부담감까지 더해져 영적 방황을 고백하는 것이 그리 편하지 않은 듯했다. 그러다 시간이 지나면서 점점 편안해졌고, 급기야는 이런 농담으로 모두를 웃기기까지 했다. "젠장, 지금은 목사님들 앞에서 무신론자처럼 떨며 서 있네요."

웃음이 가라앉자 그의 이야기가 다시 시작되었다. 아주 설득력이 있었다. "고등학교 1학년 때였어요. 진화론을 배우기 시작했죠. 진화론은 처음으로 진짜 세상을 보게 해준 창문 같았어요. 과학을 배운 것은 솔직히 지푸라기가 낙타 등뼈를 부러뜨린 격이었어요. 과학과 하나님을 동시에 믿을 수 없다고 교회에서 배웠는데, 정말 그렇더라고요. 전, 더 이상 하나님을 믿지 않아요."

상실의 이야기들

나는 과학 분야에서 직업을 찾기 원하는 많은 10대들과 청년들을 인터뷰했고, 이 분야에 재능을 가진 자녀를 둔 부모들을 만나왔다. 많은 경우, 이런 젊은이들은 믿음을 지켜야 할지를 놓고 깊은 갈등을 겪었다. 때로는 부모님과의 갈등이기도 했다. 우리의 조사에 의하면, 유목민 유형의 과학자는 신앙을 배제하는 방법을 선택하며 직업과 영적 추구를 별개의 것으로 생각한다. 탕자 유형 과학자들은 신앙보다 과학을 선택할 수밖에 없다고 느끼면서 그런 선택을 '강요한' 교회를 비난할지도 모른다. 그리고 포로 유형 과학자들은 신앙의 삶과 이성의 삶을 조화시켜보려고 시도한다.

호놀룰루에 사는 한 어머니는 자신의 아들이 예전에는 신앙이 좋았는데, 아이비리그에서 기계공학을 공부하면서 최근에 그리스도에 대한 믿음을 부인했다고 말했다. 우리가 탕자라고 부르는 신앙 여정에 들어선 것이다.

또 다른 어머니는 분자생물학을 공부하는 자신의 아들이 여전히 신앙에 관심이 있음에도 대학 근처에서 마땅한 교회를 찾지 못했다고 했다. 그는 신앙을 완전히 버린 것은 아니지만 그것을 뒷전으로 두는 전형적인 유목민 유형이다.

과학과 신앙 사이에서 길을 잃었다고 느낄 때 과학 편향적인 포로 유형이 되기 십상이다. 포로 유형은 사명과 신앙이 일치되지 못하고, 양립할 수 없다고 느끼는 사람들이다. 그들은 두 가지 길에서 다 차단된다고 느낀다. 자신들의 신앙적 헌신이 대중 과학으로부터 인정받지 못한다고 느끼는 한편, 자신들의 과학에 대한 관심이 기독교 공동체에 의해 축소된다고 느낀다. 비디오 게임을 만드는 어느 젊은 컴퓨터 프로그래머는 아직도 동료 기

청년들은 왜 교회를 떠나는가

과학에 대한 청년들의 열망 vs 청년 사역

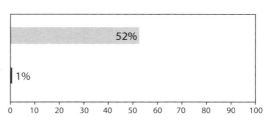

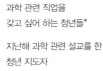

과학 관련 직업을
갖고 싶어 하는 청년들*   52%

지난해 과학 관련 설교를 한   1%
청년 지도자

0   10   20   30   40   50   60   70   80   90   100

* 의학 및 보건 관련 직업, 기계공학, 과학연구, 과학기술, 수의학 포함
바나 그룹 청년 설문 조사(2009년), 602명 대상 | 청년 지도자 설문 조사(2009년), 508명 대상

독교인들이 자신의 직업을 의아해하는 것에 적응이 안 된다고 했다. 한 젊은 연구 조교는 동료들에게 '미신적'이라는 말을 들었고, 교회에서는 자신의 지적 열정이 늘 시험대에 오르는 것같다고 말했다.

이런 긴장감이 아주 나쁜 것만은 아니다. 모든 신앙인은 그리스도께서 우리를 부르신 곳에 속해 있지만, 동화되지 않고 제자로서 살아가는 법을 배워야 한다. 과학과 신앙 사이의 긴장감을 이겨내는 것은 그 여정 속에 있다. 우리는 과학을 사용하지만, 신앙이 용인할 수 없는 과학주의는 거부하는, 젊은 리더들을 길러내야만 하는 것이다.

청년 과학도 양육하기

대부분의 신앙 공동체에는 세대 간의 깊은 간극이 있다. 교회를 다니는 13세에서 17세 사이 청소년의 반 이상이 과학 관련 직업을 갖고 싶다고 말한다. 여기에는 의학 및 보건 관련 직업 (23%), 기계공학과 건축(11%), 과학연구(8%), 과학기술(5%), 수의학(5%) 등이 포함된다.

그러나 미국 교회들은 과학에 대해 믿기 어려울 정도로 관심을 기울이지 않는다. 젊은 목회자들 가운데 1퍼센트만이 지난해 과학과 관련된 설교를 한 적이 있다고 응답했다. 모든 설교에서 과학을 이야기하자는 말이 아니다. 그러나 청년 사역자 100명 중 한 명만이 과학에 대해 이야기한다면, 오늘날처럼 과학이 지배하는 문화 속에서 어떻게 다음 세대로 하여금 그리스도를 따르게 할 수 있겠는가?

이 책 6장에서도 살펴보았듯이, 교회(개신교, 가톨릭)에 출석하는 청년들 대다수가 성경말씀을 자신들의 직업이나 관심 분야에 적용하는 법을 배워본 적이 없다고 응답했다. 아주 소수의 사람만이 기독교 공동체 안에 멘토가 있었다. 그리고 학업 선택과 관련해 종교 지도자에게 도움을 받아본 사람도 거의 없었다. 다른 말로 하면, 과학적 지성을 가진 청년들은 직업이나 사명에 대해서 신앙 공동체로부터 지도를 받지 못하고 있다는 것이다. 또한 과학적 지성을 가진 선배 신앙인들로부터도 실질적인 지지를 받지 못하기는 마찬가지다. 기독교 공동체 안에 거대한 간극이 존재하고, 이 간극으로 인해 기독교 공동체는 다음 세대에게 믿음을 전하는 데 엄청난 타격을 받고 있다.

대학 시절 경험을 구체적으로 살펴보자. 대학에 들어가면 자동으로 믿음이 떨어지는 걸까? 우리 조사를 보면 그렇지 않은 것

청년들은 왜 교회를 떠나는가

으로 나타난다. 물론 대학을 감으로써 많은 경우 신앙에 도전을
받는 것이 사실이지만, 대학에 과도하게 책임전가를 하는 것은
아닐까? 믿음을 잃는 대부분의 학생들은 대학에 가기 전에 그런
경험을 한다. 이들은 고등학교를 마치기 전에 교회 혹은 신앙으
로부터 단절되는 느낌을 갖기 시작한다. 대학 재학 중에 신앙을
잃거나 방황하는 사람들에게는 그에 대한 다양한 이유가 있다.
지성의 도전 때문에 신앙이 흔들리는 것은 그중 하나일 뿐이다.

젊은 기독교인들 중에는 대학을 다니며 오히려 신앙이 성숙
하는 사람도 있다. 이런 학생들의 특징은 어떤 형태로든 기독교
공동체와 깊은 관계를 맺는다는 것이다. 그것이 예배 공동체일
수도 있고, 캠퍼스 선교 단체일 수도 있고, 기독교 신앙을 표방
하는 대학일 수도 있다. 이 관계들로 인해 그들은 유목민이나 탕
자가 될 확률이 적어진다. 여기서 중요한 것은 종교 활동에 참여
하는 정도가 아닌 깊은 관계를 맺는 것이다.

대학을 다니는 동안 신앙 성장을 하지 못한 청년들은, 대학 이
전이나 대학 시절에 관계, 교육, 직업 면에서 신앙이 주는 의미
를 찾지 못한 사람들이다. 즉, 학생들이 대학에서 신앙을 고민하
게 되는 것은, 기독교 공동체로부터 강한 유대감, 목적의식, 전
인격적인 삶의 방식 등을 충분히 제공받지 못했기 때문이다. 특
히 과학적 지성을 가진 학생들의 경우에는 더욱 그렇다. 기독교
에 적의를 품은 교수가 던진 어려운 질문 때문에 학생들이 믿음
을 잃었다고 속단해서는 안 된다. 오히려 기독교 공동체가 과학
적 지성을 가진 학생들을 책임감 있고, 똑똑하고, 능력 있고, 다

재다능하고, 그리스도를 신실히 따르는 제자로 양육하는 데 실패했기 때문이라고 나는 생각한다. 우리는 다음 세대의 지성을 잘 관리할 수 있어야 한다.

반과학적인 태도에서
청지기의 태도로

청지기 개념은 성경에 깊이 스며 있다. 말씀에 따르면, 우리의 생명과 자원은 하나님께서 우리에게 주신 선물로서, 다른 사람을 도움으로 다시 하나님께 돌려드려야 하는 것이다. 우리는 다음 세대를 하나님께서 교회에 주신 선물로 여겨야 한다. 하나님은 그분의 목적을 위해 이 세대를 세상 가운데 보내셨다. 하나님께서 주신 이 선물들이 과학에 집착하는 세상 속에서 하나님의 뜻을 행하게 하려면 우리는 어떻게 해야 할까?

사자 굴에 갇혔던 젊은 히브리 포로 다니엘의 이야기로 돌아가보자. 다니엘이 사자 굴에 들어가기 훨씬 이전에, 다니엘과 그의 친구들이 '바벨론의 언어와 학문'을 배웠다는 사실을 우리는 알고 있다. 여기서 '학문'은 바벨론의 모든 서적뿐 아니라 그 안에 들어 있는 모든 지식도 아우르는 말이다.[4] 성경을 보면 그들이 지식을 열심히 습득한 것을 알 수 있는데, 이를 통해 그들도 과학을 선호했음을 추측해볼 수 있다. 성경은 하나님께서 그들에게 이 모든 것을 '다 이해할 수 있는 뛰어난 능력'을 주셨다고 말한다(단 1:17).

다니엘서 1장은 다니엘이 왕 앞에서 어떻게 예언자적으로 담

대히 말할 수 있었는지 그 배경을 알려준다. 청년 다니엘은 바벨론식으로 세상을 보고 이해하는 법을 익히고 있었다. 하나님께서 주신 지적 능력을 최대한 발휘해 열심히 배운 덕분에, 그는 나중에 왕궁에 있는 어떤 사람보다도 더 권위 있게 여러 문제에 대해 말할 수 있었다.

우리의 경제, 언어, 미디어, 사회는 우리가 좋든 싫든 과학에 지배당하고 있다. 우리가 그저 눈먼 문화 소비자가 아닌 문화 창출자가 되려면 우리는 젊은이들이 과학을 받아들이면서도 그에 동화되지 않도록 준비시켜야 한다. 이 말이 무슨 뜻일까? 과학적 탐구나 교육에 소명이 있는 젊은이들이 능력을 발휘하려면 기독교 공동체의 격려를 받아야 한다. 우리는 하나님께서 세상과 그들을 향해 갖고 계신 계획과 그들이 선택한 학문이나 직업이 어떻게 밀접하게 연결될 수 있는지 발견하도록 도와주어야 한다.

그러나 마이크와 같은 많은 청년 과학도들은 기독교 공동체로부터, 경외감을 가지고 하나님의 선한 창조세계를 탐구하도록 격려받기보다는 그들의 호기심이 위험하다는 말을 듣는 것이 사실이다. 최근에 나는, 어느 목회자가 지적으로 의문을 품는 것은 그리스도를 영접하고 싶지 않은 사람들이 사용하는 방어기제라고 말하는 것을 들었다. 몇몇의 경우에는 이것이 맞을지도 모른다. 그럼에도 이 목회자의 주장은 하나님께서 선물로 주신 이성(理性)을 부인하는 것이 아닐까? 지성이 하나님을 향한 경외감을 축소시켜서도 안 되겠지만, 세상에 대한 성가신 질문을 피하기 위해 지성을 억지로 누르는 것 또한 하나님 창조의 영광을 훔치는 일이다.

우리는 모든 기독 청년들이 과학에 대해 더 분명하게, 정직하게, 포괄적으로 생각할 수 있도록 도전하고 훈련시키는 일에 열심을 내야 한다. 여기에는 과학, 과학주의, 지식을 떠받치고 있는 다양한 철학들을 이해하는 일도 포함된다. 10대와 청년들에게 철학을 가르치는 것은 쉽지 않다. 그러나 어렵다고 해서 그들을 가르치지 않는 것은, 다음 세대에게 바라는 것도 없고 기대하는 것도 없다는 의미가 된다.

그러나 그에 앞서 우리가 과학을 어떻게 대하는지를 냉철히 살펴야 한다. 모든 기독교인 혹은 기독교 지도자들이 공개적으로 과학에 대해 적대감을 표현하지는 않지만, 그들이 과학을 대하는 태도에서 이미 적대감이 드러난다.

과학 공동체와
동역하는 방법

만일 교회가 과학에 반응하고 교류하는 방식에 문제가 있다면, 무엇을 바꿔야 할까? 기독교 공동체는 과학이 지배하는 문화에 어떻게 반응해야 하는 걸까? 나는 신앙인이라면 과학에 대해 적대적이거나 무시하는 태도를 보이기보다는 긍정적이고 예언자적인 태도로 말해야 할 책임이 있고, 그럴 기회를 가졌다고 믿는다. 우리는 과학과 손을 잡고, 우리 문화의 거대 담론인 줄기세포, 복제, 동물 실험, 조제약, 기술이 인간 두뇌와 영혼에 미치는 영향, 성형 수술과 대기 수술, 영양, 농업, 무기 및 군사 기술과 같은 과학과 윤리 관련 사안에 대해 실행 가능하고 누구나 인정할 만한 기독교적인 목소리를 내야 한다. 물론 쉬운 일은 아니다. 그러나 우리가 다음 세대를 잘 양육하기 원한다면 이 어려운 도전에 반드시 응해야 한다.

우리가 과학 공동체와 신뢰할 만한 동역 관계를 맺을 수 있는 몇 가지 방법이 있다.

과학적 방식의 접목

많은 학생들이 기독교 공동체 안에서 과학 관련 질문이 있을 때 어떻게 해야 하고, 어디로 가야 할지 모른다. 지적인 질문이 믿음의 적이라고 주장하는 목회자들이 있다는 것을 생각하면 당연한 일인지도 모르겠다. 물론 목회자들 중에는 과학 관련 문제에 언제나 열려 있고, 공평한 태도를 취할 준비가 되어 있다고 믿는 사람도 있다. 그러나 학생들의 눈에도 그렇게 비칠까? 학생들은 무엇을 믿어야 할지 일방적으로 듣기보다는 같이 답을 찾아가기 원한다.

오리건에 있는 한 교회는 아주 창의적인 방법으로 신앙을 전하는 데 과학적인 방식을 접목시켰다. 조류학자인 그 교회 성도가 모든 변증을 지휘한다. 그는 열렬한 환경운동가로서, 특히 새들의 먹이사슬을 보존하는 데 애쓰고 있다. 또한 신학석사 과정을 마치고 교회에서 과학과 신앙의 관계에 대해 온라인 일대일 상담을 하고 있다. 그는 이렇게 말했다. "학생들에게는 과학에 대해 질문할 곳이 필요하다는 사실을 깨달았죠. 우리 주변은 온통 과학에 대한 문제가 넘쳐나는데 그들에게 그냥 무시하라고 말할 수는 없잖아요."

모든 교회에 이런 조류학자가 있을 수는 없다. 그러나 고등학교 생물 선생님은 어떨까? 아니면 대학 선교 단체를 후원하는 물리학 교수는 어떤가? 과학 분야에서 일하면서도 자신의 재능과 지식으로 그리스도의 몸 된 교회를 섬기고 싶어 하는 기독교인들은 얼마든지 있다. 그리고 청년들은 이성적으로 진리를 추구하는 과정에 함께해줄 과학적 실력을 인정받은 멘토가 절실히 필요하다.

과학적인 제자 양육

고등학교와 대학교 때는 혼란스럽고 서툰 시기일 수 있다. 그러나 한편으로는 자신들이 원하는 모습이 되기 위해 도약하는 시기이기도 하다. 많은 청년들이 이때 직업을 정하고 어떤 사람이 될 것인지 결정한다. 그런데 불행히도 대부분의 청년들은 자신들이 선택한 직업 분야에서 일하는 장년 성도들과 의미 있는 관계를 맺지 못하고 있다. 결과적으로 20대 기독 청년들은 자신들의 직업 선택을 사명이나 소명으로 연결시키지 않는다. 신앙과 직업 선택이 하나로 결합되지 못하고 별개의 것이 된다.

교회가 젊은이들 안에 있는 과학적이고 수학적인 재능을 열심히 찾아주고, 직업적으로 성공한 장년 성도들을 연결시켜주었다면 어땠을까? 아마 그랬으면, 과학과 기술을 신앙의 적이 아닌 더 발전시켜야 할 영역으로 이해했을 것이다.

　　　　　　　　　　　청년들은 왜 교회를 떠나는가

훌륭한 사고 능력

우리의 조사 결과, 성경적인 렌즈를 통해 스스로 세상을 보는 학생들이 지적 도전에 가장 잘 준비된 것으로 나타났다. 준비된 젊은 기독교인들은 스스로 생각할 능력을 갖춘 사람들이다. 그들은 성경을 창문 삼아 자신들이 살아가는 세상, 즉 과학의 세계도 포함해서 해석한다. 그리고 하나님의 자연계시는 과학적 기질이라는 렌즈를 통해 해석되어 하나님에 대한 이해의 폭을 더 넓혀준다. 그들은 무엇을 생각할 것인가 하는 것뿐 아니라 어떻게 생각해야 하는지도 알고 있다.

하지만 안타깝게도 젊은이들은 대부분 과학과 교류할 훌륭한 지적 도구를 교회에서 받지 못한다. 신앙 공동체의 믿음에 반대하는 과학자나 다른 사람의 말은 들을 필요도 없으니 무시하거나 거부해야 한다고 배운다. 때때로 기독교 지도자들에게 이러한 주제에 대한 전문 지식이 없어 이런 현상이 벌어지기도 한다. 어떻게 해야 청년 사역자들이 청년들의 모든 질문에 잘 대처할 수 있도록 할 수 있을까? 예를 들어, 난자 기증 같은 도덕적인 질문에 그들은 어떻게 답할까?

이 문제는 우리가 2장에서 다룬 접근과 권위의 문제로 곧바로 연결된다. 목회자 한 사람, 청년 사역자 한 명, 부모 혹은 기독교 교사 한 명이 우리 시대 젊은이들이 직면한 과학적 혹은 지적 딜레마를 모두 해결할 수는 없는 법이다. 따라서 우리는 지금까지 젊은이들에게 과학, 윤리, 정치, 심지어 신학의 문제에 대해 '무엇'을 생각할지를 가르쳤던 우리의 교육 방식을 재고하고 그들에게 '어떻게' 생각해야 할지를 가르쳐야 한다. 우리는 젊은이들이 가진 무궁무진한 재능을 관리하는 자로서 그들이 생각할 수 있는 능력을 갖추도록 도와주어야 한다. 신중하게 기도하는 마음으로, 기독교인이든 비기독교인이든 그들이 설득할 수 있도록 준비시켜야 한다.

겸손한 논쟁

앞에서 나는 우리의 말투에 문제가 있음을 언급했다. 우리는 다음 세대에게 본이 되어야 한다. 지적인 엄격함뿐 아니라 겸손과 관용도 보여줄 수 있어야 한다. 진정한 지혜는 지식 안에 있음을 확신하면서도 우리의 지식에 한계가 있음을 인정하는 겸손이다. 오직 하나님만이 하나님이시다. 따라서 우리는 어떤 문제든지 우리 자신의 옳음보다는 하나님을 신뢰할 수 있어야 한다.

이러한 노력은 기독교 공동체 안에서 먼저 시작되어야 한다. 신실하고 열정적이라는 신자들이 과학의 문제에는 동의하지 않는다. 논리적이고 열정적인 논쟁은 기독교 공동체에 유익하며, 더 넓은 세상 문화를 향해 예언자적 목소리를 낼 때 유용하게 사용된다. 그러나 우리의 논쟁 이상으로, 우리는 기독교인의 연합을 도모하고 목적과 사명을 다해야 한다. 진리를 추구하면서도, 최선을 다해 서로 사랑하고 기도해주어야 한다는 의미다. 또한 감정을 격하게 하는 말을 함부로 던지거나 그리스도의 몸을 갈라놓는 말을 하지 않도록 조심해야 한다. 예를 들어, '젊은 지구 창조론자'(young-earth creationist)는 '오랜 지구 창조론자'(old-earth

청년들은 왜 교회를 떠나는가

creationist)나 유신론적 진화론자(theistic evolutionist)와 이야기할 때 그들이 자신들을 배교자로 보는 태도에 불편할 수 있다. 아울러 진화는 하나님께서 선택한 창조의 메커니즘이라고 믿는 신앙인들은, 다른 믿음을 가진 형제자매들에게 지적 자만을 드러내지 않도록 조심해야 한다. 문제나 논쟁이 중요하지 않은 것은 아니지만 그리스도 안에서 맺은 관계가 훨씬 더 중요하다.

모든 기독교인이 우주의 신비를 밝혀내기 위해 최선을 다하고 있고, 우리는 서로를 필요로 한다는 것이 내 의견이다. 서로 입장이 다를지라도 우리를 묶고 있는 연결 고리를 끊지 않는 한 하나님은 우리 모두를 지혜와 진리로 인도하실 것이다.

다음 세대와의 관계도 마찬가지다. 많은 다음 세대들이 우리가 내린 결론과는 다른 결론을 내릴 것이다. 특히 그들이 올바른 사고를 하도록 우리가 잘 훈련했다면 더더욱 그럴 것이다! 그중에는 완전히 만족스러운 답을 찾지 못한 사람도 있을 것이다. 바로 우리의 도움이 필요한 사람들이다. 그들이 풀리지 않는 문제를 이해하고 해결할 수 있도록 우리는 그들을 가르쳐야 한다. 그리고 그 풀리지 않는 문제는 우리가 하나님을 더 신뢰하도록 만드는 하나님께서 사용하시는 도구다.

역사적 교훈

1687년 아이작 뉴턴이 《자연철학의 수학적 원리》(*Principia*, 서해문집)를 출간했을 때, 그는 신실한 그리스도인이었다. 이 책은 지난 3세기 동안 과학적 우주론의 정석이 된 고전역학에 대한 최고의 작품이다. 그의 종교적 신념 중 일부는 주류 정통신앙에서 벗어나긴 했지만(어떤 역사가들은 뉴턴이 삼위일체를 부인했다고 주장했다), 그는 과학 이상으로 성경에 열정을 가진 사람이었다. 그는 이렇게 말했다. "나는 성경은 하나님의 영에 감동된 사람들이 쓴, 하나님의 말씀이라고 믿는다. 나는 매일 성경을 공부한다."[5] 세상에 대한 그의 호기심은 창조주에 대한 경외감과 깊이 연결되어 있었다. 그는 우주만물이 하나님으로 말미암아 존재한다고 믿었다.

또한 뉴턴의 우주 역학 모델은 기독교 공동체와 과학 공동체 사이의 경계선을 더 벌이는 데 일조했다. 많은 후기 과학자들은 우주가 하나님이 아닌 중력의 힘으로 유지된다고 믿게 되었다. 그러나 뉴턴은 많은 과학 혁명 선구자들이 그랬듯이, 하나님 자리에 자연 법칙을 두기보다는 신앙과의 긴장 속에서 이런 발견들을 유지할 수 있었다. 나는 오늘날의 신자들도 뉴턴과 같은 태도를 취할 수 있다고 본다. 세상에 의문을 품고 연구함으로써 하나님을 부인하기보다는 오히려 경배할 수 있게 된다. 하나님께서 주신 지성으로 우주를 연구할 때 우리는 창조주를 경외하게 될 것이다. 또한 연구를 통해 발견한 사실들로 하나님께 영광을 돌릴 수 있다. 우리가 어떻게 하면, 뉴턴이나 신앙을 가진 과학자들을 이끈 호기심과 열정을 찾아 다음 세대에 전해줄 수 있을까?

신앙의 새로운 모델을 보여주자

개인적인 경험을 통해 기독교 공동체가 나아가야

청년들은 왜 교회를 떠나는가

할 방향에 대해 몇 가지 제안하고자 한다. 나는 과학자이면서 신실한 신앙인이다. 심리학을 전공할 때 통계학, 사회심리학, 사회학, 학습이론, 다변량 분석과 같은 과학 관련 수업을 많이 들었다. 평생 목사로 사역하신 아버지는 내가 이 길로 가는 것을 격려해주셨다. 바나 그룹에서 제시하는 자료들이 교회 공동체에 호의적이지 않을 때도 많지만, 여전히 내 일을 전적으로 지지해주신다.

나는 예수님을 향한 믿음을 렌즈 삼아 내 사역을 감당하고 있다. 예전이나 지금이나 아버지의 지지가 있기에 이 일을 헌신적으로 감당할 수 있다고 생각한다. 아버지는 내 호기심을 허락하면서 믿음을 의심하시지 않았다. 오히려 우리 가족이나 교회의 세계관과 일치되지 않는 책도 사다주셨다. 교회 청년부에서 지나치게 단순화된 견해를 배워오면 세상에는 다른 관점도 있다고 오히려 알려주셨다.

아버지의 영향력을 제외하면 나는 아무 결론도 못 내릴지 모른다. 솔직히 말해, 아버지가 사역하시는 교회에서도 과학에 관심 있는 학생들을 늘 격려하지는 않았다. 중고등부나 청년부에서 과학에 관련된 것을 배운 기억이 없다. 그리고 신앙 공동체는 일반적으로 그 주제에 대해 중립을 지키거나 침묵하는 반면, 회의주의는 공공연하게 드러나곤 했다. 내가 심리학을 전공하기로 결심했을 때, 몇몇 교우들은 그것이 내 신앙과 어떻게 조화를 이룰지 의아해했다. 목회를 통해 '진짜' 영향력을 미칠 수 있는데 왜 그 일을 버리느냐고 물었다.

내가 청년부에 있었던 것은 거의 20년 전이다. 그때 이후로 과학기술의 영향력은 기하급수적으로 커졌지만, 많은 신앙 공동체들은 여전히 이중적이고 심지어 적대적인 감정으로 과학을 대하고 있다. 이번 장에서 만나본 마이크나 콜린 같은 청년들은 과학을 새롭게 바라보는 신앙 공동체를 원하고 있었다. 그들과 같은 20대들이 과학 지배적인 문화에서 지혜롭게 살아가고 권위 있는 예언자적 신앙인들이 되기 위해 본받을 만한 신앙의 모델이 필요하다.

성에 대한
태도

떠나는 이유: "성에 대한 교회의 가르침은 시대에 뒤떨어지는 것 같아요. 제 생활 방식이 완벽하지는 않지만, 알다시피 … 그건 그냥 섹스일 뿐이에요."_데니스

믿음의 회복: "많은 신앙인 친구들이 낙태를 한 친구와 관계를 끊으라고 말했지만, 전 그럴 수 없었어요. 저는 여전히 그 친구를 좋아해요. 제 친구인걸요. 그 친구를 믿어요. 하나님께서 그 친구의 삶 속에서 어떤 일을 행하시리라 믿어요."_아만다

이제 성(性)에 대해 알아보자. 성은 하나님의 창조성을 드러내는 가장 위대한 표현이요, 인간을 번성하게 하시려는 하나님의 의도다. 또한 신앙의 길을 걷는 10대나 청년들에게는 가장 혼란스

럽고 당황스러운 부분이기도 하다. 대부분의 청년들이 결혼이나 출산은 비교적 늦은 시기에 하는 반면, 성관계는 그보다 훨씬 이전에 경험한다.

기독교 배경을 가진 청년들 사이에서조차 교회는 시대에 뒤떨어져 있다는 인식이 팽배하다. 전부는 아니겠지만 많은 기독 청년들이 교회를 억압적이라고 본다. 즉, 교회는 섹스나 성에 대한 관심이나 성욕을 통제하고, 재미가 없고, 완고하다고 생각한다. 이와 반대로 너무 방임적인 성행위를 강요하는 세상 문화에 대해서도 불만을 갖고 있다. 그들은 전통을 고집하며 거짓된 순결을 요구하는 교회와 방종을 허락하는 세상 문화 사이에서 고통스러워한다.

기독교 공동체가 성 관련 영역에서 다음 세대를 이끌기 원한다면 '새로운 마음'이 필요하다. 이번 장에서 자세히 다루려는 성에 대한 문제는, 매우 개인적인 영역이기 때문에 분명 논란의 여지가 있고 의견이 분분할 것이다. 내가 여기서 바라는 점은 우리 조사를 통해 발견된 내용을 분명히 설명하고, 기독교 공동체도 새로워져야 한다는 시대적 요구에 교회가 겸손히 응하는 것이다. 이 의도를 염두에 두고 글을 읽기 바란다.

먼저 네 명의 이야기를 소개하는 것으로 시작하겠다.

나는 20대 초반의 데니스와 마주 앉아, 그가 가톨릭 신앙을 회복하도록 돕고 있었다. 그가 신앙을 다시 갖기를 주저하는 데는 성과 관련된 이유도 있었다. 데니스는 섹스를 좋아하는데, 특히 연

청년들은 왜 교회를 떠나는가

상의 여성과 관계 맺는 것을 좋아했다.

"신앙이나 예수님에 대한 말은 다 알겠어요. 하지만 성에 대한 교회의 가르침은 시대에 뒤떨어지는 것 같아요. 제 생활 방식이 완벽하지는 않지만, 알다시피 그건 그냥 섹스일 뿐이에요."

———

친구 알리가 얼마 전 점심 식사를 함께한 여자 청년 제나에 대해 이야기해주었다. 제나는 3년 전에 결혼을 했는데, 섹스는 완벽할 거라는 기대감이 있었다고 한다. 청년부 리더나 목회자가 그렇게 설명해주었기 때문이다.

"얼마 못 가 섹스에 대한 환상은 완전히 깨졌죠. 정말 좋을 때도 있었지만, 다른 관계와 마찬가지로 섹스도 힘들 때가 있더라고요. 사실 모든 게 다 연결되어 있다는 걸 이제 배우고 있어요. … 좋은 섹스는 진공 상태에서 되는 게 아니에요. 섹스도 삶의 모든 부분과 연결되어 있어요. 그런데 교회나 청년 단체는 모든 것을 분리하는 것 같아요. 물론 저도 그랬죠. 여기는 믿음, 여기는 교육, 여기는 직장, 여기는 가족, 저기는 성…. 이렇게 모든 것을 구분해서 생각했어요. 어른이 되어간다는 건, 인생의 이런 구분을 없애는 힘든 과정인 것 같아요. 구분된 영역이란 없어요. 그저 삶이 있을 뿐이죠."

———

얼마 전에 키스라는 남자 청년을 만났는데, 그는 10대에 인터넷 포르노에 중독되었다. 그는 이런 생각이 들었다고 한다. '컴퓨터 스크린으로 보는 게 아니라 진짜 성관계를 할 수 있다면 어떨까?'

그는 이렇게 말했다. "그래서 몇 번 마우스를 클릭하다 근처에 사는 사람의 집을 추적했어요. 행동에 옮기려고 준비를 한 거죠." 그는 몇 년간이나 성적 충동에 사로잡혀 지냈고, 실제 성관계도 수십 차례 했다. 그는 지금 회복 중에 있지만, 알코올 의존이나 약물 중독과 마찬가지로 이 문제를 완전히 해결하려면 평생이 걸릴 것이다.

키스의 이야기에서 가장 우려되는 한 가지는, 성 중독이 처음에는 교회에 나가거나 청년부 활동을 하는 데 아무런 영향을 주지 않았다는 점이다. 그는 이렇게 말했다. "전, 계속 청년부 활동을 활발하게 했어요. 예배도 인도했고, 리더로 섬기고 있었죠. 전, 말 그대로 성과 교회 사이에서 이중생활을 했던 거예요."

———

일전에 맥스라는 점잖은 노신사를 만났다. 나는 그의 회사에서 다음 세대에 대한 연구 결과를 발표하게 되었다. 그의 명령 한마디에 모든 사람이 일사분란하게 움직이는 모습이 놀라웠다. 그는 사업이나 사역 면에서 아주 성공한 사람으로, 그 모습에서 단호함이 엿보였다. 내가 발표를 마치자 맥스가 다가와 자신의 생각을 이야기했다.

"데이비드, 캘리포니아에서 여기까지 와주다니 감사해요. 하지만 다음 세대에 대한 당신의 생각은 틀린 것 같소. 난, 다음 세대에 대해 당신만큼 희망적이지 않아요. 그들은 하나님 말씀대로 살지 않고, 성적으로도 아주 문란하지요. 그들은 성경이 경고하는 삶을 살고 있어요."

청년들은 왜 교회를 떠나는가

나는 이렇게 물었다. "실례가 안 된다면 한 가지 여쭙겠습니다. 사장님은 젊었을 때 성경의 가르침대로 사셨나요?"

그가 대답했다. "음, 그렇지는 않지요. 사실 저도 젊은 시절에 한가닥 했었지요. 하지만 벌써 오래전 일인걸요." 맥스는 자신이 젊은 시절 방탕하게 살았던 것에 대해 전혀 부끄러워하는 것 같지 않았다. "요즘 젊은이들과 다른 점은, 난 적어도 대놓고 방탕한 생활을 하지는 않았다는 거예요. 난, 사생활을 지키는 법을 알았죠. 그런데 요즘 젊은 애들은 부끄러움이 없어요."

이중적인 삶을 사는
청년들

위의 대화들은 성과 믿음과 관련하여 다음 세대에 대해 이야기할 때 제기되는 중요한 문제들을 보여준다. 또한 청년들이 성과 교회에 대해 갖고 있는 복잡한 감정들을 보여준다. 얼마 전, 가톨릭교회에 다니는 변호사 친구가 메일을 보내 내가 쓰고 있던 이 책에 대해 자신의 의견을 피력했다. 그는 청년들이 교회를 떠나는 이유를 이렇게 설명했다. "형편없는 교리문답서 아니면 섹스, 대개는 이 둘 중 한 가지 이유일 거야. 전자는 목회자의 잘못이고, 후자는 대개 지루하거나 딱딱하다는 등의 다른 이유로 둘러대는 경우가 대부분이지. 그들은 자신의 성적 선택을 합리화하기 위해 자신들이 교회를 떠나는 이유를 수없이 갖다 붙이지. 동정녀 잉태 교리로 교회를 떠나는 사람은 한 명도 없을걸. 교회를 떠나는 건 다 성적인 이유 때문이야."

내 친구의 말도 어느 정도 일리는 있지만, 우리 조사 결과를 보면 문제가 그리 간단하지 않다. 신앙을 버린 것이 '전적으로' 성관계 때문이라고 응답한 청년은 12퍼센트에 불과하다. 물론 기독교 청년 중 12퍼센트만이 성관계를 하고 있다는 의미는 아니다. 최근 조사에 의하면, 교회에 다니는 10대와 청년들은 성관계에 대해서만큼은 대부분 세상 사람들과 거의 유사한 견해를 보였다. 최근의 한 연구에 따르면, 18세부터 29세까지 미혼 기독 청년 중 5분의 4 이상이 성관계를 하고 있었다.[1]

우리 인간은 복잡하고 다층적인 존재다. 사람들과 일대일로 인터뷰를 하면서 강하게 받은 인상은, 성에 대한 문제는 잘 감지되지 않는 무의식 속에서 그 사람의 신앙 여정에 영향을 미치는 경우가 많다는 것이었다. 한 세대와 성의 이야기 역시 복잡하고 다층적인 것으로, 판단, 규칙, 올드미디어와 뉴미디어, 위선적인 종교 지도자들, 자신들만의 가치 평가, 성 이미지로 가득 찬 세상, 영혼과 육체 사이를 오가는 이중생활로 가득 차 있다.

기독 청년들 중에 성생활로 인해 교회를 떠난다고 대답한 사람은 거의 없는 반면, 교회와 신앙이 억압적이라고 인식하는 사람은 많았다. 기독교 배경을 가진 청년 중 4분의 1(25%)이 교회의 규칙을 따르고 싶지 않다고 응답했다. 5분의 1(21%)은 삶에서 더 많은 자유를 누리길 원하는데 교회에서는 그런 자유를 찾을 수 없다고 답했다. 6분의 1(17%)은 자신들이 실수를 했고, 그에 대해 교회에서 정죄를 받았다고 느낀다고 응답했다. 그리고 8분의 1(12%)은 신앙과 실제 삶 사이에서 '이중적인 생활'을 할

청년들은 왜 교회를 떠나는가

억압적이다

기독교 배경을 가진 18~29세 젊은이들의 응답

	매우 그렇다	거의 그렇다
성이나 피임에 대한 교회의 가르침은 시대착오적이다*	23%	40%
교회의 모든 규칙을 따르고 싶지 않다	14%	25%
삶에서 더 많은 자유를 누리길 원하는데 교회에서는 그것을 발견할 수 없다	12%	21%
저지른 실수 때문에 교회에서 정죄받는 느낌이다	8%	17%
신앙과 실제 삶 사이에서 '이중적인 생활'을 해야 한다	5%	12%
성관계를 하고 있어서 신앙에 대한 관심이 떨어졌다	5%	12%

* 이 질문은 가톨릭 신앙을 가진 청년들에게만 했다(562명 대상).
바나 그룹(2011년), 1,296명 대상

수밖에 없다고 느낀다고 응답했다. 가톨릭 청년 중 5분의 2(40%)가 교회는 이런 문제에 있어 "시대착오적"이라고 응답했다. 이 모든 수치를 종합해보면, 수많은 기독 청년들이 성에 대한 두 가지 상반된 이해와 경험으로 괴로워하고 있음을 알 수 있다.

전통주의와
개인주의의 대립

　　기독교인 10대와 청년들은 성에 대한 두 가지 담론 사이에 있다. 첫째는 우리가 '전통주의'라고 부르는 것이고, 둘째는 '개인주의'라고 부르는 것이다. 나는 데일 퀴네의 책《성과 나만의 세계》(*Sex and iWorld*)에서 많은 정보를 얻었는데, 이 복잡한 주제에 대해 더 자세히 알고 싶다면 이 책을 강력히 추천한다.

전통주의자들이 바라보는 성

전통주의자들의 견해는 이렇게 요약할 수 있다. "섹스? 섹스가 뭔데?" 1950년대에 인기를 끌던 미국 드라마 〈왈가닥 루시〉(I Love Lucy)가 있다. 루시와 리키 부부의 침실에 1인용 침대 두 개가 놓여 있고, 몇 년 후 아들이 태어난다. 부부의 침실에 침대가 두 개라는 설정도 웃긴데, 거기서 아들이 태어났다는 사실은 더 우습다. 그러나 당시 할리우드 도덕 정책은 결혼한 부부가 나오더라도 섹스하는 장면은 절대 피하도록 했다.

전통주의자들은 주로 1945년 이전에 태어난 위 세대에 속한다. 내 조부모님이 살아 계셔 이번 장에서 다루는 내용을 보았다면 분명 몸서리를 치셨을 것이다. 전통주의자들은 예의를 갖춘 대화에서는 섹스나 성에 대한 이야기를 절대 해서는 안 된다고 생각했기 때문이다. 특히 맥스처럼 여러 사람과 성관계를 맺는 사람의 이야기는 절대 하면 안 된다.

여기서 먼저 '전통주의'(전통주의자)와 '전통'을 명확히 구분해야겠다. 순결과 정절 같은 기독교 전통들은 분명 영적으로나 성적으로 온전함을 이루기 위해 필수적인 요소들이다. 하나님은 성경을 통해 이것을 분명히 보여주신다. 반면 전통주의는 생명이 넘치고 은혜가 넘치는 그리스도와의 관계 대신, 그 자리에 인간의 규칙과 규율을 놓으려는 이데올로기다. 불행히도 전통주의

청년들은 왜 교회를 떠나는가

자들의 성에 대한 담론은 기독교 전통에 율법주의를 뒤섞어놓은 것이다. 그런데 많은 교회들이 성경적 전통이 아닌 전통주의가 말하는 성에 대해 가르치고 있다.

전통주의자들은 성을 이야기할 때 '수치'라는 암호를 사용한다. 성적인 즐거움을 누리는 것은 결혼관계 안에서조차 모두 더럽다고 여긴다. 섹스는 너무나 부끄러운 행동이라 자녀를 낳기 위한 방편으로만 제한되어야 한다고 생각한다.

전통주의자들은 자녀를 낳는 것에만 집중하면서, 가족에 대한 기독교적 전통이나 "생육하고 번성하여 땅에 충만하라"(창 1:28)는 성경의 명령을, 특히 여성을 억압하려는 의도로 해석한다. 섹스를 교회에 복종하고 결혼한 사람으로서 사회적 책임을 다하며, 아이를 낳아 기르는 등의 인간의 의무를 수행하는 것으로 제한한다면, 헌신적인 사랑은 설 자리가 없어진다. 헌신적인 사랑에는 개인 선택의 자유가 필요한 법이다. 서양에서는 지난 50년 전만 해도 여성의 자유가 법률이나 사회적 관행으로 제한받았고, 아직도 그런 곳이 많다. 전통주의자들은 섹스를 여성의 의무로 만들어버린 면도 있다.

전통주의자들이 만들어낸 규칙을 따르지 않는 사람은 이방인 취급을 받았다. 그러나 1960년대 베이비부머 세대가 성인이 되었을 때, 그들은 전통주의자들이 부여한 성에 대한 '억압적인' 개념에 완전히 신물이 나 있었다. 1960년대 10년간의 사회적 혼란 속에서 부머들은 전통주의자들의 담론을 개인의 성적 만족을 추구하는 것으로 교체하려는 시도를 했다.

개인주의자들이 바라보는 성

서구 문화를 새롭게 규정한 담론은 개인주의자들의 목소리로, "섹스는 내 문제"라고 말한다. 개인주의자들의 담론 속에서 섹스는 개인적인 만족의 문제가 된다. 포르노가 가장 노골적인 경우다. "포르노를 통해 혼자서도 얼마든지 즐길 수 있다! 아니면 실제 성행위를 할 때 '흥분을 가중시키는' 도구로 써도 좋다. 당신이 판단하면 된다. 직관이 시키는 대로 행동하라"고 한다.

개인주의자들은 성에 대한 규범을 자신이 정하는 것이라고 말한다. 그들에게 섹스의 가장 큰 목적은 쾌락뿐 아니라 자유이자 자신의 표현이다. 젊은이들에게 섹스에 대한 '규칙'이 있다면 기껏해야 자기가 만들어낸 지침 정도가 전부다. 이 '새로운 규칙'은 마크 레그너러스의 책 《금단의 열매》(Forbidden Fruit)에 잘 설명되어 있다. "(1) 섹스를 강요당해서도 안 되고 강요해서도 안 된다. (2) 자랑삼아 여러 사람과 잠자리를 해서는 안 된다. (3) 성관계를 할지 말지 결정할 사람은 오직 당신이다. (4) 섹스는 적어도 3개월 이상 '오래 만날' 관계에서 하는 게 가장 좋다."[2]

그러나 더욱 경악을 금치 못하는 것은 이런 '규칙들'이 사회적 신분을 막론하고 정상으로 통한다는 사실이다. 《섹스와 영혼》(Sex and the Soul) 서문에서 도나 프레이타스 박사는 자신의 '데이트 수업'을 듣던 학생들이 성적으로 혁명적인 결심을 한 날을 기록하고 있다. 학생들이 봄방학을 마치고 돌아왔을 때였다. 방학 동안 그들은 "난잡한 파티를 즐기며 성관계를 했다. 아침이 될 때까지 술을 퍼마시고, 한낮이 되도록 해변에서 뒹굴기를 반복했다."[3] 학생들은 그날 아침 수업 시간에 자신들이 한 일을 자랑인 듯 떠벌리고 있었다. 그런데 그때 예상치 못한 일이 일어났다. 한 여학생이 나서서 이렇게 말했다. "학교에서 성관계하는 걸 보는 게 정말 싫어. 아니, 싫은 게 아니라 우울해져. 그냥 대학의 일상이라고 치부하고 싶은데도 그게 잘 안 돼. 나도 좋아해 보려고 애는 쓰는데, 솔직히 말하면 정말 싫어."[4]

그런데 놀랍게도 다른 학생들도 이 여학생의 말에 동의를 해 왔다. 그들은 하나같이 이렇게 말했다. "섹스 문화는 성에 대해 무모하고, 생각 없이 행동하게 만들어. … 이런 환경에 계속 있다 보면 우린 완전히 지쳐 공허해지고 말 거야."[5]

불행하게도 프레이타스 박사 수업을 듣던 학생들처럼 문화적 흐름을 거스르겠다고 결심한 청년들이 매우 소수라는 사실이다. 물결을 거스르는 것보다 흐르는 대로 따라가는 것이 훨씬 쉽다. 개인주의가 개인의 선택을 중시한다는 점을 생각하면 참 아이러니하다. 우리 할아버지 세대(1910~1920년대에 태어난 세대)는 사회적 규범에 동조하지 않는 사람들을 이방인 취급했다. 오늘날에는 사회적 기대에 부응하지 않는 청년들을 고상 떠는 사람, 혹은 구시대에서 벗어나지 못한 시대착오적인 사람으로 치부한다. 사실 교회가 시대착오적이라고 인식되는 이유 중 하나도, 교회가 개인주의자들이 내세운 성 윤리에 동조하지 않기 때문이다. '억압적이다'라는 표현은 개인주의자들이 전통주의자들을 향해 하는 말이다.

오늘날 급변하는 문화는 전통주의자들의 담론을 약화시키기 위해 열심히 달려왔다. 그 일환으로 혼전 성관계를 피하는 사람들을 구시대적 구제불능의 촌뜨기로 치부했다. 1960~1970년대 일어난 성 혁명 이래로, 성에 관한 태도가 더 자유분방해진 것은 분명하다. 또 이런 태도가 점점 널리 퍼져나갔다. 개인주의는 충동적 섹스, 섹스 파트너, 하룻밤 정사라는 개념을 퍼뜨렸다. 앞에서 만나본 데니스도 "그냥 섹스일 뿐이잖아요"라고 말했다.

전통주의자들의 도덕성이 '수치스러운' 섹스를 자신만 아는 일로 숨기는 것이었다면, 오늘날 개인주의자들은 섹스에 대해 자유롭고 공개적으로 표현한다. 구강성교와 같은 '비직접적인' 성교의 형태들이 10대와 20대들에게 정상적이고 건강한 성행위로 인식되고 있다. 휴대전화로 성적 내용이 담긴 메시지를 보내는 '섹스팅'은 10대와 청년들 사이에서 아주 흔한 일이 되었다. 휴대전화 외에 다른 매체를 통해서도 얼마든지 성과 욕망을 표현할 수 있다. 그들은 당당히 말한다. "남들이 볼 수 있게 표현해. 페이스북에 올려. 너무 날라리처럼 보여도 안 되지만 너무 모범생처럼 보여도 안 돼."

성에 대한 담론의 변화 역시 2장에서 자세히 살펴본 '접근, 소외, 권위'라는 측면에서 다음 세대 안에 드러난다. 젊은이들은 인터넷, TV, 영화, 음악, 비디오 게임 등의 매체를 통해 그 어느 때보다도 성적인 내용에 '접근'하기 쉬워졌다. 이로 인해 현대 젊은이들은 훨씬 어린 나이에, 훨씬 쉽게 성을 접하게 되었다. 이 시대 청년들은 전형적인 가족 형태에서 '소외'되는 바람에 많은 감정적인 문제들을 갖게 되었다. 아버지가 없는 경우는 더한

청년들은 왜 교회를 떠나는가

데, 이런 감정적 결핍은 성적인 판단을 할 때 주로 드러났다. 또한 그들이 부머 세대에게 물려받은 '권위'에 대한 의심은 옛 전통들이 좋은지 아닌지 판단해보기도 전에 그것들을 버리게 만들었다.

1960~1970년대 성 혁명과 함께 일어난 여성해방운동은 우리 문화 안에서 여성의 영향력을 높이고자 했다. 그 운동은 여러 면에서 전통주의자들의 주장에 대한 반작용이었다. 전통주의자들은, 여성은 결혼하고 아이를 낳아야 할 의무가 있기 때문에 일을 하거나 정치에 참여하거나 다른 어떤 문화적 영향력을 끼칠 수 없다고 주장했다. 불행히도 여성해방운동이 내세운 긍정적인 목적은 금세 개인주의자들의 성에 대한 접근에 휘말리고 말았다. 이 운동의 여파로 정작 득을 본 것은 남성들이었다. 그들은 성적 관계에 충실해야 한다는 전통주의자들의 요구에 더 이상 매이지 않아도 되었다. 성 혁명과 여성해방운동은 여성들의 힘을 키우기보다는 오히려 여성들을 더 착취당하게 만드는 결과를 낳고 말았다.

개인주의자들에게 결혼은 다른 것과 마찬가지로 하나의 선택 사항이다. 결혼은 노년을 대비한 최고의 대안이다. 한 사람을 선택한 것은 많은 다른 사람들을 선택하지 않았다는 의미이기 때문이다. 결혼을 했어도 배우자가 자신의 필요나 성적 욕구 등을 만족시켜주지 못하면 이혼도 하나의 선택이라고 생각하면서 "섹스는 내 문제다. 헌신, 순결, 정절, 가족 같은 것은 적당한 시기에 내가 선택할 수 있는 것들이다"라고 주장한다.

생각과 행동이
일치하지 않는다

　　　　　젊은 기독교인들은 두 가지 상반되는 담론 사이에 끼어 있다. 그러나 섹스에 대한 두 담론 모두 기독교의 이야기가 아니다. 대부분의 젊은이들은 자신들의 신앙 공동체를 전통주의라고 생각한다. 왜냐하면 기성세대 교인 대부분이 실제로 보수적인 도덕관을 갖고 있기 때문이다. "섹스에 대해 말하지 마. 섹스는 침대에서만 하는 거다."

　전형적인 모자이크 세대에게 전통주의자들의 견해는 별나고 촌스럽고 심지어 억압적이고 강압적인 것으로 보인다. 반대로 그들을 둘러싸고 있는 개인주의 문화는 자기만족적이고 지극히 개인적인 이야기들을 표현하라고 부추긴다. "네가 원하는 걸 가져. 네 자신을 찾아. 성에 대한 관심을 표현해." 젊은 기독교인들은 어떤 교단에 속해 있든 모든 형태의 성적 자유를 가장 중요하게 여기는 문화 속에 살고 있다.

　전통주의자들과 개인주의자들의 견해 사이에 해결할 수 없는 긴장감으로 인해 기독 청년들 안에 심각한 행동의 부조화가 일어났다. 기독 청년들은 세상 문화에 비해 성에 대해 더 보수적인 신념을 갖고 있다. 예를 들어, 결혼 전에는 성관계를 해서는 안 되고, 동성애는 기독교의 가르침에 어긋난다고 생각한다. 그러나 그들의 성적 행동은 믿지 않는 자들과 똑같이 난잡하다.[6] 다시 말해, 대부분의 기독 청년들이 생각은 전통주의자들처럼 하면서 행동은 개인주의자들처럼 한다는 말이다.

마크 레그너러스는 10대 기독교인들이 성에 대해 어떻게 행동하는지 이렇게 적고 있다.

> 개신교 복음주의 신앙을 가진 젊은이들은 다른 종교를 가진 젊은이들에 비해 성적으로 덜 방임적인 태도를 취한다. 그러나 평균적으로 볼 때 그들이 가장 마지막으로 순결을 잃는 것은 아니다. 아니 마지막에 가깝지도 않다. … 복음주의에 속한 10대들의 성행위는 평균적인 수준도 아니다. 오히려 평균을 훨씬 웃돈다. 나는 이런 이례적인 결과를 낳은 몇 가지 이유 중에서 사춘기 복음주의자들이 겪는 문화 간 충돌에 가장 무게를 싣고 싶다. 그들은 미국 개인주의와 자기중심적인 쾌락 윤리의 물을 한껏 마실 수밖에 없는 상황에 있으면서 가족이나 순결 같은 종교적 전통을 가치 있게 여기라는 요구를 받게 된다. 그들은 둘 다 해보려고 시도한다. … 물론 이렇게 두 주인을 섬기기란 어려운 법이다.[7]

문제가 더 심각해진다. 오늘날 많은 교회들은 기독교적 가르침과 실천에 개인주의자들의 담론을 접붙이는 방식으로 지금의 '성 위기'에 대처하고 있다. 지난 세기 중반 전통주의자들의 담론을 따른 것처럼 말이다. 교회는 많은 부분에서 개인주의자들의 윤리에 순응하고 있다. 예를 들어, 설교나 종교 서적에 성생활을 즐기자는 주제가 종종 등장하고 있다.

물론 하나님께서 성을 만드셨으니 그것이 좋은 것이라고 가르치는 것은 당연하다. 그러나 교회 안에 있는 우리도 자기만족이라는 거대한 미국 문화에 너무 함몰된 것은 아닌지 우려스럽다. 우리가 인터뷰한 10대 후반의 젊은이는, 자신의 교회 지도자가 아내에게 야한 속옷을 사주기 위해 유명 속옷 브랜드인 빅토리아 시크릿에 간 이야기를 해주었다고 했다. "그분은 자신이 얼마나 즐거운 성생활을 하고 있는지 우리에게 보여주고 싶었다고 하더군요. 하지만 저는 계속 이런 생각이 들었어요. '정말 그럴까? 자신의 사생활을 너무 속속들이 말하는 건 아닌가?' 저는 어떤 속옷을 고르느냐가 그리스도인이 되는 것과 관계 있다고 생각하지 않아요." 성에 대해 솔직하게 서로 도움이 되는 대화를 하는 것과 자기과시적으로 너스레를 떠는 것은 큰 차이가 있다.

나 또한 우리가 지나치게 개인주의자들의 담론을 그대로 수용하고 있는 것은 아닌지 의심스럽다. 학생들은 결혼 전에 학업을 마치고, 빚을 갚고, 직장을 얻고, 정착하는 것이 자연스럽다고 생각한다. 즉, 젊은이들은 결혼하기 전에 미국 소비자로서 즐거운 삶을 누려야 한다는 개인주의자들의 의견에 동의하고 있는 셈이다. 그러나 이렇게 늦은 결혼을 부추기는 삶의 방식은 많은 사람들에게 비현실적이다. 특히 결혼 전에는 순결을 지켜야 한다고 굳게 믿는 기독교인이라면 더더욱 그렇다. 그렇다고 모든 사람이 20세가 되기 전에 결혼해야 한다고 말하는 것은 아니다. 다만 우리가 젊은이들에게 제시하는 길이 정말 합당한 것인지 분명히 생각해보아야 한다는 말이다.

우리의 조사 결과 드러난 또 한 가지 우려는, 몇몇 기독교 공동체가 절제를 가르칠 때 결혼 전 순결을 지키는 것을 지극히 개

청년들은 왜 교회를 떠나는가

인적인 유익에 국한시킨다는 것이다. 다음 세대에게 성적 순결을 강조하는 사람들의 동기를 의심하는 것은 아니지만, 그들이 사용하는 방법이 개인주의의 영향을 받은 것이라는 데 문제가 있다. "결혼 전에 순결을 지켜야만 한 사람과 멋진 섹스를 할 수 있다. 하나님께서 주신 성관계는 정말 황홀한 것이다. 성병을 조심하고 원치 않는 임신을 피해야 한다. 미래를 생각해서 말이다." 이러한 절제를 요구하는 메시지는 아무리 좋은 의도에서 나왔더라도, '성은 내 문제'라는 개인주의적 메시지를 전하는 것이 사실이다.

우리가 전통주의와 개인주의 사이에 있는 바람에 정작 성에 대한 더 깊은 이야기, 더 진실된 담론을 놓치고 있는 것은 아닐까? 로렌 위너는 그녀의 훌륭한 책 《순결에 대한 솔직한 이야기》(*Real Sex*, 평민사)에서 자신이 젊은 시절 그리스도를 믿게 되면서 겪은 엄청난 경험에 대해 이야기하고 있다.

내가 이 책을 쓴 것은 성에 대한 기독교의 전통적인 가르침에 도전하기 위해서가 아니다. 오히려 사람들이 그 가르침을 실천하도록 도우려면, 현재 교회가 전형적으로 사용하고 있는 방법을 바꿔야 한다고 도전하고 싶다. 지금까지 나는 독신, 순결, 혼전 순결에 대한 수많은 책을 읽고 강의도 수없이 들었지만, 현실과 동떨어진다는 느낌을 많이 받았다. 매우 고지식하게 느껴졌다. 대학을 졸업하고 바람직하게 결혼한 사람들에게나 해당되는 내용에, 신학적으로도 깊이가 없어 보였다. 무엇보다 정직하지 않은 것 같았다. 순결을 너무 쉽게 말하고 있기 때문이다. 순결이 즉각적인 보상을 받는다고 말하며, 아주 달콤하게 분명히 그럴 거라고 한다. … 우리가 사람들에게 혼전 순결을 지키라고 말하면서 제시하는 방법들은 실제 상황에서는 절대 우리 희망대로 통하지 않는다.[8]

성에 대한 우리의 말과 행동이 달라서 다음 세대의 마음에 혼란이 일어난 것으로 보인다.

관계적 접근이
필요하다

여기서 내 목표는 성 윤리의 완벽한 틀을 잡거나 모든 질문에 답하는 것이 아니다. 그 대신 성에 대한 성경적 담론을, 관계적으로 사고하는 다음 세대에게 전하고 싶다. 사실 이 번 장을 쓰는 내내 하나님께서 내 마음을 무겁게 하셨다. 그래서 이 장을 쓰는 동안은 아는 게 많은 연구자가 아닌 깨어진 영혼으로 임하고 있다.

성에 대해 좀 더 깊고, 총체적이고, 그리스도 중심적인 접근을 하려면 새로운 마음이 필요하다. 전통주의나 개인주의로는 안 된다. 둘 다 성경적이지 않다. 모두 이 사실을 감지하고 있다. 그렇다면 우리가 할 수 있는 일은 무엇인가? 우리는 성에 대한 '관계적'(relational) 담론을 재발견해야 한다.

섹스는 자신을 내어주는 행위로, 자신만을 위한 것이 아니다. 섹스는 자신의 쾌락만 위한 것이 아니다. 섹스는 인간의 행위에 하나님의 창조성이 교차되는 것으로, 개인적인 정체성이나 자기 표현의 수단이 아니다. 전통주의자처럼 섹스를 금기하거나, 개인주의자처럼 개인의 문제라고 말해서는 안 된다. 섹스를 관계적 관점에서 보면, '섹스는 좋은 것이고 우리의 문제'가 된다.

우리는 매우 겸손한 태도로 성 문제에 접근해야 한다. 죄로 인해 우리와 하나님의 관계, 인간과 인간의 관계, 우리와 공동체의 관계가 파괴되었다. 예수님은 십자가 위에서 죽으심으로 죄에서 우리를 구원하셨고, 그의 영을 보내주셨고, 성경말씀을 주셨다. 이로 인해 모든 관계가 회복되었다. 그러나 성경을 읽어보면, 하나님을 믿는 사람들 중에도 온갖 종류의 성 문제가 있음을 보게 된다. 우리 모두 깨어진 영혼임을 인정할 때, 이런 문제가 일어나도 숨기지 않고 해결할 수 있다.

우리 모두의 연약함을 인정하는 한 가지 방법은, 성적 유혹이 올 때 자신에 대해 경계를 늦추지 않는 것이다. 그렇다면 우리는 어떻게 하면 형식적인 율법주의자가 되지 않고도 유혹을 피하도록 도울 수 있을까? 그것은 성에 대한 인식이나 행위가 공동체에 미치는 영향을 이해할 때 가능하다.

모자이크 세대는 관계를 통해 자신의 정체성을 인식한다. 그들은 때로 자아도취적이고 개인주의 문화에 흠뻑 젖어 있지만, 관계를 맺는 데는 탁월한 능력이 있다. 그래서 나는 이 세대가 성에 대한 성경적 접근을 받아들일 준비가 되어 있다고 확신한다. 다음 세대는 새로운 성적 담론(관계적 담론)을 받아들이기에 무척 유리한 조건에 있다는 말이다. 다음 세대에게 새로운 성적 담론을 전하기 위해 다음 두 가지를 해야 한다. 성을 우리 모두의 일이자 하나님의 일로 만드는 것이다.

성에 대한 인식을 바꾸자

성적인 죄가 다른 죄보다 더 나쁜 것은 아니다. 그러나 성적인 죄는 관계에 심각한 영향을 미친다. 일전에 친구 에릭 트월스만과 '모든 죄는 하나님 보시기에 똑같다'는 주제를 놓고 대화를 했다. 에릭은 이렇게 말했다. "맞는 말이야. 예수님도 마음으로 간음한 것이나 실제로 간음한 것이 똑같다고 하셨잖아. 하지만 사회적으로 드러나는 결과는 무척 다를걸. 못 믿겠어? 그럼 자네 아내한테 물어보게나."

섹스는 모두에게 중요한 문제다. 가족, 교회, 공동체의 건강과 건전함이 섹스와 밀접하게 연결되어 있다. 그렇다고 생각하지 않는가? 아니라고 생각한다면 낙태를 한 여인을 찾아가 부모나 교회 식구들과의 관계에 그 일이 어떤 영향을 미쳤는지 물어보라. 포르노에 중독된 청년에게, 그 일로 어머니나 다른 여자들과의 관계가 얼마나 변했는지 물어보라. 미국인들은 보통 성적 욕구가 개인의 선호도 문제라고 생각한다. 그러나 사실 우리의 성적 행위나 신념은 주위 사람들에게 많은 영향을 미친다. 성에 대해 관계적으로 바라보는 것은 "성은 내 문제야"라고 말하는 개인주의자들의 견해와 완전히 상반된다. 성에 대한 관계적 관점은 "성은 내 문제가 아니야. 성은 우리 문제야"라고 말한다.

성은 우리의 문제이기 때문에 우리는 성에 대해 대화를 해야

청년들은 왜 교회를 떠나는가

한다. 교회가 전통주의로부터 받은 나쁜 영향 한 가지는 섹스나 성에 대해 공개적으로 말하기를 꺼린다는 것이다. 성경이 저속한 대화를 금하는 것은 분명하다. 그러나 전통주의자들은 성에 대한 대화가 모두 저속하다고 주장한다. 우리는 교회 공동체 안에서 성에 대해 마음껏 이야기할 수 있는 분위기를 만들어야 한다. 성이 갖는 힘과 아름다움뿐 아니라 어두운 측면까지 모든 실체를 이야기할 수 있어야 한다. 교회가 입을 다물어도 모자이크 세대는 어떻게든 자신들이 알고 싶은 것을 알아내고, 같은 질문을 가진 사람들과 연결될 것이다. 그들은 손가락만 몇 번 두드려도 온 세계를 가질 수 있다! 기독교 공동체가 성에 대해 이야기하기를 주저한다면 다음 세대를 제자 삼을 수 있는 기회를 잃는 것이다. 비밀이 없는 투명한 관계, 신뢰할 만한 관계, 그리스도 중심적인 관계, 우리는 다음 세대와 이런 관계를 맺어 그들을 제자 삼을 수 있어야 한다. 따라서 우리는 다음 세대와 나누는 성에 대한 솔직한 대화를 통해 그들이 사려 깊고 균형 잡힌 성 윤리를 함양할 수 있도록 도와야 한다. "섹스는 더러운 거야. 사랑하는 사람을 위해 순결을 지켜야 해"라는 식의 가르침으로는 부족하다.

이런 대화를 하려면 때로 용기도 내야 하고, 지나치게 진지하게만 흐르지 않도록 조심해야 한다. 진지하고 조용한 대화도 필요하지만, 때로는 가볍게, 재미있게도 할 수 있어야 한다. 우리와 다음 세대가 더 풍성한 관계를 맺는 것이 가장 중요하기 때문이다.

'성에 대한 인식'을 바꾸려는 대형 집회 등은 다시 생각해봐야 한다. 우리 조사 결과를 보면, 행사나 집회는 지속적인 변화를 이끌어내지 못하는 것으로 나타났다. 대규모 집회를 주최하지 말자거나 대규모 집회에서 복음을 선포하는 것이 효과가 없다는 말이 아니다. 이런 방식도 분명 성경적이다. 그러나 헌신을 다짐하거나 손을 든 학생들의 숫자만으로 영향력을 평가하고 있다면, 진정으로 제자 사역에 헌신하고 있는 것인지 의심해봐야 한다.

마지막으로, 우리 자신도 성에 대해 편하게 말하고 우리 문제로 받아들여야 한다. 나는 안 그런 척, 원칙을 철저히 지키는 사람인 척하며 자신을 속이고 있을 것이다. 나에게는 관대하면서 다른 사람에게는 높은 기준을 적용하는 것은 위선이다. 앞에서 만나본 맥스가 "요즘 애들은"이라고 말했을 때, 그 말에는 이중 잣대를 휘두르고 싶은 마음이 숨어 있다. 다음 세대에게 정직과 사랑의 마음으로 대하기를 바란다. 성에 대한 성경적이고 관계적인 담론에 충족되지 않는 사람일지라도 사랑과 존경과 자비를 거두지 않기를 바란다. 교회 지도자들은 훈계를 해야 할 때가 있는데, 그때도 사랑의 마음으로 해야 한다. 하나님께서 우리에게 자비를 보여주셨으니 말이다! 전통주의자들은 자신들의 기준을 따르지 않는 사람을 이방인 취급했고, 개인주의자들은 자신들의 기준에 따르지 않는 사람들을 고상한 척하는 사람으로 대했음을 기억하라. 이제 새로운 길을 따르는 우리는 어느 누구도 배제하지 않는 마음으로 임해야 한다.

청년들은 왜 교회를 떠나는가

다음 몇 가지 주제를 가지고 이야기를 나누어보자.

- **결혼**: 성경은 인간을 위해 하나님께서 보여주신 희생적인 사랑(그리스도의 십자가에서 궁극적으로 드러난)을 표현하는 도구로서 결혼이라는 비유를 사용한다. 반대로 오늘날 우리의 결혼 생활은 교회 안이든 밖이든, 자기중심적이다. 어떻게 해야 다음 세대들에게 결혼과 성이 갖는 희생적이고 성스러운 특성을 회복시킬 수 있을까? 어떻게 해야 결혼을 개인이 아닌 공동체적 언약으로 다시 선포할 수 있을까?

- **성별**: 성에 대한 관계적 담론에서, 여성은 하나님께서 주신 최고의 동역자가 되어야 할 책임이 있다. 그들은 걸어다니는 자궁(전통주의자)도 아니고 걸어다니는 음부(개인주의자)도 아니다. 교회 안에서 젊은 여성들이 자신을 그리스도를 따르는 존귀한 자로 인식하게 하려면 어떻게 해야 할까? 어떻게 해야 젊은 남성들이 강하고 열정적인 하나님의 종으로 세워질 수 있을까?

- **성적 취향**: 기독교인이든 아니든, 청년들은 성인들에 비해 동성애자, 양성애자, 트렌스젠더를 더 수용하는 경향이 있다. 개인적으로는 이 흐름이 긍정적이라고 보지는 않지만, 다음 세대와 성 윤리에 대해 대화를 나누려면 이런 민감한 부분도 무시해서는 안 된다(《나쁜 그리스도인》 "동성애" 편에서 이 주제에 대한 여론조사 결과와 내 견해를 밝혔다). 어떻게 하면 다음 세대와 의견을 달리하는 분야

에서도 우리의 관계적 담론을 포기하지 않으면서 의미 있는 대화를 나눌 수 있을까?

- **피임과 출산**: 7장에서 콜린은 대학 등록금을 마련하기 위해 난자를 기증해야 할지를 고민했다. 성을 관계적 측면에서 바라볼 때, 출산과 피임은 자아와 공동체의 문제다. 어떻게 해야 다음 세대가 출산을 공동체적이고 관계적인 관점으로 보게 될까?

이것이 우리가 신앙 공동체 안에서 다뤄야 할 문제의 전부는 아니지만 대표적인 것들이기는 하다.

하나님의 일로 만들자

전통주의자들이나 개인주의자들 모두 행동을 이끌어내기 위해 하나님을 들먹인다. 이들 모두 하나님의 요구에 응답하거나 하나님과의 유대감을 강화하는 것에는 관심이 없다. 전통주의자들은 하나님의 심판으로 위협하고, 개인주의자들은 하나님의 축복을 약속한다. 성을 관계적으로 보면, 성에 대해 어떤 행동을 취하느냐는 하나님과 맺게 되는 총체적이고, 통합적이고, 온전히 회복된 삶에 비하면 아무것도 아니다. 성은 관계적으로 볼 때 '하나님의 일'이다. 생명 자체가 하나님의 일이기 때문이다.

기독교인들은 대체로 자신들의 신앙은 그리스도와의 관계이며 엄격한 의무 사항은 아니라고 말할 것이다. 지켜야 할 의무라면 그것은 '종교'다. 성에 대한 우리의 접근도 이와 같아야 한다.

청년들은 왜 교회를 떠나는가

성을 다루는 목적도 우리와 다른 사람과의 관계 그리고 우리와 그리스도와의 관계여야 한다. 전통주의자들의 규칙은 사람들을 '같은 편'이냐 '아니냐'로 나누었지만, 우리가 제시하는 규칙은 서로 간의 관계를 풍성하게 하는 데 일조해야 한다. 자신의 삶만 풍성하게 하고, 자신의 유익만 넘치게 하는 규칙은 경계해야 한다. "간음하지 말라"와 같은 성경적 규칙도 당연히 필요하다. 그러나 그 목적 또한 성적으로 억압하기 위함이 아니요 관계를 풍성하게 하기 위함임을 잊지 말자.

칩 잉그램 목사의 제자 훈련 사역(Living on the Edge)을 도와 실행한 여론조사 결과를 보면, 젊은 기독교인들은 기성세대 기독교인들에 비해 규칙을 중시하는 경향이 약하다는 점이 확연히 드러났다. 나이가 들수록 사람들이 더 규칙 중심이 되는 것은 맞다. 그러나 이 조사에서 드러난 세대 간의 격차는 너무나 컸다. 이 극심한 차이를 보면서, 규칙을 바라보는 다음 세대의 관점이 완전히 바뀌었음을 알 수 있었다. 이것을 긍정적으로 해석하면, 젊은 기독교인들은 은혜를 위해 준비되었다고 볼 수 있다.[9] 또 성을 하나님의 일로 만드는 데도 좋은 소식이다. 왜냐하면 모든 것이 엉망이 되어 절실히 회복을 기다리고 있다는 말이기 때문이다.

자신의 성적 욕구와 거룩한 열망 사이에서 갈등하며 분열된 자아를 가지고 살아가는 기독 청년들은 건강하게 회복되어야 한다. 유진 피터슨은 《메시지》(The Message, 복있는사람)에서 이에 대해 멋지게 표현하고 있다. "누군가가 죄에 빠지거든 너그러

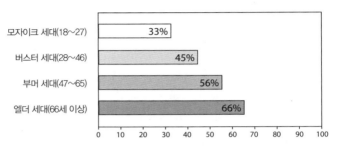

은혜의 세대?

질문 내용: "영적 성숙이란 성경에 나오는 규칙들을 열심히 지키려고 애쓰는 것을 의미한다" 라는 말에 동의합니까?

모자이크 세대(18~27) 33%
버스터 세대(28~46) 45%
부머 세대(47~65) 56%
엘더 세대(66세 이상) 66%

Living on the Edge에서의 결과, 바나 그룹(2008년), 1,005명 대상

운 마음으로 그를 바로잡아 주고, 여러분 자신을 위해 비판의 말을 아끼십시오. 여러분도 하루가 가기 전에 용서가 필요하게 될지 모르기 때문입니다."(갈 6:1) 성을 하나님의 일로 만들 때, 삶과 가족과 공동체를 회복하기 위해 우리에게 필요한 은혜를 하나님께서 주실 것이다.

하나님은 또한 문제가 시작되기 전에 미리 피하게 하심으로 우리의 삶과 가족과 공동체가 서로 연결되어 성장하도록 도우실 것이다. 우리 조사에 의하면, 자녀들, 특히 여자 아이들의 성에 대한 인식은 아버지에게 많은 영향을 받는 것으로 드러났다. 우리는 자녀가 성에 대해 건전한 사고를 갖도록 부모를 격려하고 그들에게 필요한 도구를 제공하고 있는가? 편부모 가정이나 다문화 가정의 아이들이 성적으로 건강한 인식을 가질 수 있도록 돕고 있는가?

청년들은 왜 교회를 떠나는가

성을 하나님의 일로 만드는 것은 우리의 성 윤리가 성경에 계시된 하나님의 말씀에 근거하고 있음을 의미한다. 그러나 말처럼 그렇게 쉬운 문제가 아니다. 고등학교 시절, 교회 친구 한 명이 성관계를 했을 때, 나는 집으로 달려가 그의 행동을 명백히 정죄하는 성경구절을 열심히 찾아보았다. 그런데 생각했던 것보다 어려웠다. 교회 학교에서 배운 내용과 달리 훨씬 복잡하고 어려웠다. 성경이 말하는 성 윤리는 내가 기대한 것보다 훨씬 더 복잡 미묘했다.

우리는 다음 세대에게 성경은 모든 성적인 문제에 대해 명백하게 말하고 있지 않다는 사실을 말해야 한다. 그리고 함께 성경말씀을 찾고, 그 말씀을 시험해보고, 역사적·문화적·문학적 맥락에서 그것이 의미하는 바가 무엇인지 증명해보아야 한다.

또한 우리는 다음 세대에게 성경말씀대로 사는 모습을 보여주어야 한다. 하나님의 말씀이 의미하는 바를 분명히 깨달았다면 우리가 먼저 삶 속에서 그대로 실천해야 한다.

또 한 번의 기회를 얻은 사람들

시카고를 여행하다 20대 초반의 여학생 아만다를 만났다. 그녀는 10대 때 몇 차례 낙태를 경험했다. 이 일로 인해 그녀는 자신뿐 아니라 어머니에게도 큰 상처를 주었다고 했다. "엄마는 임신한 10대 친구들을 언제든 집에 데려올 수 있게 해주셨어요. 이 세상에서 그들의 마음을 가장 잘 이해하는 사람이 있다면 그 사람은 바로 우리 엄마일 거예요."

이제 20대가 된 아만다는 자신의 경험을 선하게 사용하려고 노력하는 중이다. 그녀는 10대 임산부들이 낙태하지 않도록 애쓰고 있으며, 네 명이나 설득하는 데 성공했다. 지금까지도 자신을 후회에 떨게 만드는 그 선택을 다른 소녀들이 하지 않도록 아만다는 앞으로도 계속 도울 참이다.

동시에 아만다는 두 번째 기회가 있다고 강하게 믿고 있다. "낙태를 한 친구가 있어요. 아이를 낳아 입양을 보내라고 열심히 설득했지만 그렇게 하지 않았죠. 정말 가슴 아픈 일이에요. 많은 신앙인 친구들이 낙태를 한 친구와 관계를 끊으라고 말했지만, 전 그럴 수 없었어요. 저는 여전히 그 친구를 좋아해요. 제 친구인걸요. 그 친구를 믿어요. 하나님께서 그 친구의 삶 속에서 어떤 일을 행하시리라 믿어요."

이런 이야기를 들으면 다음 세대에게 거는 내 기대가 그리 틀리지 않았다는 확신을 갖게 된다. 그들은 완벽하지는 않지만 은혜를 베풀 줄 안다. 이렇게 극도로 관계 중심적인 다음 세대가 지금, 인간관계의 가장 궁극적인 표현 중 하나인 섹스에 대한 의미를 찾고 있다. 그들은 자신들의 이야기를 나누길 원한다. 때로는 그 방식이 퉁명스럽고, 불손하고, 또 잔인하기까지 하다. 사생활이 없는 것처럼 모든 것이 연결되어 있는 세상에서, 무모하게도 몇 번의 클릭으로 아무에게나 모든 이야기를 하려는 위험을 무릅쓰고 있다.

그러나 내 친구 마이크 포스터가 지적했듯이, 긍정적인 측면도 있다. 마이크는 '두 번째 기회를 얻은 사람들'(People of the Second Chance)의 창설자인데, 그는 다음 세대를 완전히 새로운 시각으로 바라보고 있다. "이 세대 수많은 젊은이들이 채워지지 않는 기대와 싸우고 있어. 인생이란 아메리칸 드림과는 다르거든. 우리의 기대를 완전히 벗어난 이 세대를 향해 하나님께서 무엇을 행하실지 정말 기대되지 않나?"

그들은 완전히 새로운 성 혁명을 시작할 수 있을 것이다.

09

배타적인
문화

떠나는 이유: "마치 한 대 얻어맞은 기분이었어요. 무척 슬프고 외로운 밤이었지요. 집으로 오면서 이런 생각을 했어요. '믿지 않는 친구들이었다면 내게 이렇게 하지는 않았을 텐데.'" _사라

믿음의 회복: "공감을 하게 되면, 상처 입은 사람을 향한 예수님의 사랑을 깨닫게 되고, 상대방의 입장에서 그 상황을 보게 돼요. 공감은 나 자신을 겸손히 내려놓고, 나보다 다른 사람의 필요와 감정을 앞세우는 거예요." _테일러

고등학교 졸업 후 사라는 위니펙으로 이사를 갔고, 한 식당에서 일하게 되었다. 사라는 그곳에서 마음 따뜻한 친구들을 만났는

데, 우연찮게 아무도 신앙이 없었다. 게다가 사라가 교제하게 된 스티브는, 가톨릭 집안에서 자랐지만 지금은 신앙생활을 하고 있지 않았다. 다음 해 여름, 사라는 고등학교 때 참여했던 선교 캠프에서 일할 기회를 얻었다. 가슴이 설레었다. 그곳에서 보낸 여름은 그녀 인생에서 매우 의미 있는, 하나님과 동행했던 시간 이었기에 다시 돌아갈 생각을 하니 흥분이 되었다.

사라와 스티브는 서로의 사랑을 확신했기에 여름 동안 떨어 져 있는 것에 동의했다. 그들은 매일 편지도 쓰고 대화도 하면서 관계가 점점 더 깊어졌다. 그런데 캠프 책임자의 아내는 사라가 비기독교인과 교제하는 것을 알고 난 후, 사라를 그녀의 '목표물' 로 삼았다. 사라는 이렇게 말한다. "그녀는 아침 모임에서도 점 심 모임에서도, 오직 나와 스티브를 헤어지게 하려는 목적으로 나를 설득했어요. 심지어는 성적으로 문란했다가 회개한 사람 에게 저를 보내기도 했어요." 이러한 무차별적 공격으로 사라와 스티브의 관계는 큰 타격을 입었고, 몇 주 후 둘은 헤어졌다.

사라는 이렇게 회상한다. "스티브는 내가 신앙을 버리기를 원 하지 않았어요. 하지만 자신도 변하지 않으리란 걸 알았던 거죠. 우리 둘 다 주위 사람들에게 떠밀려 헤어지는 게 최선이라고 생 각했어요. 캠프 책임자의 부인은 아주 의기양양했어요. 그녀에 게는 말 그대로 기도응답이었으니까요. 나중에 안 사실이지만 내 문제로 모두들 모인 적이 있더군요. 정말 힘든 시간이었어요. 아무리 나 자신에게 '이게 최선이었다'라고 말해보아도, 감정적 으로는 정리가 되지 않았어요."

다음 주말, 사라와 스티브가 얼굴을 마주했을 때, 둘은 비록 종교가 다르고 종교 때문에 사라가 압박을 받는 상황이더라도 계속 관계를 유지하고 싶어 한다는 서로의 마음을 확인했다. 그 후로 둘은 7년 넘게 만남을 유지하고 있다.

그런데 사라가 캠프로 다시 돌아온 날이 그녀에게는 캠프에서의 마지막 날이 되었다. 그녀는 이렇게 회상한다. "그날 밤 아이들이 다 잠자리에 든 후, 저는 책임자의 방으로 불려갔어요. 그분은 제가 스티브와 계속 만나기로 한 것이 캠프에 '영적 장애물'이 된다고 하더군요. 그래서 전 짐을 싸서 다음 날 첫차로 떠나야 했어요. 아무한테도 알리지 말라고 하더군요. 내가 떠나고 싶어 했다고 대신 말해준다고 했어요. 저는 그곳을 떠날 수밖에 없었어요. 마치 한 대 얻어맞은 기분이었어요. 무척 슬프고 외로운 밤이었지요. 집으로 오면서 이런 생각을 했어요. '믿지 않는 친구들이었다면 내게 이렇게 하지는 않았을 텐데.'"

관대함이 없는
사람들

사라의 이야기는 청년들 사이에 가장 널리 퍼져 있는 인식 중 한 면을 보여준다. 바로 교회는 배타적이라는 인식이다. 많은 다음 세대들이 기독교는 편을 가르는 사고방식을 갖고 있다고 생각한다. 자신들의 기준에 맞지 않는 사람들에게는 늘 문을 닫을 준비를 하고 있다고 여긴다. 이것은 모자이크 세대의 가치 평가 기준과 전혀 맞지 않는다. 모자이크 세대는 관용을 가장 중시한다. 포괄성, 다양성, 정치적 공정함(차별적 표현을 하지 않는 것)이 이 세대를 구성하는 이상들이다. 이러한 이상은 무엇보다 중요하다. 많은 젊은이들의 경험이나 우정을 규정하는 것은 다문화주의다. 우리는 이 현실이 좋든 싫든 세대적인 현실과 씨름해야 하고, 복음을 위해 그들과 좋은 관계를 맺길 원한다면 이 현실을 이해해야 한다.

'민족성'의 경우를 보자. 1960년대 베이비부머들이 어른이 되었을 때 18세부터 29세까지의 인구 통계를 보면, 5분의 4 이상이 백인이다.[1] 지금은 백인이 절반 조금 넘는다. '신앙'을 보자. 1960년대에는 청년의 10분의 9 이상이 자신을 기독교인이라고 말했으나 지금은 62퍼센트로 줄었다. '가족 구성'을 보자. 1960년대에는 미혼모 출산율이 20분의 1(5%)에 불과했지만, 지금은 42퍼센트에 육박한다. 지금 젊은이들은 그들의 부모 세대에 비해 인종적으로, 종교적으로, 관계적으로 매우 다양한 상황에 놓여 있다.

게다가 1960년대에는 없던 남녀평등, 성적 개방, 동성애자 그룹의 등장과 같은 새로운 문화가 나타났다. 지금은 평등주의, 과도한 성생활, 동성애자와 이성애자를 구분하는 경향이 문화의 일부가 되었다. 20대들은 대체로 동성애자, 양성애자, 트랜스젠더 들의 목소리에도 귀를 기울여야 한다고 생각한다.

그리고 이것은 시작에 불과하다. 모자이크 세대는 예전 세대에 비해 세계적으로 연결되어 있다. 접근성이 좋아짐으로써 모자이크 세대들은 현저한 빈부격차를 눈으로 직접 보고 있다. 부모덕에 마음껏 누리고 자란 젊은이들도 사회적·경제적 불평등에 대해 분명하게 인식하고 있다.

딸 애니카의 농구 시합을 관람하러 갔다가 체육관 벽에 걸린 큰 현수막을 보게 되었다. 학생들이 만든 것인데, 독립선언문을 그대로 흉내내고 있었다. 기껏해야 10대 초반의 학생들이 이렇게 선포하고 있었다. "인종, 종교, 돈 때문에 괴롭힘을 당하는 사람을 위해 일어서자!" 괴롭힘을 반대하는 데는 나도 전적으로 동의한다. 모든 세대가 그렇지 않을까? 그런데 내가 놀란 것은 그들이 독립선언문의 형식을 빌려 현수막을 만들었다는 점이다. 미국의 젊은 세대들에게 위협과 편협함은 외세의 압제와 맞먹는 것일까? 설령 그렇지는 않더라도, 관용을 선호하는 그들의 태도는 다음의 네 가지 방식으로 교회에 중요한 도전이 된다.

1. 동의 vs 이의

'오프 더 맵'(Off the Map)의 창설자 짐 헨더슨은 18세부터 29세까지 젊은이들을 "위대한 동의의 세대"라고 묘사했다. 젊은이들은 갈등을 일으킬 수 있는 차이점을 강조하기보다는 공통점을 찾는 것을 더 좋아하기 때문이라고 한다. 그들은 함께할 수 있는 방법을 모색한다. 예를 들어, 오바마 대통령에 대한 당신의 의견이 어떠하든 간에 그가 모자이크 세대의 마음을 끈 것은 부인할 수 없다. 통합과 공동체를 강조하는 그의 정책이 젊은 세대에게 먹힌 것이다.

교회 역사에서 기독교인들은 늘 분파를 만들려는 속성을 보여왔다. 우리는 교회가 갈라설 수밖에 없었던 수많은 사건들에 대해 하루 종일이라도 말할 수 있을 것이다. 하지만 모자이크 세대는 예전 세대에 비해 분리를 선택하지 않을 거라는 점이다. "타협은 없다!"라고 외치던 서구 교회의 슬로건은 다음 세대에게 통하지 않는다. 그들에게는 협상과 협동이 중요하기 때문이다. 통합을 향한 강박적인 충동이 모자이크 세대의 은사임을 교회는 알아야 한다.

2. 연대 책임 vs 개인 책임

젊은이들은 동료를 자신의 도덕적이고 영적인 나침반이라고 생각한다. 그들은 도덕관을 세울 때, 동료들에게 공평해 보이고, 충직해 보이고, 받아들여질 만한지를 따진다. 이런 동료 중심성은 다른 세대들에게 많은 도전이 된다. 예를 들어, 직장을 다니는 많은 젊은이들이 회사 물건이나 부대시설을 자신의 친구에게 주면서 양심의 가책을 느끼지 않는다. 물론 이전 세대들도 동료를 위해 호의를 베풀기는 했다. 그러나 지금은 동료에 대한 충성도는 강화되는 반면, 제도적인 충성심은 흔들리고 있다.

서구 교회에 속한 우리는 공동체보다 개인을 중시하는 경향이 있다. 진리를 부인하는 세상을 향해 교회가 어떤 책임을 져야 하는지보다 개인의 책임이 어디까지인지를 강조해왔다. 요즘 젊은이들이 세상과 관계 맺는 방법과는 완전히 상반된다. 물론 교회가 개인적 도덕성에 대해 계속해서 진리를 말하는 것은 중요하다. 그러나 다음 세대는 기독교 공동체가 서로에 대해, 그리고

청년들은 왜 교회를 떠나는가

세상에 대해 어떤 책임을 져야 하는지 말하기를 원한다. 그리스도인들은 공동체에 속해 있다. 우리의 다음 세대가 이것이 의미하는 바를 우리에게 가르쳐줄 것이다.

3. 공정함 vs 올바름

다음 세대의 또 다른 특징 하나는 올바름보다는 공정함을 강조한다는 것이다. 10대들과 20대들은 자신들의 선택이 옳고 그른지를 판단할 때, 그것이 얼마나 공정하고, 합리적이고, 접근성이 있는지를 보려고 한다. 음악 산업에 종사하는 사람들에게 물어보라. 전통적인 형태의 음악 시장이 무너진 가장 큰 요인 중 하나는 젊은이들이 음악 분배 시스템이 불공평하다고 집단적으로 믿었기 때문이다. 그들의 사고방식으로는 소비자가 한 곡만 듣기 원하는데 전체 앨범 값을 내는 것은 불공평하다. 음악 업계 종사자들에게는 불행한 일이지만, 젊은 소비자들은 기존 체계에 그저 순응하려 하지 않았다. 디지털 기기의 발달로 앨범 구입이 필요 없게 되자, 젊은 음악 애호가들은 각자가 갖고 있는 노래를 서로 공유하기 시작했다. 그렇게 하는 것이 불법인데도 말이다.

디지털 저작권 침해는 옳지 않지만, 음악을 공유하는 것은 공정해 보인다. 많은 젊은이들이 외부에서 정하는 옳고 그름의 기준이 아닌, 공정한지 아닌지를 기준으로 자신들의 도덕 기준을 재규정하고 있다. 불변하는 하나님의 도덕적 기준이라는 깃발을 휘날리는 교회가 이 같은 변화에 어떻게 대처할 수 있을까?

4. 참여 vs 배제

동료 간의 수용과 동의를 강조하는 젊은이들의 특성을 생각할 때, 대부분의 젊은이들이 의사 결정 과정에서 배제되는 것을 가장 못 견뎌 하는 것은 하나도 놀라운 일이 아니다. 그들은 배제되는 것을 무엇보다 싫어하고, 참여하기를 원한다. 이 기대는 쌍방향 정보 교환과 모든 사람에게 15분간의 유명세를 약속하는 수많은 '리얼리티' 오락들에 의해 주도된다. 그러나 그들이 참여를 중시하는 가장 주된 이유는, '모든 사람이 속할 권리가 있다'는 것이 그들에게 가장 기본적인 신념이기 때문이다. 어떤 이유에서든 아무도 배제되어서는 안 된다.

교회는 소속을 위한 전제 조건을 내세우는 경향이 있다. 즉, 신앙고백에 동의하지 않으면 '우리 일원'이 아니라고 생각한다. 그러나 젊은이들은 모두가 소속되었다는 기본 전제에서 시작하기 때문에 자기들끼리만 똘똘 뭉쳐 있는 것처럼 보이는 교회 공동체를 이해하기 힘들다.

기독교의
배타성

얼마 전 나는 사라에게 메일을 보내 지금은 교회와 기독교에 대해 어떻게 생각하고 있는지 물어보았다. 캠프에서 힘든 경험을 한 지도 꽤 시간이 흘렀기 때문이었다. 그녀는 이렇게 답장을 보내왔다.

"오랫동안 교회에 나가지 않았어요. 친한 친구들을 두고, 잘 알지도 못하고 통하지도 않는 사람들과 주일마다 새로운 관계를 맺으려고 애쓰는 게 말이 안 되는 거 같아서요. 지금 있는 친구들로부터 충분히 사랑받고, 지지받고, 도전받고 있거든요. 뭐가 더 필요하겠어요? 이제 다시는 종교가 같다는 이유로 친구를 사귀지는 않을 거예요. 사귄 친구가 우연히 기독교인이라면 괜찮지만요. 앞으로는 진정한 즐거움을 키워갈 수 있는 만남에만 힘을 쏟으려고 해요. 그렇게 해보니까 훨씬 좋은 것 같아요. 그렇다고 하나님을 믿는 제 신앙이 변할 거라고는 생각하지 않아요. 하나님의 임재를 경험하는 깊은 체험이 있었거든요. 의심이 들 때마다 그 순간을 떠올리면, 하나님께서 살아 계심을 다시 믿게 돼요. 하나님은 언제나 제 삶에 계실 거예요. 하지만 교회는 그럴 것 같지 않네요."

사라의 이야기를 하면서, 그 캠프 담당자의 결정이 성경적으로 옳은 것이냐 아니냐를 따지려는 것은 아니다. 대신에 관계적 기반 없이 율법만 적용한 배타성은 쓰라린 아픔만 남긴다는 사실을 말하고 싶다. 어느 세대든 공동체에서 배척당하는 것은 감당하기 힘든 일이다. 특히 오늘날 젊은이들에게는 더더욱 그렇다. 무엇보다 관계를 중시하는 세대이기 때문이다.

앞서 살펴보았듯이, 젊은 기독교인들은 이전 세대들에 비해 신학적·종교적으로 훨씬 폭넓은 견해들에 노출되어 있다. 이전 어느 세대보다도 비기독교인 친구들과 더 많이 교제하며, 부모 세대보다 성 정체성이 다양한 친구들과 관계를 맺고 있다.

이 모든 관계에 우호적인 젊은이들과는 반대로, 교회는 이 모

배타적이다

기독교 배경을 가진 18~29세 젊은이들의 응답

	매우 그렇다	거의 그렇다
교회는 동성애자를 용납하지 않는다	19%	38%
기독교인들은 다른 신앙을 두려워한다	13%	29%
신앙과 친구 사이에서 선택을 강요받고 있다고 느낀다	12%	29%
교회는 현실적인 세상의 문제들을 무시한다	9%	22%
교회는 자기들끼리만 어울리는 컨트리클럽 같다	8%	22%
교회 사람들에게 한 번도 용납된 적이 없다	6%	14%

바나 그룹(2011년), 1,296명 대상

든 것에 반대하는 것 같다. 오늘날 교회는, 세상과 관계에 대해 예전과는 완전히 다른 가치관을 가진 사회 한복판에 서 있다. 많은 기독 청년들, 특히 포로 유형에 속하는 젊은이들이 "친구냐 신앙이냐 사이에서 선택을 강요당하고 있다"고 느끼는 것으로 나타났다. 다른 말로 하면, 많은 기독 청년들과 한때 기독교인이 었던 사람들이, 친구에게 충실할 것인지 신앙에 충실할 것인지 에 대한 선택을 교회가 그들에게 강요한다고 느낀다는 것이다.

우리가 조사한 바에 따르면, 교회는 동성애자를 용납하지 않 는다는 일반적인 인식을 확인해주는 응답들이 꽤 많았다. 또 기 독교인들은 다른 종교인들의 신앙을 두려워한다는 것도 확인되 었다.

기독교가 배타적이라고 인식되는 데는 이유가 있다. 기독교 신앙의 핵심에는 하나님께서 예수님으로 이 땅에 오신 것은 그 무엇과도 비교할 수 없는 독특한 사건이자 더 이상 반복되지 않는 유일한 사건이라는 믿음이 있다. 예수님 자신도 제자들에게 이렇게 말씀하셨다. "내가 곧 길이요 진리요 생명이니 나로 말미암지 않고는 아버지께로 올 자가 없느니라"(요 14:6).

하지만 예수님만이 아버지께로 가는 유일한 길이라는 이 주장에 대해 다음 세대는 어떻게 생각할까? 그들은 구원의 필수성에 대해 어떻게 믿고 있을까? 그리고 다른 사람들에게 전할 자신만의 신앙고백이 있을까? 전체 그림을 보면, 18세부터 29세까지 젊은이들은 하나님께로 가는 길을 여러 갈래라고 주장하는 종교 다원주의를 받아들일 확률이 이전 세대들에 비해 커 보인다. 즉, 그들은 대부분의 종교 혹은 모든 종교가 본질적으로 같은 영적 진리를 가르치고 있다고 믿을 확률이 높다.

우리 조사에서 젊은 유목민 유형과 탕자 유형은, 배타성을 기독교의 가장 안 좋은 점이라고 인식하고 있었다. 일례로, 남성잡지《GQ》의 필자인 존 설리번은 "그 빌어먹을 배타성" 때문에 그리스도를 믿는 자신의 신앙을 재고하게 되었다고 말한다. 그러나 포로 유형이나 믿음이 신실한 청년들은 부모나 조부모 세대와 마찬가지로 그리스도의 배타성을 그대로 믿고 있다. 예를 들어 "예수님을 구주로 영접하지 않아도 의미 있는 삶을 살 수 있다. 그리스도인이나 무슬림은 같은 하나님을 섬긴다. 성경, 코란, 몰몬경은 같은 영적 진리를 다르게 표현한 것이다. 모든 종교는 같은 진리를 가르치고 있기 때문에 어떤 종교를 믿든 상관 없다"고 말하며 믿음을 거부하는 데는 젊은 세대나 기성세대나 차이가 없었다.

기독 청년 대부분은 이런 문제들에 대해 부모의 관점과 일치된 신학적 사고를 하고 있었다. 그러나 포로 유형이나 믿음이 신실한 청년들을 제외하고는 이전 세대들보다 훨씬 종교적으로 다원주의적 사고를 하는 것으로 드러났다.[2]

무엇을
실천할까?

그렇다면 젊은 기독교인과 기성세대 기독교인의 차이는 무엇인가? 바로 그들이 처한 상황이다. 청년 기독교 공동체는 과거와는 다른 환경에서 '신학을 하고' 있다. 공동체 안의 모든 사람이 역사적 신앙의 진리를 붙들고 있지는 않다. 이로 인해 젊은 기독교인들, 특히 포로 유형들은 신학과 실천에 대해 적어도 다음 세 가지 영역(전도, 교파, 타인)에서 재고하고 있다.

1. 행동이 따르는 전도를 하자

기독 청년들은 10년 전의 기독교인들에 비해 자신의 신앙을 다른 사람과 나누는 비율이 훨씬 줄었다.[3] 그들은 친구에게 기독교인이 되어야 한다고 말하기를 주저한다. 세상 문화는 특정 종교를 주장하는 것을 혐오한다. 이렇듯 신앙과 세상 문화의 간극이 너무 크다 보니 이런 부정적인 반응이 생겨난 것이다.

청년들은 왜 교회를 떠나는가

그러나 교회가 다음 세대로부터 배워야 할 점이 있다. 청년들은 삶을 통해 신앙을 전하고 싶어 하므로 전도란 행위와 분리된 것이 아니라고 믿는다. 이미 언급했지만, 이 세대는 그저 듣는 것으로 만족하지 않고 행하는 자가 되기를 원한다. 이 소망 때문에 그들은 사회 정의에 큰 관심을 보인다. 더 좋은 일인지 나쁜 일인지 모르겠지만, 많은 기독 청년들이 전도란 다른 사람을 위해 행동하는 것이라고 믿는다.

우리가 인터뷰한 케이트라는 청년의 말 속에는 이런 인식이 들어 있다. "죄와 죄인들을 끊임없이 욕하면서 교회에 나가고 싶지 않아요. 저는 교회가 죄의 결과로 고통받는 사람들을 도와야 한다고 생각해요. 물론 저도 그 일에 동참하고 싶어요. 이게 바로 예수님이 하신 일이라고 생각해요."

솔직히 말해서 나는 이 세대를 조사하고 관찰하면서 그들이 너무 '행동'에 집중을 한 나머지 예수님이 십자가 위에서 행하신 일의 의미와 동기는 잃어버린 것은 아닌지 걱정스럽다. '원인'에만 지나치게 집중하다 보면 힘이 쉽게 소진되기 때문이다. 모든 행동의 중심에 복음의 능력이 없으면 곧 지치고 말 것이다. 그리고 어른인 우리는 그리스도의 말씀과 행위 둘 다를 보여주기 위해 무엇을 해야 할지 고민하고, 다음 세대들이 믿고 따를 수 있는 건강한 모델이 되어주어야 한다.

2. 교파를 넘어서라

기성세대에 비해 젊은 세대들에게 교파란 그리 중요한 문제가 아니다. 그렇다고 오해하지는 말기 바란다. 교파는 앞으로도 계속 미국 종교의 중요한 틀이 될 것이다. 그리고 수많은 젊은이들도 자신들이 속한 특정 '교파'에 충실할 것이다. 제도는 우리의 총체적인 문화를 전달하는 매체이기 때문이다. 따라서 우리의 미래를 위해서는 이런 제도들이 적절히 혁신되는 것이 중요하다. 비슷한 맥락으로, 신학 또한 중요하기 때문에 기독교 전통마다 그렇게 신학적 견해가 다른 것이다. 차이를 존중하는 마음으로 정직하게 대화를 나누는 것이 왜 중요한지를 다음 세대가 깨달을 수 있도록 도와주어야 한다.

그러나 더 중요한 문제가 있다. 젊은이들은 교파가 그리스도인이 공유한 것을 함께 기념하기보다, 오히려 믿는 자들의 차이점을 강조하는 잘못을 범하고 있다고 생각한다. 그들은 교파별로 배타적으로 규정되는 것을 싫어한다. 많은 개신교 젊은이들이 가톨릭 청년들의 관점을 이해하고 싶어 한다. 모든 교파의 기독 청년들은 '신학적 봉건주의'를 넘어 그리스도의 왕국에서 자신들이 감당해야 할 역할을 서로 나누며 함께 가기를 원한다. 물론 다음 세대 안에 있는 반체제적인 충동이 이런 경향을 이끄는 것도 사실이지만, 여기에는 그 이상의 의미가 있다. 특히 포로유형들은 강력하게 질문한다. "예수님은 하나 됨에 대해 왜 그렇게 많은 말을 하신 걸까? 그리스도의 가르침으로 교파들의 부정적인 측면을 어떻게 상쇄시킬 수 있을까?"

특정 교단에 속한 목회자들을 대상으로 이 문제에 대해 조사를 해보았다. 이 교단에 속한 젊은 복음주의 목회자들은 나이 많은 목회자들에 비해 자신들의 교단이 내세우는 신학만이 옳다고 주장하는 배타적 태도가 훨씬 덜했다. 기성세대와 젊은 세대 간에 엄청난 격차를 보인 것이다.

교회를 조직하고 사람들을 집결시키는 데 교파는 계속해서 중요한 역할을 할 것이다. 그러나 젊은 사람들은 기독교라는 더 큰 이야기 속에 교파적 차이가 끼어드는 것을 원하지 않는다. 그들은 교파의 언덕에서 죽느냐 사느냐 하느라 정작 교회의 사명을 등한시하길 원치 않는다.

3. 타인을 사랑하라

다양성을 최고의 가치로 인정하면서 우리 인생에 반드시 그리스도가 필요하다는 신학적 믿음을 갖게 되면, '다른 사람'(교회 밖에 있는 사람, 소외된 사람)을 사랑하라는 결론을 얻게 된다. 열정적이고 선교 지향적인 마인드가 있는 포로 유형들은, 예수님이 지상 사역을 하는 동안 열심히 찾아다녔던 사람들(억압받고, 가난하고, 육체적·정신적·사회적으로 장애가 있는 사람들)을 향한 마음을 미국 교회가 잃어버렸다고 생각한다. 젊은 세대 중에서 더 비판적인 사람들은 기존 교회는 '재사용 가능한 그리스도인들'(자기 교회에만 충성하는 사람들)에게만 손을 뻗고, 외부 사람들에게는 그렇게 하지 않는다고 말한다.

캘리포니아 주 벤투라에 있는 한 개척 교회는 '하나님과 멀리 있는 사람들'에게 손을 내미는 것을 교회의 비전으로 삼고 있다. 내 친구 크리스 홀이 담임목사로 있는데, 그는 노숙자, 술 취한 사람, 중독자들과 함께한다는 이유 때문에 교단 지도자에게 비판을 받기도 했다. 꼭 예수님이 받았던 비판 같지 않은가? 그러나 크리스와 교회 식구들은 예수님이 그리스도라고 배타적으로 주장하는 것과 사람들을 교회에서 배척하는 것은 완전히 다른 것임을 알고 있다.

배타를
포용으로

내가 아는 젊은 친구 중에 루카스가 있는데, 그는 벤투라에 있는 한 커피숍에서 일한다. 유목민과 포로 유형 중간에 속하는 루카스는 최근 윤리관이 엉망인 손님을 만난 이야기를 해주었다.

"우리 가게 단골손님이었는데, 늘 가장 싼 메뉴를 선택했어요. 대개 가장 작은 사이즈의 커피를 시킨 다음 큰 컵도 하나 달라고 했지요. 그러고는 설탕과 크림이 있는 곳으로 가서 주문한 커피에 우유를 조금 넣고는, 따로 받아온 큰 컵에 우유를 가득 부었어요. 그런 후에 떠나죠.

최근에는 전세를 역전시켜야겠다는 생각이 강하게 들더군요. 대놓고 우유를 훔치는 행동이 정말 보기 싫었거든요. 그것도 도둑질 아닌가요, 맞죠? 그래서 어느 날 그 손님이 큰 컵을 달라고 또 요구하기에 제가 이렇게 말했어요. '또 우유를 따르려고 하시는 것 같은데, 우윳값도 계산하셨으면 합니다.' 그는 정말 화가 많이 난 것 같았어요. 그다음에 무슨 일이 일어났게요?" 루카스가 이야기를 잠시 멈추더니 물었다.

"무슨 일이 일어났는데?"

"손님이 엄청 화를 내면서 매니저에게 항의했어요. 제 상관 모닉이 어떻게 했는지 아세요? 제게 징계를 주었어요. 전 한참 동안 훈계를 들어야 했죠. 왜냐고요? 제가 '그 손님이 우리 가게에서 긍정적인 경험을 하지 못하게 했다'는 거예요."

나는 소스라치게 놀랐다.

"루카스, 정말이야?"

"네, 그렇다니까요. 정말 말도 안 되지 않아요?"

"정말 그렇네."

"매니저는 이 일로 걱정하지 말라고 했지만, 제 업무 기록장에 이미 기록된걸요. 누군가 훔치는 행위를, 회사는 어떻게 괜찮다고 생각하는지 이해가 안 돼요. 그리고 고용된 사람으로서 회사의 물건을 보호하려고 애쓰는 게 무척 어렵더라고요. 모든 게 엉망진창이라니까요."

루카스의 경험은 포용성의 어두운 면을 잘 보여준다. 관용을 너무 중시하는 문화로 인해 훔치는 행위를 참을 수 없었던 직원이 처벌을 받았다. 우리는 이런 왜곡된 윤리관을 거절할 수밖에 없다. 그리고 다음 세대가 교회를 배타적이라고 생각하는 이유를 우리가 알면서도 그 문제를 해결하기 주저하는 것도 바로 여기에 있다. 우리가 믿는 하나님은 전적으로 옳은 하나님이시며, 하나님은 옳고 그름의 분명한 기준을 성경에 계시해주셨다. 우리는 정치적 공정함과 '평화 지상주의'에 집착하는 문화에 반기를 들 수 있어야 한다. 그러나 모든 사람을 다 포용하려는 다음 세대의 충동 또한 하나님께서 주신 것이라고 믿어야 한다. 하나님은 그들을 통해 교회가 세상을 대하는 태도를 다시 돌아보길 원하신다.

배타 대 관용이라는 논쟁적 용어를 받아들이면 문제가 발생한다. 배타를 선택하면, 교회는 외부 사람과의 접촉을 끊고 강박관념에 사로잡혀 우리끼리만 똘똘 뭉친 요새 같은 곳이 되어버린다. 무서워 보이거나 우리를 불편하게 하는 질문을 향해 문을 닫아버린다. 반면에 모든 사람과 사상을 포용하는 관용을 선택하면, 하나님의 사랑이라는 최고의 복음을 공유하지 못하고, 죄와 죄의 결과인 고통을 직면하지 못하게 된다. 배타에는 사랑이 없고, 잘못된 관용에는 용기가 없다.

그러나 기독교의 중심에는 배타와 관용을 둘 다 부정하는 삼위일체 하나님이 계시다. 창조주 하나님은 그분의 말을 거역한 사람들을 배척하시지도 않지만, 우리 안에 있는 미움과 죄를 참아주시지도 않는다. 그렇다면 하나님은 어떻게 하셨는가? 하나님은 우리와 같은 사람이 되셨다. '타인' 중에 한 명이 되셨다. 우리와 하나가 되기 위해서 우리와 같아지셨다. 우리를 온전히 공감하고 자신을 내어주는 아가페 사랑(십자가 사랑)을 하기 위해 우리와 같아지셨다.[4]

그렇다면 기독교 공동체는 어떻게 해야 할까? 배타성은 수용할 만하지 않고 관용은 충분히 좋지 않기에 거절한다면, 교회가 어떻게 될까? 젊은이들이 작은 자, 뒤처진 자, 잃어버린 자와 온

청년들은 왜 교회를 떠나는가

전히 하나 되신 예수님처럼 되도록 돕기 위해 우리는 어떻게 행동해야 할까?

성경으로 돌아가자

먼저 그리스도의 가르침과 사명에 대해 성경이 말하는 바를 온전히 알아야 한다. 이를 위해서는 예수님이 '타인'에 대해 말씀하신 부분들을 살펴보는 것이 좋다. 한 부자가 잔치를 벌여 많은 사람을 초청했는데 다들 여러 이유로 사양을 하자, 사회에서 소외된 자들을 그 자리에 불렀다는 이야기가 있다(눅 14:15-24). 한 목자가 아흔아홉 마리 양을 두고 한 마리 잃어버린 양을 찾아다닌 이야기(눅 15:1-7)나, 돌아온 탕자 아들에게 화해 외에는 아무것도 바라지 않은 사랑 많은 아버지 이야기(눅 15:11-32)도 있다. 이 모든 이야기와 예수님이 보여주신 모범은 우리도 타인을 향해 하나님의 마음을 품으라고 말한다.

사도 바울이 초대 교회에 쓴 편지에도 소외된 자들을 향한 비슷한 연민의 마음이 보인다. "우리가 아직 죄인 되었을 때에 그리스도께서 우리를 위하여 죽으심으로 하나님께서 우리에 대한 자기의 사랑을 확증하셨느니라"(롬 5:8). 사도 바울은 로마 교회를 향해 우리 모두 이방인이었던 사실을 잊지 말라고 말한다. 바울은 고린도교회에 보낸 편지에서 이렇게 쓰고 있다.

> 내가 너희에게 쓴 편지에 음행하는 자들을 사귀지 말라 하였거니와 이 말은 이 세상의 음행하는 자들이나 탐하는 자들이나 속여

빼앗는 자들이나 우상 숭배 하는 자들을 도무지 사귀지 말라 하는 것이 아니니 만일 그리하려면 너희가 세상 밖으로 나가야 할 것이라 이제 내가 너희에게 쓴 것은 만일 어떤 형제라 일컫는 자가 음행하거나 탐욕을 부리거나 우상 숭배를 하거나 모욕하거나 술 취하거나 속여 빼앗거든 사귀지도 말고 그런 자와는 함께 먹지도 말라 함이라 밖에 있는 사람들을 판단하는 것이야 내게 무슨 상관이 있으리요마는 교회 안에 있는 사람들이야 너희가 판단하지 아니하랴 밖에 있는 사람들은 하나님이 심판하시려니와 이 악한 사람은 너희 중에서 내쫓으라(고전 5:9-13).

바울의 가르침은 매우 분명하지만, 평생 신실하게 신앙을 지켜온 그리스도인이라도 삶에 그대로 적용하기 쉽지 않은 내용이다. 우리 대부분은 '우리 중 하나'가 아닌 사람들을 판단하는 것을 너무나 좋아하지 않는가! 우리가 바울의 훈계를 진지하게 받아들이고 다음 세대도 이렇게 가르친다면 어떻게 될까?

바울은 골로새교회에 이렇게 편지한다. "외인에게 대해서는 지혜로 행하여 세월을 아끼라 너희 말을 항상 은혜 가운데서 소금으로 맛을 냄과 같이 하라 그리하면 각 사람에게 마땅히 대답할 것을 알리라"(골 4:5-6). 그리스도인으로서 우리가 해야 할 일을 얼마나 잘 요약하고 있는가! 진정 유용한 충고다! 우리는 비기독교인들을 향해 이런 은혜로운 자세를 취하고 있는가? 또한 젊은 제자들에게 지혜롭게 살라고 가르치고 있는가?

얼마 전 10대들을 위한 콘퍼런스를 준비하던 사람들이 무신론자들에게 통할 만한 재미있는 문구를 10대들에게 가르치려 했다는 소식을 들었다. 우리는 아무래도 은혜로운 말을 하며 지혜롭게 살기보다는 슬로건 만들기를 더 좋아하는 것 같다.

그리스도의 유일성과 그것이 교회의 사명에 미치는 의미가 무엇인지 고민할 때, 우리는 성경의 인도를 받아야 한다. 내가 아는 청년 사역자는 매년 한 달간의 일정으로 요한복음을 가르친다. 그는 이렇게 말한다. "요한복음을 읽으면 예수님이 자신에 대해 말씀하신 내용을 분명히 이해할 수 있어요. 예수님은 자신에 대해 아주 놀라운 주장을 하고 계시죠. 제가 아무리 잘 가르쳐도 예수님이 직접 하신 말씀에 미칠 수는 없죠. 젊은이들이 예수님을 배울 수 있는 가장 좋은 길은 바로 성경을 통해서랍니다. 그리스도의 가르침을 온전히 알 수 있는 유일한 길은 성경뿐입니다."

실천을 공유하자

청년들이 그리스도의 가르침을 이해하고 경험하도록 돕기 위해 우리는 어떤 도구를 사용하고 있는가? 젊은이들이 그리스도를 사랑하는 마음 때문에, 상처 입은 자와 소망을 잃은 자들을 사랑하게 하려면 어떤 실천이 도움이 될까? 우리는 제자 양육의 핵심 요소를 소외된 자를 섬기는 것으로 삼고 있는가?

우리의 다양한 전통이 이 부분에서 도움이 될 수 있을 것이다. 모든 전통(웨슬리언, 칼빈파, 그리스도 정교회, 재침례파, 영국국교회, 가톨릭)들은 교회가 다음 세대를 선교적 마인드를 가진 열정적인 복음주의자로 길러내도록 돕는 선교적 실천들을 공표한다. 교파의 구분을 넘어 이런 실천들을 공유할 때 우리는 배타와 관용을 둘 다 거부할 수 있고, 서로를 그리스도 안에 있는 한 형제요 자매로 진심으로 품을 수 있다.

다음 세대와 온전히 공감하자

믿지 않는 자들과 관계를 맺는 데 효과적이면서도 성경적이고 은혜가 넘치는 방법이 우리 다음 세대에게 필요하다. 그리스도와 교회의 사명을 감당하기 위해 우리는 그들에게 더 나은 도구를 제공해야 하고, 그에 맞는 사려 깊고 실질적인 신학을 제공해야 한다. 이를 위한 쉬운 길을 제시하고 싶지만, 그리 간단한 문제가 아니다. 관계란 어렵고 복잡한 것으로, 하나도 같은 것이 없다. 그러나 하나님께서 주신 확신을 가지고 다른 사람을 사랑하는 법을 배우는 것이야말로 진정한 제자의 삶이다. 젊은 세대에게 이것을 가르침으로써 진정한 제자 양육이 가능해진다.

한 가지 좋은 소식은, 청년들이 우리가 생각하는 것보다 훨씬 더 준비되어 있다는 사실이다. 많은 청년들이 진지하고 실질적인 신학을 이미 실천하고 있다. 우리 가족의 친구인 테일러의 경우처럼 말이다. 그녀는 지금 시애틀 퍼시픽 대학교에서 공부하고 있다. 얼마 전 벤투라 시내에 있는 한 가게에서 테일러를 우연히 만났다. 그녀는 친구와 수다를 떨고 있었는데 그녀의 핸드백에 '공감'(empathy)이라는 글자가 새겨져 있는 것이 내 눈에 확 띄었다. 솔직히 왜 그 글자를 그렇게 선명하게 새기고 다니는지 의아했다.

그래서 테일러에게 물었더니 이렇게 답했다. "공감이란 예수님의 눈과 상대방의 마음으로 상황을 보고, 감정을 읽고, 행동하는 능력이에요. 공감을 하게 되면, 상처 입은 사람을 향한 예수님의 사랑을 깨닫게 되고, 상대방의 입장에서 그 상황을 보게 돼요. 공감은 나 자신을 겸손히 내려놓고, 나보다 다른 사람의 필요와 감정을 앞세우는 거예요."

"하지만 어떤 그리스도인들은 '공감'을, 행위와 상관없이 모든 사람을 용납해야 한다는 의미로 받아들일 수 있지 않을까?" 내가 물었다.

"맞아요. 어떤 사람들은 저를 이상하다는 듯 바라봐요. 하지만 공감은 그리스도의 성품을 갖는 거예요. 공감은 이해하는 능력, 다른 사람의 짐을 대신 지는 능력이에요. 저는 성매매를 하는 사람들도 넓은 마음으로 보려고 해요. 성매매는 어린이들의 순결을 짓밟고 여성들을 먼지보다 못한 존재로 취급하는 악이죠. 저는 그들의 상황을 접해보지 못했지만, 공감을 통해 그들이 받는 고통과 좌절을 느낄 수 있어요. 우리가 그리스도와 같아지기를 열망하면, 그분의 성품을 닮을 수 있는 기회를 갖게 되죠."

배타냐 관용이냐 사이에서 잘못된 선택을 하는 대신, 우리는 다음 세대가 길이신 예수님을 볼 수 있도록 도와야 한다.

가로막힌
질문

떠나는 이유: "지옥에 대해서는 한 번도 마음이 편한 적이 없었어요. 인간은 자기에게 잘못한 사람을 용서할 수 있었고, 하나님과 비교해보면 벌레와 같다는 데 모두 동의했지요. 그렇다면 또 뭐가 문제인 거죠?" _존

믿음의 회복: "비록 지금은 믿지 않지만, 제가 사랑하는 사람들과 함께 여기서 뭔가를 하는 것이 아무것도 하지 않는 것보다 나으니까요." _헬렌

'믿음과 의심'이라는 주제는 아주 낯선 곳, 심지어 《GQ》와 같은 남성 잡지에서도 엿볼 수 있다. 이번 연구는 바나 그룹이 2003년부터 꽤 여러 해 동안 진행한 것으로, 세대 변화가 교회의 미

래에 전하는 의미에 대해 밝히고자 했다. 그러는 중에 《GQ》의 기사를 읽으면서 새로운 활력을 얻게 되었다.

《GQ》 2004년 2월호에 기독교 록 음악이 특집 기사로 실렸는데, 기독교 록 음악을 영성과 로큰롤의 퓨전이라고 풍자했다. 기사의 부제는 이랬다. "록 음악은 타락한 자와 반항아들의 안식처였다. 예수님을 발견하기 전까지는…." 록스타 분장을 한 예수님의 모습이 기사와 함께 실렸다. 장난기 어린 미소에 머리는 어깨까지 늘어뜨리고, 찢어진 청바지에 딱 붙는 셔츠를 입고, 오른팔에는 하트와 십자가 문신을 새겼다. 《GQ》 편집자들이 생각하는 세상의 구원자 '록 버전' 예수님은 이런 모습이었다.

그런데 내가 정작 관심을 둔 부분은, 이 기사를 쓴 존 설리번의 인생이었다. 설리번은 기독교 신앙을 가졌던 사람으로, 내부자였다가 외부자가 된 사람의 관점을 잘 보여주었다. 기독교는 그의 개인적인 신앙 여정에서 중요했다. 기사에서 그는, 자신이 10대 때 회심을 경험한 신실한 기독교인이었으며, 성경공부도 열심히 참여하고, 10대 내내 제자 양육과 멘토링을 받았다고 했다.

그런데 그의 신앙 위기는 오히려 몇 년 전, 기독교인을 대상으로 한 어느 콘서트장에서 일어났다. 콘서트에 참여한 사람들에게 영적 상담을 하는 시간이 있었다. 설리번의 역할은 그리스도에게 새롭게 헌신을 다짐한 사람들을 일대일로 상담하면서 그리스도인이 된다는 것의 의미를 잘 이해하도록 돕는 것이었다. 설리번은 새롭게 헌신을 다짐하는 사람들에게 그리스도인이 된다는 것이 무엇을 의미하는지 열심히 설명했는데, 오히려 자신

청년들은 왜 교회를 떠나는가

에게는 그 말들이 공허하게 들리기 시작했다. 설리번은 그날 밤 콘서트장을 나오면서 기독교로부터 멀어졌다고 한다. 그에게 분명 변화가 일어났고, 그로 인해 신앙에서 멀어지게 된 것이다.

그의 내면에 일어난 의심 때문에 교회는 그를 잃어버렸다.

무엇을
의심하고 있는가?

의심 때문에 믿음이 흔들린다는 말이 당연한 것 같지만, 의심이 항상 믿음의 반대는 아니라는 사실을 기억해야 한다. 신학자이자 퓰리처상 후보였던 소설가 프레더릭 뷰크너는 이렇게 말했다. "의심은 믿음의 길에 있는 개미들이다." 의심은 종종 좀 더 완전하고 진실된 영적 삶으로 나아가게 하는 강력한 동기가 된다. 또한 우리 조사에서도 밝혀진 것처럼, 의심하는 사람들이 모두 믿음을 떠나는 것은 아니다. 다만 의심으로 인해 청년들이 교회 공동체를 떠나고 있는 것은 사실이다.

그런데 의심은 한 가지 방향에서 오는 것이 아니다. 우리의 조사를 통해 알게 된 중요한 주제 하나를 다시 한 번 강조할 좋은 시점인 것 같다. 바로 모든 영적 여정은 독특하다는 사실이다. 우리는 큰 흐름에도 관심을 기울여야 하지만 개개인의 이야기에도 집중해야 한다. 다음 세대가 교회와 기독교와 어떻게 '관계'를 맺고 있는지 큰 그림을 파악하려면, 우리는 세세한 부분도 살펴야 하는 것이다.

모든 이야기가 중요하다.

현대와 같이 증거를 중시하고 논리를 지향하는 문화에서 의심이 무엇을 의미하는지, 머릿속에 떠오르는 그림이 있을 것이다. 많은 기독교인들이 의심은 적절한 증거를 찾지 못했거나 깊은 확신이 없기 때문에 온다고 쉽게 생각한다. 그러나 의심은 그보다 훨씬 미묘하고 파악하기 어려운 감정이다. 의심을 하는 데는 성격, 성취감 부족, 확실성에 대한 개념, 관계에서 오는 소외, 심지어 정신 건강까지 포함된다.

기독교 공동체는 의심과 신실함의 긴장 관계를 이겨낼 수 있을까? 우리에게 대답을 요구하는 어려운 질문들도 환영할 수 있을까? 아니면 기독교 공동체는 확실성과 믿음을 동일시하며 의심을 허용하지 않는 곳으로 계속 남을 것인가? 의심이 없는 사람들만 남도록 의심하는 사람들을 몰아낼 것인가?

이제 일반적인 의심의 형태를 몇 가지 살펴보자. 그리고 영적 여정에서 누군가 이런 길로 들어섰다면 어떻게 도와주어야 할지 그 방법을 모색해보자.

지적 의심

가장 흔히 생각할 수 있는 형태의 의심부터 살펴보자. 어떤 사람들은 하나님께서 존재하시며 예수님이 부활하셨다는 것을 합리적으로 증명할 수 없기에 의심한다. 대부분의 젊은 기독교인들이나 10대들은 이런 신앙적 주장을 논리적으로 이해하기 위해 골머리를 썩지 않는다. 그러나 소수가 의심할지라도 수많은 젊은이들에게 영향을 미치기 때문에 과소평가해서는 안 된다.

청년들은 왜 교회를 떠나는가

우리가 조사한 바에 따르면, 기독교 배경을 가진 18세부터 29세까지 청년들 중에 4분의 1(23%)이 "신앙에 대해 지적으로 심각하게 의심해본 적이 있다"고 응답했다. 높은 수치는 아니지만, 모든 이야기가 중요하다는 사실을 기억하라. 약 9분의 1(11%)의 젊은이들이 대학에 다니면서 신앙에 대해 의심하게 되었다고 응답했다. 이 또한 큰 수치는 아니지만 적어도 수십만 명이 이에 해당된다.

여기서 무엇을 알 수 있는가? 바로 신앙을 가로막는 지적 질문들을 해결하는 데 전통적인 변증학이 중요한 역할을 할 수 있다는 사실이다. 물론 변증의 형태는 다음 세대에 맞게 바뀔 필요가 있을 것이다. '전문적인' 접근에서 좀 더 관계적인 접근으로 바꿀 필요가 있다. 오리건에 있는 한 교회는 매주 예배를 열어 신앙에 질문이 있는 사람들은 누구나 오라고 초대한다고 한다. 연결되는 것을 중시하는 젊은이들의 문화에 발맞추기 위해 문자나 트위터로 묻는 질문들도 수용한다. 시간과 장소를 가리지 않고 사람들의 질문에 대답해야 한다면, 목회자 입장에서 여간 성가신 일이 아닐 것이다. 그러나 분명 그만큼 가치가 있으리라 생각한다. 필요한 답을 얻은 사람들뿐 아니라 모두에게 의미가 있을 것이다. 믿음을 버리는 대신 자신의 의심을 솔직히 털어놓고 그 문제와 씨름하는 모습을 모두가 지켜보기 때문이다.

믿음이 좋은 사람들은 불신과 씨름하는 사람들의 고통을 상상하기 어려울 수 있다. 매트라는 청년과 인터뷰를 하면서 지적인 질문이 얼마나 강력한 힘이 있는지 이해할 수 있었다. 그는 이렇게 말했다. "어떨 때는 '믿음 단추'라는 게 있어서 그걸 그냥 누를 수 있으면 좋겠어요. 전, 정말 기독교가 맞다고 얘기하고 싶어요. 하지만 그게 잘 안 돼요. 신앙에 대해, 하나님에 대해 그리고 기독교에 대해 일어나는 질문들을 그냥 무시할 수가 없어요."

앞에서 만나본 《GQ》의 필자 존 설리번은 그의 기사에서, 많은 지적이고 신학적인 질문 중에서도 하나님께서 죄인들을 저주하신 것을 이해할 수 없다고 말했다. 그의 말은 수많은 사람들의 감정을 대변한다.

> 지옥에 대해서는 한 번도 마음이 편한 적이 없어요. 인간은 자기에게 잘못한 사람을 용서할 수 있었고, 하나님과 비교해보면 벌레와 같다는 데 모두 동의했지요. 그렇다면 또 뭐가 문제인 거죠? 주위를 둘러보면 예수님께 나아갈 기회를 얻지 못한 사람들이 보여요. 그들은 너무 심하게 잘못했나 봐요. 그들은 이 삶 이후에도 구원을 바랄 자격이 없는 건가요?[1]

조사를 진행하면서 드러난 몇몇 의심도 이와 비슷한 문제들이었다. 또 이렇게 지적인 의심을 경험하는 사람들은 대부분 자신을 더 이상 기독교인이라고 생각하지 않는 탕자 유형에 속했다. 탕자들이 교회를 떠나는 이유로 제시하는 '큰 질문들'은 대략 다음과 같다.

- 하나님은 왜 고통을 허락하시는가? 혹은 왜 악을 허용하시는가?

청년들은 왜 교회를 떠나는가

- 내가 기독교 가정에서 태어나고 기독교 문화에서 자란 것은 지질학적으로 우연히 그렇게 된 것 아닌가? 힌두교 가정이나 다른 신앙 문화에서도 얼마든지 태어날 수 있었다.
- 성경에 대해 무엇을 믿어야 하는가? 왜 믿어야 하는가?
- 모든 종교는 기본적으로 같은 것을 말하지 않는가? 왜 기독교만 옳다고 하는가?

물론 탕자뿐 아니라 대부분의 사람들이 신앙 여정의 어느 지점에서든 이런 질문들을 스스로에게 던질 수 있다. 그러나 질문을 한다고 해서 대부분의 사람들이 신앙 여정을 중단하는 것은 아니다. 우리 조사를 통해 보면, 중학교, 고등학교, 대학교로 올라갈수록 의심의 강도가 점점 세지는 것을 알 수 있다. 그러나 이런 의심이 아무리 최고조에 이른다 해도, 이런 지적 의심 때문에 기독 청년들이 믿음을 버리는 것은 아니다. 예를 들어, 유목민 유형과 포로 유형은 지적인 질문보다는 다른 질문들을 통해 믿음이 약화되는 경향이 있다.

제도적 의심

다음 세대가 경험하는 독특한 형태의 의심은, 현대 기독교에 의해 야기된 제도적 의심이다. 3장에서 만나본 싱어송라이터 데이비드 바잔의 경우가 그렇다. 이런 젊은이들은 지적 회의자들처럼 고전적이며 철학적 질문들로 좌절을 경험하기도 하지만, 현대 기독교의 제도들과 겪는 갈등 때문에 더 깊은 좌절을 느낀

의심을 허용하지 않는다

기독교 배경을 가진 18~29세 젊은이들의 응답

	매우 그렇다	거의 그렇다
교회에서는 인생의 가장 어려운 질문들을 할 수 없다	14%	36%
믿음에 대해 심각한 지적 질문을 갖고 있다	12%	23%
믿음이 우울함이나 다른 감정적인 문제들을 해결하지 못한다	10%	20%
믿음을 의심하게 만든 인생의 위기가 있었다	9%	18%
사랑하는 사람의 죽음으로 의심하게 되었다	5%	12%
대학에 다니면서 신앙을 의심하게 되었다	5%	11%
교회에서는 의심한다는 사실을 말할 수 없다	5%	10%

바나 그룹(2011년), 1,296명 대상

다. 많은 청년들이 현대 기독교 제도가 기독교의 가르침을 왜곡하고 남용하고 있다고 생각한다. 다시 말해, 어떤 젊은이들은 하나님에 대해 의심하지만, 또 어떤 젊은이들은 마음 깊은 곳에서부터 오늘날 교회가 본래의 모습에서 벗어났다고 생각한다는 것이다.

이런 생각은 내가 《나쁜 그리스도인》을 쓰면서 발견한 놀라운 사실 하나를 설명해준다. 바로 많은 기독 청년들이 믿지 않는 젊은이들과 마찬가지로, 교회 특히 미국의 복음주의 교회에 대해 부정적인 인식을 갖고 있다는 것이다. 그 당시 조사를 진행하

청년들은 왜 교회를 떠나는가

면서 너무나 많은 기독 청년들이 교회에 대해 부정적인 견해를 가진 것에 충격을 받았는데, 이번 연구를 통해 그들의 감정을 좀 더 분명히 파악할 수 있었다.

유목민, 탕자, 포로 유형에 대해 설명하면서 밝혔듯이, 기독교 배경을 가진 청년 5분의 1(21%)이 "기독교인이지만, 제도권 교회에서 신앙생활을 하는 게 어렵다"고 응답했다. 종교적인 삶의 어두운 면들을 경험하면서 의심의 씨앗이 뿌려질 수 있다. 가톨릭 신앙을 가진 청년들 중 5분의 1이 "사제들의 성추문 때문에 신앙에 의문이 생겼다"고 응답했다. 또 다른 경우로 약 8분의 1(13%)의 기독 청년들이 "교회에서 일했다가 실망했다"고 응답했는데, 이런 이야기를 들을 때마다 무척 마음이 아프고 교회 사역자들이 걱정스럽다.

우리 조사만으로는 그들이 교회 직원이었는지, 아니면 자원봉사자였는지는 알 수 없다. 그러나 어떤 위치에 있었든, 수많은 젊은이들이 교회를 섬기다가 부정적인 경험을 했고, 그로 인해 교회와 멀어졌다는 사실이다. 어떻게 해야 젊은이들이 교회 지도자들과 좋은 경험을 하도록 멘토링할 수 있을까?

교회 제도와 관련해서 의심을 하게 되면 주로 포로 유형이 된다. 젊은이들은 교회 밖에서도 통하는 방식으로 예수님을 따르기를 원한다. 이 책 4장에서 3분의 1(38%)이 넘는 젊은 기독교인들이 "믿음과 세상에서의 삶이 연결되기를" 바라고 있다는 사실을 확인한 바 있다. 5분의 1(22%)은 "일주일에 한 번 예배드리러 가는 신앙 이상"을 원하고 있었다.

때로 포로 유형들은 제도권 교회에 남아 교회의 사명에 대해 예언자적으로 선포하려고 애쓴다. 교회가 새로워지고 혁신되어야 한다고 도전한다. 무소유 공동체 심플웨이(The Simple Way, 필라델피아에 있는 노숙자, 중독자들을 돕는 선교 단체로 새로운 형태의 수도원 공동체를 추구한다—옮긴이 주)를 이끄는 셰인 클레어본과 그의 동료들이 대표적인 경우다. 그들은 세상 속에서 기독교의 대항문화적인 비전을 실천하려고 애쓴다. 셰인은 콘퍼런스나 행사를 통해 자신의 비전을 주류 교회에 나누면서 그리스도를 따르는 전통적인 방식을 다시금 점검하고 재평가해야 한다고 촉구한다.

이런 젊은 포로 유형들의 말과 행동에 모두가 동의하지는 않을지 모른다. 그러나 다음 세대가 제도권 교회를 향해 던지는 의심을 무시하는 것은 위험하다고 생각한다. 하나님은 언제나 소수의 사람들을 통해 일하시고 예언자적 목소리를 통해 말씀하신다. 종종 나는 젊은 지도자들이 용감하게 촉매 역할을 하는 것을 본다. 하나님께서 교회를 위한 새로운 일을 시작하실 때 분명 이러한 젊은이들을 사용하실 것이다. 빌리 그레이엄 목사가 복음주의 사역을 시작할 때 그는 청년이었고, 마더 테레사가 인도에 도착한 것도 겨우 열아홉 살 때였다. 많은 젊은 리더들은 기성세대 지도자들이 잘 생각하지 못하는 방식으로 미래를 계획해나갈 수 있다.

어떤 젊은이들은 제도에 실망한 나머지 성급하게 교회를 떠나기도 한다. 하지만 그들의 비판은 일면 정곡을 찌른다. 우리의 예배와 삶의 실천이 얼마나 얕은지 깨닫게 한다. 물론 모든 그리스도인은 교회에 속해야 한다. 또한 교회를 떠난 많은 젊은이들에게는 삶을 나눌 더 진실한 공동체가 필요하다. 하지만 그보다 먼저, 제도권 교회를 향한 다음 세대들의 의심의 목소리를 주의 깊게 듣고, 그에 응답할 준비를 해야 할 것이다.

표현되지 않은 의심

몇 달 전 케빈과 식당에서 밥을 먹으며 그가 교회를 떠나게 된 이유에 대해 들었다. 그는 가톨릭 신앙에서 자랐는데, 부모님의 이혼을 계기로 믿음이 흔들리기 시작했다고 했다. "부모님의 이혼 때문에 교회에서 점점 소외되는 것을 처음엔 정말 받아들이기 힘들었어요." 케빈은 커피를 한 모금 마셨다. "하지만 더 중요한 건 교회가 제 마음에 일어난 의심을 다루는 방식이었던 것 같아요. … 아니면 아예 다루지 않았기 때문이라고 해야 하나?" 그는 잠시 주저하다가 이윽고 말을 이었다. "저는 제 안의 의심을 계속 숨기고 있었거든요. 제가 정말로 믿지 않고 있다는 것을 교회 리더들이 아는 게 싫었어요. 제가 말했다면 리더들이 도와줄 수도 있었을 텐데. 제가 그들을 신뢰하지 않았던 것 같아요."

케빈이 자신의 의심을 말했더라면, 기대 이상으로 도움을 받을 수 있었을지는 확신할 수 없다. 슬픈 일이지만, 우리는 알 수 없다.

의심을 표현하지 않는 것도 우리의 믿음을 파괴하는 가장 강력한 원인 중 하나라고 믿는다. 우리 조사에 따르면, 많은 젊은이들이 교회는 자신들의 의심을 수용할 만큼 그리 포용적이지 않다고 생각하고 있다. 3분의 1(36%)의 기독 청년들이 "교회에서는 내 삶을 가장 힘들게 하는 질문들을 말할 수 없다고 느낀다"는 데 동의했다. 10분의 1(10%)은 더 노골적으로 표현했다. "교회에서는 의심을 표현하면 안 돼요."

이 수치들을 보면 다음 세대가 교회를 향해 어떤 불만이 있는지 알 수 있다. 다음 세대는 그들의 삶과 관련된 모든 문제를 '말하는 데' 익숙해져 있다. 앞에서도 살펴보았듯이, 과학기술의 발달로 젊은이들은 수동적인 대화가 아닌 쌍방향 대화를 한다. 그런데 오늘날 대부분의 교회들을 보면, 청년 사역에서도 주입식 교육을 행하고 있다. 이것은 수동적인 한 방향 대화다. 대부분의 젊은이들이 종교 교육을 그런 식으로 느끼고 있으며, 교회 공동체 안에서 서로 대화하고 상호작용하고 싶은 의욕을 찾지 못한다.

의심을 표현하지 않을 때 일어나는 또 다른 현상은 고립되는 것이다. 사람들은 교회에서 정직해도 된다고 생각하지 않는다. 그래서 행동을 가장하고 연극을 하면서 결과적으로는 피상적인 신앙에 머문다. 젊은이들이 의심이나 염려나 실망을 홀로 감추며 뒤로 물러난다면, 의심을 극복하도록 도울 수 있는 교회 리더들이나 동료들로부터 스스로 단절하는 결과를 낳는다.

사람들은 이런저런 이유로 자신들의 의심에 대해 침묵한다. 정직해지자. 의심을 표현하지 않는 것이 교회의 잘못만은 아니다. 많은 젊은 리더들과 목회자들이 젊은이들의 말을 들을 준비

청년들은 왜 교회를 떠나는가

가 되어 있고, 기꺼이 들을 수 있다. 그들은 젊은이들이 인생의 중요한 질문을 하도록 독려하고 그들 옆에서 정직하고 신실하게 걸어가고 있다.

그러나 많은 교회들이 의심을 허용하지 않는 잘못된 분위기를 만든다. 삶의 복잡한 문제들을 대놓고 이야기할 수 있는 공간을 허용하지 않는다. 이런 교회에서는 젊은이들이 자신이 받아들여지고, 안전하고, 보호받는다고 느낄 수 없다. 이런 교회들은 의심을 표현하는 자들을 어리석고 믿음이 없는 사람이라고 여기게 한다. 남들은 다 믿음을 가지려고 애쓰는데 의심을 키우는 것은 배신이라고 느끼게 만든다. 그래서 어떤 사람들은 정직하게 행동한 것 때문에 정죄를 받는다고 생각한다.

의심을 퍼즐 맞추듯 해결할 수는 없지만, 공동체 안에 의심과 믿음이 균형을 이루게 할 수는 있다. 하나님은 인간의 의심을 두려워하시지 않는다. 부활하신 주님은 의심 많은 도마에게 못자국을 통해 부활의 증거를 직접 보여주시며 그의 믿음이 새로워지도록 도와주셨다. 다윗 왕은 하나님의 마음에 합한 자라고 불렸지만, 그도 많은 시편을 통해 하나님의 의도와 섭리에 대해 의심하는 마음을 표현했다. 하나님을 경외하던 욥도 강한 어투로 자신의 의심과 실망을 표현했다.

우리에게는 마음속 깊은 곳에 있는 가장 어두운 근심도 말할 수 있는 편안한 공동체가 필요하다. 의심을 표현하는 것이 비정상적이고 변절자처럼 여겨지지 않는 그런 공동체가 필요하다. 좋다, 나쁘다와 같은 극단적인 투명성은 젊은 세대 문화의 표준이다. 젊은 세대들이 좋아하는 잡지나 가십을 한번 확인해보라. 또 젊은이들이 페이스북이나 다른 소셜네트워크를 통해 철저하게 '공개적으로' 살고 싶어 한다는 사실을 상기하라. 목회자이자 과학기술의 현자로 불리는 셰인 힙스는 이 세대를 "노출증의 세대"(a generation of exhibitionists)라고 표현했다. 대체로 젊은이들은 적어도 그들끼리는 정직하게 묻는 것을 부끄러워하지 않는다. 때때로 그에 대한 옳은 해답을 들을 만큼 인내심은 없지만 말이다.

신앙 형성에 영향을 미치는 교회 공동체와 가정의 역할을 공부하면서, 젊은이들이 집중하는 시간이 짧고, 노출욕이 강하고, 지적 열망이 부족한 것이 문제가 아님을 알게 되었다. 오히려 교회 공동체가 젊은이들이 의심을 해소할 환경과 경험을 제공하지 못한 것이 문제였다. 젊은이들을 대하는 우리의 태도는 좀 더 진지하고 과정 중심적이어야 하며, 그들의 질문에 함께 해답을 구해야 한다. 우리는 듣는 것과 말하는 것의 균형을 맞추어야 한다.

의심을 다루는 문제는 철저히 관계에 달렸다. 디트리히 본회퍼는 젊은이들, 특히 젊은 남자 청년들의 영적 성장에 큰 관심이 있었고, 많은 남자 청년들의 친구이자 멘토가 되어주었다. 그의 학생이었던 페렌 레헬은 자신의 의심에 대해 본회퍼가 이렇게 말해주었다고 회상한다.

> 내가 지적으로 어려움을 겪을 때, 그분은 목회자요 형제요 친구로 내 옆에 있어 주었습니다. 카를 하임의 《이성과 신앙》(Glaube und

청년들은 왜 교회를 떠나는가

Denken)을 추천해주시면서, 카를 하임이 의심하는 자들과 하나 될 수 있었던 방법에 대해 말해주셨지요. 카를 하임은 높은 자리에 앉아 자연과학을 향해 불을 내리는 값싼 변증론에 만족하지 않았다고 합니다. 그분은 우리가 믿는 자들과 함께 생각하고 심지어 그들과 함께 의심해야 한다고 하셨어요.[2]

우리는 젊은이들과의 관계를 유지하면서 그들이 의심을 마음껏 표현하고 해결해가는 장소로 교회 공동체를 만들고자 할 때, 의심이 삶의 방식이 되지 않도록 조심해야 한다. 나는 여론조사와 젊은 목회자들과의 인터뷰를 통해 의심이 깊이 뿌리내리면 신앙 공동체가 의심에 완전히 정복당한다는 사실을 알게 되었다. 그러면 기독교의 희망이 냉소주의로 대체되고, 교회의 사명은 냉담함으로 질식당한다. 아무것도 하지 않으면서 어려운 질문 때문이라고 핑계를 댄다.

《확실성이라는 신화》(*The Myth of Certainty*)를 쓴 베델 대학교 다니엘 테일러 교수는, 의심이 일어날 때 의심이 자신을 마비시키지 않게 하겠다는 강한 의지를 표현했다. "믿음이 생길 때도 있고 없어질 때도 있다. 또 솔직히 말하면 늘 한편에는 의심이 있다. 나는 이 긴장감과 모순을 받아들이며 사는 법을 배웠다. 내 마음 한편에 일어나는 의심을 핑계 삼아 아무 일도 하지 않는 그런 삶을 살지는 않을 것이다."[3]

이제부터 신앙을 실천하는 행동이야말로 의심이 가져오는 치명적 결과를 무장해제할 수 있다는 점을 다루려고 한다.

과도기적 의심

젊은이들 중 5분의 2(38%)가 "신앙에 대해 심각하게 회의를 느낀 경험이 있다"고 응답했다. 우리는 의심이 일어나는 몇 가지 이유를 제시하고 선택하게 했는데, 꽤 많은 수가 지적인 이유보다는 개인적인 이유로 의심이 일어난다고 응답했다.

* 12퍼센트는 "사랑하는 사람의 죽음으로 의심이 일어났다"고 응답했다.
* 18퍼센트는 "삶의 큰 위기를 겪으면서 신앙에 대해 의심하게 되었다"고 응답했다.
* 20퍼센트는 "교회가 우울감이나 다른 감정적 문제를 도와주지 않았던 것"이 그들의 믿음에 부정적인 영향을 미쳤다고 응답했다.

이런 의심은 개인적인 경험에 깊은 영향을 받아 일어나는 '과도기적' 의심이라고 분류할 수 있다. 신앙인들은 대부분 인생의 어느 시점에서 이런 의심을 경험한다. 그러나 모든 사람이 동료 신앙인들에게서 지지나 격려를 받는 것은 아니다. 다만 이때 지지나 격려를 받은 사람은 믿음을 유지하게 된다. 당신이 깜짝 놀랄 만한 예를 하나 들어보겠다.

나는 기독교 콘퍼런스에서 첫째 날 발표를 마치고 그 모임 주최자인 짐 헨더슨과 이야기를 나누었다.

"무신론자인 헬렌을 만나봤나요?"

짐이 물었다.

청년들은 왜 교회를 떠나는가

"짧은 머리 헬렌을 말씀하시는 건가요?"

점심 식사 때 잠깐 이야기를 나눈 것이 순간 떠올랐다.

"맞아요, 그 헬렌이에요. 그녀는 믿음 있는 사람이 아니에요. 내일 다시 이야기를 나눠보세요."

다음 날, 훈련 프로그램이 끝나고 헬렌과 이야기를 나누었다. 헬렌은 자신이 오랫동안 신실한 신앙인이었는데 심각한 정신질환을 겪게 되었다고 했다.

"전, 정말 열심히 기도하는 사람이었어요. 그런데 갑자기 어떤 목소리가 들리기 시작했어요. 분명 정상적인 일은 아니었죠. 때로는 하나님의 음성이라는 생각도 했지만, 대개는 제 스스로 만들어낸 다른 인격체의 목소리였어요. 나중엔 정말 미쳐가는 것 같아서 신경쇠약에 걸릴 지경이었어요."

헬렌은 잠시 말을 멈추었다가 다시 이어갔다. "마음속에 의심이 일어났고, 결국에는 제 정신 건강을 위해서 무신론자가 되었어요."

미국인 성인 중 약 4분의 1이 진단 가능한 정신질환을 앓고 있다.[4] 병적 우울증이 특히 만연한데, 심지어 기독교 지도자들에게서도 심심찮게 보인다. 평생 목회를 해온 우리 아버지도 말년에 오랜 시간 우울증과 싸우셨다. 아버지는 우울증과 싸우면서 사역을 감당하셨고, 그 주제로 《우울증 이해와 희망 찾기》(*Understanding Depression and Finding Hope*)라는 훌륭한 책을 펴내기도 하셨다.

진단 가능한 정신 질환을 앓고 있는 미국인 중 6퍼센트는 헬렌처럼 정도가 심각하다.[5] 정신적으로 건강하지 못하면 가족관계나 일, 개인사만 힘들어지는 것이 아니라 영혼을 병들게 하는 의심의 씨앗이 뿌리내리게 된다. 그러나 이런 일들이 비일비재한데도 교회는 이 문제를 어떻게 대처해야 할지 모른다. 헬렌의 경우는 이랬다. "저는 목사님께 이 모든 문제를 말씀드렸어요. 목사님은 매우 좋은 분이었고, 제 믿음에 중요한 역할을 하시는 분이었거든요. 무신론자가 되겠다는 선택은 어리석은 일이라고 딱 잘라 말씀하시더군요. 목사님은 제가 힘들어하는 것은 이해하지만 하나님에 대한 믿음을 버려서는 안 된다고 하셨어요. 목사님은 제 문제를 진정으로 이해하지는 못하신 거예요. 제가 얼마나 심각하게 갈등하고 있는지 피상적으로만 이해하셨죠."

헬렌의 이야기를 듣다 보니, 그녀가 왜 이 콘퍼런스에 왔는지 납득이 가지 않았다. 그래서 그녀에게 물어보았다. "헬렌, 여기는 어떻게 온 거죠?"

헬렌의 대답은 불신을 이기기 위해 믿음을 행동으로 옮기는 것이 얼마나 중요한지를 보여준다. "도우려고 왔어요. 전, 기독교인들을 존경해요. 전 짐과 이 콘퍼런스를 사랑해요. 앞으로 제 인생이 어떻게 될지는 모르겠지만, 지금 전 분명 무신론자예요. 지금은 하나님께서 계시다는 걸 믿을 수 없어요. 하지만 여기 제 남편과 아이들이 있으니 도와야지요. 비록 지금은 믿지 않지만, 제가 사랑하는 사람들과 함께 여기서 뭔가를 하는 것이 아무것도 하지 않는 것보다 나으니까요."

의심을 행동으로
바꾸자

　　　　모든 의심을 정직하게, 공개적으로, 관계적으로 풀어갈 수 있는 신앙 공동체를 만드는 것이 우리가 다음 세대와 함께할 수 있는 한 가지 방법이다. 또 다른 방법은 젊은이들에게 그들의 신앙을 실천할 기회를 주는 것이다. 기독교의 깊은 진리들은 믿음을 행동으로 옮길 때 분명해진다. 행동할 때 비로소 믿게 된다. 불신앙을 해결하는 가장 좋은 방법은, 불신앙에 집중하지 않고 다른 사람들을 위해 바쁘게 움직이는 것이다. 우리는 젊은이들이 교회의 사명을 수행하면서 그 안에서 의심을 극복할 수 있도록, 믿음으로 무언가를 행하도록 도와줄 필요가 있다.

　얼마 전 아버지께서 이런 말씀을 해주셨다. 아버지는 수년간 큰 교회에서 사역을 하시면서, 신앙에 관계없이 교회 선교 활동이나 섬기는 사역에 참여하도록 독려하셨다. 심지어 비기독교인들도 참여하게 하셨다. 물론 리더들은 모두 헌신된 신앙인들이었지만, 섬기는 자들도 반드시 그리스도인이어야 할 필요는 없었다.

　아버지는 이렇게 말씀하셨다. "이게 큰 도전이 되었단다. 교회 안에 있는 사람들은 교회 일에 참여하려면 그들이 믿는 신앙을 알아야 한다고 생각하지만 꼭 그렇지는 않아. 과테말라 선교에 참여했던 한 여자 청년이 이렇게 말했단다. '선교 여행을 하기 전에는 하나님을 믿지 않았어요. 그런데 이제는 당신들이 무슨 일을 하는지 알겠어요. 이제 저도 예수님을 따르고 싶어요.'"

다음 세대의 마음을 사로잡기 위해서는 매력적인 변증론도 필요하지만 그들이 신앙을 실천하도록 도와야 한다. 야고보는 그리스도를 따르는 이들에게 '말씀을 듣기만 하는 자가 아니라 행하는 자가 되라'고 권면한다(약 1:22). 어떻게 해야 젊은이들의 지적이고, 제도적이고, 표현되지 않고, 과도기적인 의심을, 질문 이상의 무엇, 곧 행동으로 바꾸게 할 수 있을까?

우리의 말만으로는 나이와 상관없이 누군가의 의심을 해결할 수 없다. 오직 성령만이 그렇게 하실 수 있다. 그러나 우리는 존 설리번이 경험한 것처럼 의심이 실제 개개인에게 얼마만큼 영향을 미치는지 충분히 인식하고, 그들이 삶과 하나님과 자신에 대한 난제와 싸울 때 함께할 수 있어야 한다.

존 설리번이 《GQ》에 기고한 글에서 했던 말이 아직도 내 마음에 남아 있다. "예수님을 하나님으로 일단 알고 나면, 사람에게서 위로를 찾기 힘들다. 존재한다는 것은 냉혹한 삶을 살아가는 것 …. 팽팽한 긴장감. 인간은 의심하는 자신을 의심하는 존재다."[6]

설리번처럼, 교회와 신앙에 대해 다시 생각하는 수많은 청년들이 있다. 그리고 그들은 자신들의 의심에 대해 의심하고 있다. 어떻게 해야 그들의 의심을 하나님을 향한 질문으로 받아들이고, 그들이 믿음을 행동으로 옮기도록 우리가 도울 수 있을까?

청년들은 왜 교회를 떠나는가

You Lost Me

You Lost Me

3부

세대 간의 연결

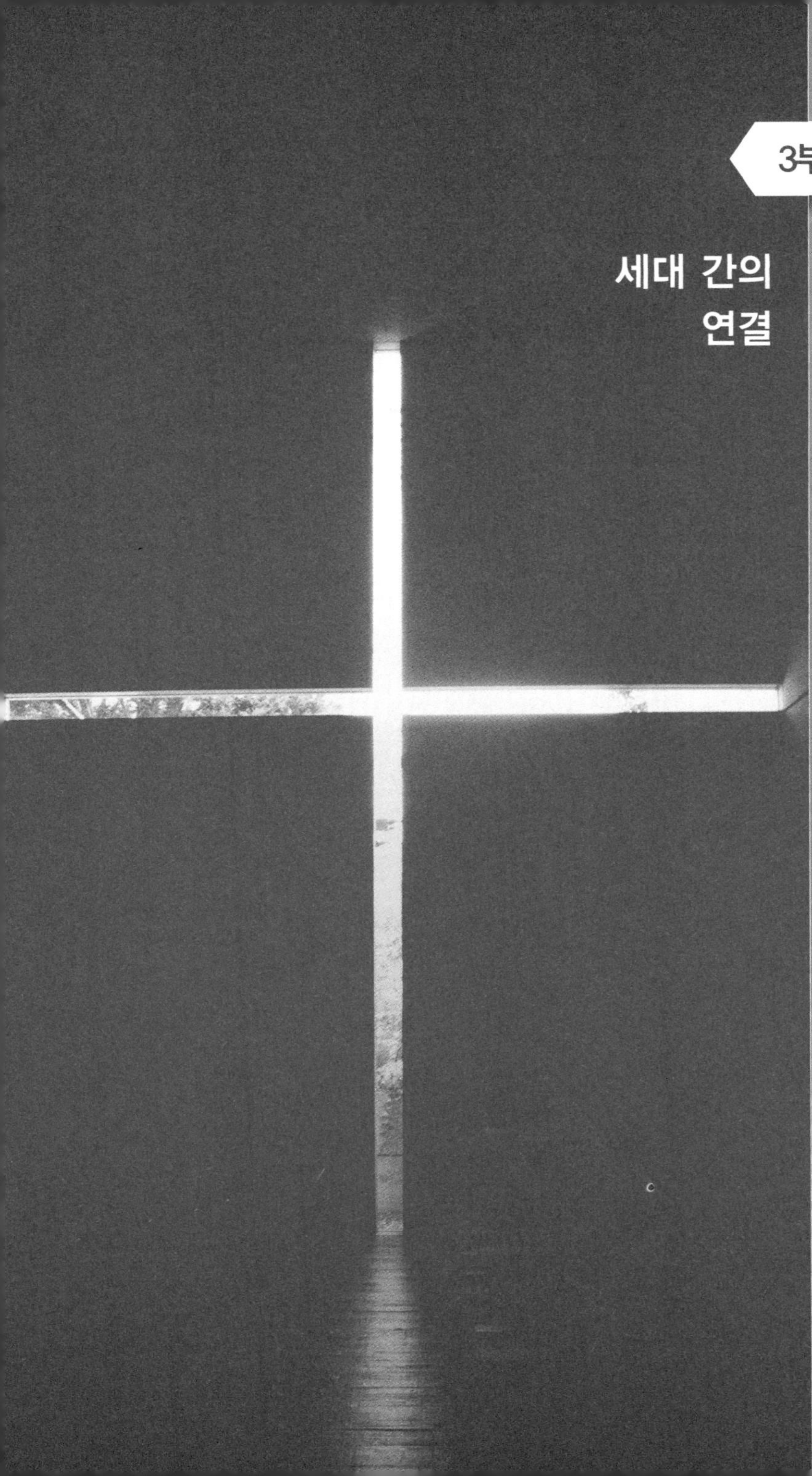

옛것에서
새로운 것을 배우자

서구 교회는 다음 세대와 어떻게든 연결되기 위해 몸부림치고 있다. 우리는 지금 이 시대를 규정하는 거대한 과학적·영적·사회적 변화를 다루고 있다. 이러한 변화로 접근성이 높아지고, 권위에 대한 새로운 질문이 제기되고, 관계 중심적이 되고, 제도에 대해서는 소외가 일어나고 있다. 우리는 지금 새로운 상황 속에서 진리를 전하는 방법을 모색하고 있다. 급변하는 시대 속에서 다음 세대가 의미 있는 삶을 살며 온 마음으로 예수님을 따르도록 준비시킬 방법은 없을까? 또 세상 문화 속에서 기독교 공동체가 사명을 감당하고 다시 활력을 되찾도록 다음 세대들을 분연히 일어나게 할 수는 없을까?

지금까지 나는 유목민 유형, 탕자 유형, 포로 유형에 대해 알아보고 그들이 교회와 기독교를 어떻게 인식하고 있는지 살펴보았다. 이렇게 다음 세대를 공부하면서 나름대로 세 가지 결론을 얻었다. 첫째, 교회는 다음 세대의 제자 양육법을 재고해야 한다. 둘째, 기독교의 소명과 사명을 회복해야 한다. 셋째, 하나님을 알려고 할 때 정보보다는 지혜를 우선해야 한다. 계속해서 주장해왔듯이, 기독교 공동체가 이 세대와 다음 세대에게 믿음을 전하기 위해서는 새로운 마음이 필요하다. 새로운 사고, 새로운 관계, 우리의 역할에 대한 새로운 성찰이 필요하다는 말이다.

지금까지 살펴본 것처럼 '새로운' 마음이 그렇게 새로운 것은 아니다. 수많은 인터뷰와 대화를 통해 역사적이고 전통적인 실천과 정통적이고 지혜에 근거한 신앙의 방법들이 오히려 다음 세대에게 진정으로 필요한 것임을 확신하게 되었다. 이것은 대단한 발견처럼 들릴지 모르지만, 지름길은 아니다. 새로운 환경 속에서 옛 신앙의 길을 걷기란 그리 쉬운 일이 아니기 때문이다. 그러나 다음 세대를 양육하기 위해 기독교 역사를 되짚어본다면, 서구 교회가 새로워지리라 믿는다. 젊은 신앙인들에게는 깊고 풍성한 신앙의 포도주를 나눠줄 기성세대가 필요하고, 제도권 교회는 교회의 미래를 쏟아부을 새 부대가 필요하다. 우리는 서로가 필요하다.

이제 하나님께서 우리가 새롭게 사고하기를 바라시는 세 영역에 대해 자세히 살펴보겠다.

청년들은 왜 교회를 떠나는가

세대 간의 관계를
다시 정립하자

　　　　　현대에 들어 '세대'라는 개념을 과장한 나머지 교회의 기능까지도 왜곡하고 있다. 연구자로서는 실태적 인구 통계 방법이 중요하지만, 교회 일원으로서는 세대에 대해 성경적 개념을 재정립해야 한다고 생각한다. 이 부분에서 내 사고를 전환하게 해준 것은 크리스 콥카였다. 어느 날 그가 내게 말했다. "데이비드, 자네는 교회를 각각의 세대들의 집합체로 보는 것 같아. 위 세대는 젊은이들을 양육해야 할 책임이 있다고 생각하면서 말이야."

　"맞아. 나는 그렇게 생각하고 있어. 자넨 안 그런가?" 내가 이렇게 생각하는 것은 지극히 당연한 일이었다.

　"그것이 그림의 일부는 될 수 있겠지. 하지만 난 현실을 더 큰 그림으로 봐야 한다고 생각해. 세대는 하나님의 목적을 이루는 모든 사람들을 말해." 크리스는 잠시 말을 멈추었다. 아마도 내 혼란스러운 표정을 봤을 것이다. 그러다 다시 말을 이어나갔다. "교회에 다양한 연령대의 사람들이 있는 게 사실이지만, 성경은 한 시대 교회 안에 있는 모든 사람을 '세대'라고 말하고 있어. 즉, 같은 시간대에 하나님의 역사에 참여하는 모든 사람이 세대인 거지."

　그날 크리스가 그린 그림은 내게 큰 깨달음을 주었다.

　원래 가지고 있던 생각: 교회는 하나님의 목적을 달성하기 위해 다음 세대를 준비시키려는 목적으로 존재한다.

새로운 생각: 교회는 같은 시기에 하나님의 목적을 이루어가는 세대가 협력하는 곳이다.

이것은 무엇을 의미하는가? 기독교 공동체는 말 그대로 요람에서 무덤까지 인간 삶의 전 영역을 대표하는 사람들이 하나의 동기와 사명을 가지고 함께 모이는, 지구상에 몇 안 되는 자리다. 교회는 인종, 성, 사회경제, 문화적 차이 등 모든 차이가 하나 되는 곳이어야 한다. 왜냐하면 예수님은 우리가 사랑할 때, 모든 사람이 우리가 예수님을 따르는 자임을 알게 될 거라고 말씀하셨기 때문이다(요 13:35). 또한 교회는 다양한 연령대의 사람들이 서로 사랑하고 하나 되어 존중하며 함께 일하는 공동체다.

세대 간의 활발한 교류야말로 교회가 다른 문화적 제도들과 구별되는 점이다. 나이 대로 사람을 구분하는 것은 지난 몇백 년을 지나면서 시장의 필요에 의해 최근에 생긴 개념이다. 상품이 대량생산 되면서 판매자들은 자신들이 만든 상품을 특정한 장소나 부분에 연결할 수 있는 새롭고 효과적인 방법을 찾게 되었다. 나이는 그 목적에 도움이 되는 '연결점' 중 하나였다. 자신들의 물건을 사러 오도록 광고를 하고 특정 부류의 구매자들을 끌어모으는 한 방법이 되었다.

교회도 이런 흐름에 발맞추어 나이별로 가르는 바람에 교회의 예언자적 소명을 포기하기에 이르렀다. 교회들은 대체로 나이에 따라 교육 내용을 정하고, 공립학교의 나이별 교과 과정과 비슷한 제자 양육법을 만들어냈다. 그래서 많은 교회들이 연령별 그룹으로 나누고, 의도하지는 않았지만 우리 시대를 규정하는 소외의 흐름에 일조하게 되었다. 또 다른 결과로, 다음 세대의 열정과 활기가 위 세대의 지혜와 경험과 분리되었다. 그렇다고 해서 갑자기 주일학교나 청년 프로그램을 다 없애자는 말이 아니다. 다만 교회의 프로그램이 세대 간의 관계를 우선하는 방향으로 재평가되고 조정되어야 한다는 뜻이다.

나이로 그룹을 구분하는 것이 편리할지라도 우리는 과거(전통과 어른들)와 미래(다음 세대)를 연결해야 할 의무가 있다. 그리스도인들은 교회라고 불리는 살아 있는 유기체의 일원이다. 성경은 이 유기체의 무한한 다양성과 영원한 결집력에 대해 매우 상세히 기록하고 있다.

> 그러나 너희가 이른 곳은 시온 산과 살아 계신 하나님의 도성인 하늘의 예루살렘과 천만 천사와 하늘에 기록된 장자들의 모임과 교회와 만민의 심판자이신 하나님과 및 온전하게 된 의인의 영들과 새 언약의 중보자이신 예수와 및 아벨의 피보다 더 나은 것을 말하는 뿌린 피니라(히 12:22-24).

세대 간의 관계가 중요한 것은, 그들이 하나님 나라의 한 모습이기 때문이다. 여러 시대에 걸쳐 이어지는 하나님 백성들의 웅대함과 다양성을 보여주는 작지만 진실된 그림이야말로 세대 간의 교류다. 그들은 하나님께서 예수 그리스도 안에서 시작한 새로운 현실을 살아가는 시민들이다. 살아 숨 쉬는 그리스도의 몸이 역사적으로 계속해서 이어진다는 개념을 어떻게 다시 회복할 수 있을까? 어떻게 해야 교회를, 오늘을 살아가는 모든 성도의 집합체이자 대대로 이어질 그리스도의 몸으로 회복할 수 있을까?

당신이 예수님을 믿는 청년이라면, 위 세대 신앙인에게서 지혜를 구하길 바란다. '지혜를 구하는 것'에 대해 진심으로 강조하고 싶다. 잠언은 사랑처럼 지혜를 얻기 어렵다고 강조한다. 처음에는 분명하고 쉬워 보이지만 나중에는 인내와 오랜 헌신이 필요하다. 마찬가지로 지혜나 믿을 만한 멘토는 우연히 찾을 수 있는 게 아니다. 문을 두드리고 메일을 보내고 전화를 해야 한다.

젊은 세대들이 과거의 실수를 되풀이하지 않으려면, 젊은 지도자들에게 역사의식이 절실하게 요구된다. 그리고 이 인식은 위 세대 성도들과의 긴밀한 관계를 통해 얻을 수 있다. 나는 종종 10대들과 청년들이 어떤 아이디어나 방법을 마치 처음 발견한 것처럼 믿는 것에 깜짝 놀라곤 한다. 나도 그런 생각을 한 적이 있어서 아는데, 결국에는 자신들의 아이디어가 그렇게 혁명적인 것이 아님을 발견하게 된다. 그들의 생각은 그저 혁신적이고 새로워 보였던 것뿐이다. 그리스도를 따르는 어른들과 의미 있는 교제를 하게 된다면 젊은이들의 새로운 아이디어가 이전 세대가 쌓아놓은 엄청난 업적 위에 쌓이게 되고, 현 문화적 흐름 속에서 예수님을 따르고자 하는 젊은이들의 열정은 교회 전체의 지지와 후원을 받게 될 것이다.

당신이 부머 세대 혹은 그 위 세대라면, 나는 현 모자이크 세대의 문화가 갖는 혁명적인 속성을 직시하라고 권하고 싶다. 기독 청년들은 그 어느 때보다 급진적인 사회·기술적 변화 속에서 압력을 받으며 살고 있다. 우리가 변화를 인정하고 반응하는 데 시간이 오래 걸리면 걸릴수록 세대 간의 격차는 점점 더 벌어질 것이다.

당신이 지금 젊은 세대들과 얼마나 관계를 맺고 있는지 자문해보라. 세대 간의 격차는 점점 더 커지고 있으며, 과학기술의 발전이 한몫 거들고 있다. 따라서 격차를 줄이기 위해서는 많은 노력이 필요하다. 솔직히 말해, 깊은 관계를 맺으려면 시간이 필요하고, 상당한 시간을 경험을 공유하는 데 써야 한다. 나는 당신이 청년들을 향해 나아가기를 원하시는 하나님의 부르심에 응답하길 소망한다. 당신은 '역방향 멘토링'에도 마음이 열려 있는가? 젊은 리더들이 당신의 신앙에 도전하도록 허락하고, 그들이 교회를 새롭게 하도록 허락할 수 있는가?

당신이 교회 목회자라면, 세대 간의 관계를 최우선하기 바란다. 대부분 이런 관계는 저절로 형성되지 않는다. 공동체 안에 이런 관계가 활발해지도록 독려해야 하고, 먼저 모범을 보여야 한다. 요즘 유행하는 '냉철한' 목회에 도전장을 내밀거나 전통주의자들의 잣대를 고집하는 위 세대 신자들을 야단쳐야 한다는 의미일 수도 있다. 눈치챘을지 모르겠지만, 이 책 2부에서 각 장마다 제시한 대안은 관계적 측면이었다.

과잉보호 ➡ 분별

우리는 시대를 분별함으로써 두려움을 떨쳐버리고, 문화적 참여를 통해 야기될 수 있는 위험을 감수해야 한다.

얕음 ➡ 제자 양육

우리는 깊이 없는 얕은 지식을 포기하고, 젊은이들이 그리스도를 따르는 제자로 성장하도록 양육해야 한다.

반과학 ➡ 청지기

우리는 청년들의 재능과 지적 능력을 관리하는 청지기로서 현 과학 문화에 성실히 답해야 한다.

억압적 ➡ 관계적

우리는 성에 대한 전통주의자들의 담론과 개인주의자들의 담론을 거부하고 관계적 성 윤리를 확립해야 한다.

배타 ➡ 포용

우리는 '타인'을 향한 공감을 키우는 방식으로 그리스도의 유일성(배타성)을 보여주어야 한다.

의심 ➡ 행동

우리는 다른 사람을 돕고 섬기는 일을 통해 우리 안에 있는 의심의 문제를 성실하게 해결해야 한다.

제자 양육의 중심은 관계이기 때문에 관계적 요소가 중요하다. 그리고 이미 말했듯이, 교회를 떠나는 문제는 본질적으로 제자 양육의 문제다. 관계의 중요성을 재발견할 때, 당연히 우리의 제자 양육 구조를 다시 생각하게 된다. 그렇다고 지금 행하는 모든 프로그램을 버려야 하는 것은 아니지만, 효과가 없다고 판단되는 시스템은 포기할 준비를 해야 하지 않을까?

하나님 중심의 관계는 신실하고 성숙한 제자를 만들어낸다. 마지막 장에서는 기성세대 기독교 리더들과 젊은 유목민, 탕자, 포로 유형이 말하는, 의미 있는 관계를 형성할 수 있는 방법에 대한 제안을 들어보려고 한다. 이런 실질적인 아이디어가 교회에서 통용되어 세대 간의 화해를 이끌고, 모든 세대를 두려움 없는 제자로 양육할 수 있길 기도한다.

더 넓은 의미로
소명을 바라보자

연구를 진행하면서 배운 두 번째 교훈은 기독교 공동체는 '소명'의 신학적 개념을 다시 생각할 필요가 있다는 것이다. 소명이라는 용어를 지금까지는 주로 직업이나 직무상 교육에 국한해 사용해왔다. 그러나 기독교 전통에서 소명이란 개인으로든 공동체로든 하나님의 부르심을 의미한다. 소명은 우리가 그리스도인으로서 세상에서 감당해야 할 역할에 대한 분명한 인식이다. 이 개념은 수 세기에 걸쳐 내려왔는데 현대에 들어 그 의미가 많이 퇴색되었다.

연구를 진행하며 솔직히 가장 가슴 아팠던 것은, 많은 젊은이들이 그들의 삶을 향해 하나님께서 무엇을 원하시는지 분명히 알지 못한다는 사실이었다. 이것은 현대의 비극이다. 오랜 시간 교회를 다니고 수없이 성경공부를 했는데도 수많은 다음 세대들이 그들의 신앙과 삶을 연결시키지 못하고 있다. 그들은 온 세상의 사람들과 정보와 아이디어에 접근할 수 있지만, 그 모든 정보를 의미 있게 사용하는 삶에 대한 비전이 없다.

하나님은 교회를 통해 우리 개개인과 공동체의 삶의 목적이 더 크고, 위대하고, 역사적으로 발전하길 원하신다. 야구를 예로 들어보겠다.

나는 피츠버그 파이어리츠 팀의 홈구장(PNC 파크)을 설계한 사람을 만날 기회가 있었다. 설계에 대해 이야기를 하던 데이비드 그루셀은 이렇게 말했다. "구경기장은 필라델피아와 신시내티에 있는 다른 경기장들과 마찬가지로 도넛 모양으로 만들어졌어요. 아주 획일적인 모양이죠. 경기장 하나를 지으려면 수많은 기술력과 건축 설계가 필요한데, 남들 하는 대로 해야 돈도 절약되고 경기장답다고 생각하는 것 같아요. 하지만 필라델피아에 있는 경기장들은 이 도시와 전혀 어울리지 않아요. 마치 다른 행성에서 온 외계인 같지요. 저는 새 경기장을 설계하면서 피츠버그 시내를 수없이 돌아다니며 어떻게 해야 이 도시에 어울리는 경기장을 세울 수 있을지 고민했어요. 윤리적으로, 미학적으로 이 도시에 꼭 맞는 경기장을 만들고 싶었거든요."

데이비드는 정말 그 일을 해냈다. 외야수 쪽에서 바라보면 피츠버그의 상징물인 노란색 다리를 볼 수 있도록 설계했다. 나는 데이비드에게 왜 그런 설계를 했는지 물어보았다.

"팬들이 도시와 다리와 강을 다 볼 수 있게 하고 싶었어요. 아이러니한 것은 구경기장도 원래는 외야석에서 도시 전경을 다 볼 수 있도록 설계되었다는 사실이죠. 그런데 당시 경기장 소유주가 반대했대요. 왜 그런지 아세요?"

"자리를 더 만들려고?"

"맞아요. 더 많은 사람이 앉을 수 있어야 돈을 더 버니까요. 확신하건대 예전 경기장이 원래대로 건축되어 도시 전경을 볼 수 있게 만들어졌다면 지금까지 남아 있었을 테죠. 재단장은 필요했겠지만 없어지진 않았을 테죠. 소유주들은 경기장을 근시안적으로만 바라보았던 거예요. 그 때문에 피츠버그 시민들은 결국 경기장을 허물고 다시 짓느라 경비를 더 부담해야 했고요. PNC 파크는 영원히 남을 거라고 생각해요. 외관이 아름답기도 하지만, 피츠버그 시와 아주 어울리게 만들어졌으니까요. 이 경기장은 도시의 독특한 지리적 특성과 사람들을 고려해서 만들었죠."

내가 왜 이 이야기를 하는 걸까? 우리도 청년 사역을 근시안적으로 보고 있기 때문이다. 우리는 많은 것이 좋다는 잘못된 사고를 기반으로 젊은이들을 위한 양육 프로그램을 만들고, 허물고, 다시 만드는 일을 반복하고 있다. 더 많은 제자들을 우리 프로그램에 넣으면 더 좋은 것이고, 더 많은 자리를 채우면 더 잘하는 것이다. 정말 그럴까?

우리에게는 새로운 성공 계산법이 필요하다. 당신이 교회 사역을 하고 있다면, 청년들이 기성세대 한두 사람과 깊은 관계를 맺도록 당신이 도와주고 있느냐가 성공의 한 잣대일 수 있을 것이다. 즉, 젊은이들과 위 세대를 연결하여 그들이 수년간 의미 있는 멘토링 관계를 맺도록 돕는 것이다. 이 관계는 영적 성장에만 초점을 맞추는 것이 아니라 삶의 모든 영역에서 신앙을 실천하도록 돕는 것을 의미한다. 구체적으로 다음의 사항들을 측정해보면 성공의 정도를 판가름할 수 있을 것이다. 젊은이들이 성경을 알고 사랑하는가, 자신들의 은사와 소명을 분명히 깨닫고 있는가, 하나님의 음성을 들으려 하고 그 말씀에 순종하는가, 그들의 삶에 성령의 열매가 드러나는가, 다른 사람을 사랑하고 섬기는 일에 깊이가 있고 진실한가?

아마 당신은 이렇게 말할 것이다. "지금 장난해요? 어떻게 이것들을 측정해요?" 기계적인 방식이 아닌, 관계와 제자 양육이라는 방식으로 정확한 평가가 가능하다. 멘토는 자신의 제자가 성장하는 세세한 부분을 알고 있다. 훌륭한 부모라면 자녀의 삶에서 무엇이 잘되고 잘 안 되는지 분명히 인식할 수 있다. 예수님도 제자들과 충분히 가깝게 생활하셨기 때문에 그들의 신앙과 사역에서 거친 면들을 바로잡아 주실 수 있었다. 예수님은 그분을 따르는 자들을 알았다. 이런 지식을 나누기에 교회 규모가 너무 크다면, 예수님이 하신 대로 제자를 삼을 수는 없다는 의미다.

당신이 교회 지도자이거나 신앙 단체를 이끄는 리더라면, PNC 파크 이야기를 통해 결정권자의 분별력이 얼마나 중요한지 알았을 것이다. 바나 그룹에서 시행한 연구에서도, 성장이 느린 기업, 교회, 조직을 강력한 지도력으로 변화시킬 수 있는 것으로 나타났다. 그리고 청년들이 교회를 떠나는 요인 중 하나는 교회가 제자를 대량생산 하려 들기 때문이라는 사실을 확인했지만, 그렇다고 제도 자체가 중요하지 않거나 완전히 없어져야 한다는 의미는 아니다. 이것은 내용과 전혀 다르다. 오히려 우리가 '새로운 마음'으로 대학, 학교, 사역 단체, 교회라는 제도를 이끌어가는 것이 필요하다. 당신이 일하는 곳이 시민 단체든 사역 단체든 교회든, 기업 혹은 비영리 단체든 간에 말이다. 당신의 현명한 선택이 다음 세대를 위해 구별된 더 나은 결과물을 만들어낼 수 있다. 우리의 기존 체제 및 새로운 체제에는 신앙을 만들어내는 새로운 건축가가 필요하다.

당신이 기성세대 신자라면, 젊은이들의 삶과 신앙을 풍요롭게 해주는 일에 헌신하는 멘토가 되기 바란다. 멘토링해주는 젊은이들과 함께 시간을 보낼 때, 성경에 대해서만 말하지 않도록 조심하라. 그저 그들과 우정을 나누는 것을 즐거워하며 그들과 함께하라. 젊은이들에게 중요한 것이 무엇인지 관심을 기울이라. 젊은이들이 좋은 학교에 들어가도록 도와주라. 학자금을 대주라. 견문을 넓히는 시기를 결정하는 것도 도와주고, 데이트하는 것도 안내해주라. 당신의 고민과 지혜를 겸손히 나누라. 성급하지 않도록 조심하고 조종하려 들지 마라. 젊은이들이 그들의 삶을 향한 하나님의 독특하고 강력한 비전을 발견하도록 도우라.

당신이 부모라면, 자신의 소명감과 사명감을 키우기 바란다. 당신이 먼저 하나님의 임재를 구하고 사명을 다하는 삶을 살아내야 한다. 슬프게도, 많은 젊은이들이 사명감을 잘 깨닫지 못하는 이유는 부모가 그리스도를 따르는 것을 교회 출석만으로 국한했기 때문이다. 우리의 자녀들은 우리에게 없는 것을 배울 수 없다. 나는 하나님께서 우리 자신과 자녀들의 삶에 대한 비전을 주시기를 기도한다.

당신이 젊은이라면, 당신의 삶과 미래에 책임을 지기 바란다. 당신이 탕자든 유목민이든, 포로 혹은 또 다른 신앙 여정에 있든 간에 하나님은 아직 당신의 이야기를 끝내시지 않았다. 당신의 풍성한 영성을 더 크고 역사적인 교회를 향해 활짝 열기를 바란다. 히브리서 기자는 이 교회를 '과거와 현재의 성도들, 천사들, 하나님, 예수 그리스도가 다 모인 곳'이라고 표현했다. 당신도 이 모임의 일원으로 부름받았다. 성령께서 당신을 도와 하나님의 나라가 회복되도록 사용하실 것이다.

예수님을 따른다는 것은 소명을 발견하는 것이다. 마지막 장에서는 젊은 유목민, 탕자, 포로 유형 그리고 위 세대 기독교 리더들에게서 그리스도의 몸 된 교회가 더 깊은 소명을 재발견하기 위해 어떻게 해야 하는지에 대해 많은 이야기를 들어볼 것이다. 이런 실질적인 아이디어를 통해 공동체가 세대 간에 함께 비전을 발견하고 동역할 수 있는 일을 꿈꾸기 바란다.

하나님께서 주시는
지혜가 필요하다

　　　　　마지막으로 이 연구를 통해 배운 것은, 기독교 공

　　　　　　　　　　　　　　　　　청년들은 왜 교회를 떠나는가

동체가 이렇게 급격히 변화하는 문화 속에서 신실하게 믿음으로 살기 위해서는 지혜를 최우선으로 할 필요가 있다는 점이다. 우리는 정의보다 공평을, 창조보다 소비를, 성취보다 명성을, 인격보다 매력을, 거룩보다 이미지를, 분별력보다 오락을 가치 있게 여기는 사회에서 살고 있다. 따라서 우리는 인생이 무엇인지 알기 위한 청사진이 필요하다. 어떻게 해야 우리를 둘러싼 세상에 살면서도 그에 동화되지 않을 수 있을까? 모든 권위가 의심을 받고, 정보가 지천에 깔려 있고, 제도와 지도자에게 늘 실망하는 문화 속에서 우리에게 필요한 것은 하나님께서 주신 지혜다.

지혜는 하나님과 다른 사람들, 그리고 우리 문화와 올바른 관계를 맺는 영적이고 정신적이고 감정적인 능력이다. 성경에서, 계속되는 성령의 역사에서, 교회의 모든 실천과 전통에서, 다른 사람을 섬기는 섬김에서 그리스도를 찾을 때, 우리는 지혜롭게 된다. 하나님을 알고 경외할 때, 하나님께서 우리를 지혜롭게 하실 것이다. 하지만 이것은 한나 이야기에서도 볼 수 있듯이 고통스러운 과정이다.

이 프로젝트를 진행하면서 수많은 젊은이들을 만났는데, 아직 예수님께 삶을 헌신하지 않았거나 교회에 출석하지 않는 청년들이 많았다. 유목민 유형에 속하는 한나는 이렇게 편지를 보냈다. "집을 떠난 지 5년 정도 되었을 때 다시 하나님께로 돌아갈 길을 찾았어요. 그동안 제 삶은 변했고 황폐해졌어요. 교회를 떠난 데는 교회의 잘못도 있었기 때문에 저는 교회가 저를 잃은 거라고 말했어요. 그런데 정작 제가 저를 잃어버렸던 거예요. 저는 그리스도 안에서 제가 어떤 존재였는지 잊어버렸어요. 그것이 중요하다고 생각하지 않게 되었지요. 저도 저 자신을 찾을 수 없었는데, 교회 지도자들이 어떻게 할 수 있었겠어요? 제가 한 실수나 선택, 제가 사귄 친구들에 대해 다른 사람을 탓했지만, 결국 제가 사용하고 있는 유일한 대명사는 '나'였어요. 이 문제는 나와 하나님 사이의 일이었던 거죠."

한나는 신앙 여정에서 길을 잃었었다. 그러나 이제 그녀는 지혜의 길에 있고, 하나님과 다른 사람들과 세상과의 바른 관계 속에 있다. 지금까지 신실하게 믿음을 지켰던 사람이라도 한나에게 배울 수 있다. 성령께서 말씀하시면 예수님의 탕자 비유 속 방탕한 아들의 모습에서 우리가 우리 자신을 보게 되는 것처럼 말이다.

당신이 자신을 탕자라고 여긴다면, 탕자가 그랬던 것처럼(눅 15:17) 지금이 '정신을 차릴 때'인지 하나님께 물어보라. 당신이 유목민이나 탕자 유형에 속한다면, 성령의 도우심을 받아 당신 내면을 깊이 살펴보기 바란다. 지금이 집으로 돌아가야 할 때일지도 모른다. 당신이 기독교 공동체에서 상처를 받았다면 그들을 용서할 수 있도록 하나님께 도움을 구하고, 과거의 상처로 인해 예수님을 대적하는 사람들과 계속 연결되지 않기를 바라라.

아마 당신의 영성을 조금만 살펴보면, 당신이 탕자 이야기의 큰형과 같다는 사실을 발견하게 될 것이다. 위 세대 그리스도인들과 인터뷰하면서 청년들이 불손하다고 불평하는 사람들을 많이 봤다. 그런데 그들도 청년들의 이름을 정작 하나도 알지 못했

청년들은 왜 교회를 떠나는가

다. '큰형'과 마찬가지로, 우리 역시 종교의 규칙과 규율 안에서 안심하고 있는지 모른다. 그러면서 규칙을 따르지 않았는데도 아버지께 용납된 사람들을 향해 적대감을 갖고 있다. 자신을 솔직히 인정하고, 다음 세대를 하나님의 자녀로 받아들이는 일에 기뻐하지 못했던 우리의 모습을 내려놓자. 우리가 큰형과 같은 사람이라면, 우리의 신실함이 다음 세대와 기성세대의 화해를 가로막는 장애물이 되지 않도록 조심해야 한다. 이제 걱정, 두려움, 통제, 조급함을 버리고 하나님께서 잃어버렸던 아들을 위해 벌인 잔치에 기쁘게 참여하지 않겠는가?

예수님은 탕자 비유에서 아버지의 마음을 보여주신다. 예수님의 삶과 사역과 죽음과 부활은 모두 하나님 아버지의 얼굴을 보여준다. 그리스도를 따르고, 하나님의 말씀을 가르치고 공부하고, 성령 안에서 살고, 성도들과 함께 공동체를 섬길 때, 우리는 제자를 낳는 제자가 될 것이다.

지혜는 변화된 문화 속에서 우리가 온전히 신실하게 살도록 우리를 돕는다. 마지막 장에서는 젊은 유목민, 탕자, 포로 유형과 위 세대 기독교 리더에게서 지혜의 중요성에 대해 더 많은 이야기를 듣게 될 것이다. 나는 실질적인 아이디어를 통해 당신과 당신의 공동체 안에 예수님을 향한 갈급함이 다시 불붙기를 기도한다. 이 갈급함은 우리가 함께 그분을 구할 때 해결될 것이다.

다음 세대를 제자 삼기 위한
50가지 지혜

《나쁜 그리스도인》의 공동 필자인 게이브 라이언이 그 책에 기독교 사상가들이나 실천가들의 원고도 수록하자는 제안을 해서 실었는데, 참 잘했다는 생각이 든다. 그 책을 쓴 취지가 기독교에 대한 대중적인 인식을 알아보고 그에 대해 생각해보자는 것이었는데, 우리 의도가 잘 표현되었기 때문이다. 돌이켜보면, 하나님은 그 기고가들의 아이디어를 사용해서 생각과 말을 넘어 행동과 변화로까지 독자들이 나아갈 수 있게 해주셨던 것 같다.

  이제 이 책의 마지막 장에 다다랐다. 당신이 젊은 세대든 기성세대든, 탕자 유형이나 유목민 유형 혹은 포로 유형이든, 교회에 충실하든 아니든 간에 이 책을 통해서도 비슷한 영감을 얻었으면 한다. 나는 지금껏 연구한 주제에 대해 많은 이들과 의견을 나누면서, 행동하고 변화하려면 우리가 어떻게 해야 할지, 어떻게 해야 기독교 공동체가 다음 세대를 이해하고 제자를 양육하는 '새 마음'을 가질 수 있을지에 대해 의견을 묻고 글을 써달라고 부탁했다. 기고가들 중에는 잘 알려진 사람도 있고 그렇지 않은 사람도 있다. 나이가 꽤 든 사람도 있고 이제 막 20대에 들어선 사람도 있다. 기성세대 신자나 제도권 지도자가 유념해야 할 점을 말한 사람도 있고, 젊은 그리스도인이나 교회를 떠난 사람을 향해 말한 사람도 있다.

여기에 제시된 생각들이 당신의 특수한 상황에 다 들어맞지는 않겠지만, 적어도 당신이나 당신의 부모 및 자녀 혹은 당신이 속한 청년부나 대학부, 당신이 속한 단체나 교회에 맞는 아이디어 한두 개는 발견하리라 생각한다. 나는 이런 아이디어의 도움을 받아 당신이 더 깊은 제자로서의 삶을 살게 되기를 소망한다.

시작하기 전에 두 가지를 짚고 넘어가겠다. 하나는, 여기에 제시된 아이디어가 이 책 전체를 대변하지는 않는다는 점이다. 마찬가지로 여기 제시된 모든 아이디어에 내가 동의하는 것은 아니라는 점을 밝혀두고 싶다. 하지만 의도적으로 실었다. 이 프로젝트를 진행하면서 얻은 가장 큰 교훈 중 하나는 그리스도 중심의 공동체가 되기 위해 모든 것에 동의할 필요는 없다는 것이다. 둘째는, 여기에 제시된 50개의 아이디어는 단지 시작에 불과하다는 점이다. 우리 웹사이트(www.YouLostMeBook.org)를 방문하면 더 많은 아이디어를 만날 수 있다. 마크 배터슨, 마거릿 페인버

그, 애덤 해밀턴, 레지 조이너, 댄 킴벌, 맥 피어, 그렉 스티어 외 다수의 의견이 더 있다. 예수님의 명령을 따라 다음 세대를 제자 삼는 방법에 대한 새로운 아이디어가 있으면 당신도 그곳에 글을 남길 수 있다. 여기서는 50가지 제안으로 시작해보겠다.

모두를 위한
제안

1. 솔직해지라

이 책은 당신을 솔직한 대화로 초대한다. 당신이 먼저 솔직하게 자신의 이야기, 내가 누구이고 어떤 문제로 고민하는지를 나누면, 다른 사람이 말을 꺼내기가 훨씬 수월할 것이다.

물론 처음이 가장 어렵다. 정해진 규칙이나 경계도 없고, 영역의 구분도 명확하지 않다. 하지만 이것이 바로 우리가 해야 할 일이다. 우리 자신을 솔직하게 내던져야 한다. 진리를 공유하며 살아가자. 우리가 그렇게 할 때, 다른 사람에게 두 번째 차례라는 선물을 선사하게 된다. '진짜 그리스도인' 혹은 '좋은 그리스도인'처럼 보이려고 당신의 실수를 가장할 필요는 없다. 완벽한 척하게 만드는 거짓의 괴물은 이미 패했다.

이 세대와 모든 세대에게 다가가기를 원한다면, 먼저 당신의 이야기를 솔직히 털어놓음으로써 주위 모든 사람에게 두 번째 차례가 되는 선물을 주어라.

_ 존 아쿠프 《꿈꾸는 월급쟁이》(Quitter, 한빛비즈) 저자

2. 죄를 고백하라

기독교 단체들은 대체로 죄를 고백하기 꺼려 하는 문화를 만든다. 자신의 실수는 고백하지 않은 채 자신은 지키지도 않는 규칙을 젊은이들에게 내놓는다. 이로 인해 불화가 생기고 결국에는 위선적인 교회가 된다. 이들은 죄인들이 다시 일어서게 하는 정책 대신 죄인들을 고립시키는 공동체를 만들어낸다. 공동체가 그들을 제명하거나 죄를 숨기게 만들어 스스로 공동체로부터 고립되게 한다. 공동체의 핵심 규칙이 "묻지 말고, 말하지 말라"가 된다. 그러니 수많은 젊은이들이 교회를 떠나는 것은 당연하지 않은가!

성경은 하나님과 형제들 앞에서 우리 죄를 고백함으로써 치유와 기쁨이 있는 공동체를 만들라고 말씀하신다(약 5:16). 용기를 내어 우리가 저지른 실수를 고백하자. 주님이 우리 대신 대가를 다 치르셨다.

이제 행동으로 옮기자. 죄를 고백하고 내침을 당하자. 죄를 고백하고 명성을 잃자. 죄를 고백하고 직업을 잃자. 죄를 고백하고 소파에서 잠을 자자. 죄를 고백하고 죄에서 구원받자. 죄를 고백하고 내쫓겨 진정한 교회 공동체의 일원이 되자. 죄를 고백하고 우리를 진정으로 사랑하고 용서하시는 그분으로부터 떨어지지 말자.

_ **마이클 디마코** '헝그리 플래닛' 대표, 《하나님의 사람》(God Guy) 저자

3. 기대치를 높이라

우리는 지금까지 교회를 '편안한 곳'이 되도록 인간적인 모든 노력을 기울여왔다. 예배 시간을 최대한 짧게 줄이고, 교제 시간

청년들은 왜 교회를 떠나는가

을 늘리고, 제자 훈련이나 전도는 선택 사항으로 만들고, 도덕적 기준은 낮췄다. 동기는 나쁘지 않았다. 예수님께 최소한의 헌신을 하게 함으로써 더 많은 사람을 모을 수 있으리라 생각했다. 하지만 그 결과, 삶이 변화되지 않은 명목상 기독교인들만 양산하여 오히려 믿지 않는 사람들의 관심을 가로막고 말았다.

지금 새로운 세대가 일어난다. 그들은 성경공부를 하면서 분명히 깨닫는다. 성경 속 예수님은 그분을 따르는 자들에게 모든 것을 요구하신 것에 반해 자신들의 신앙생활은 얼마나 깊이가 없는지 분명히 본다. 그들은 전통적인 주일 오전 예배에 식상해져 있다. 그들은 성령을 기대한다. 이제 그들에게 도전해야 한다. 기도하고, 세례를 받고, 사람들을 제자 삼는 엄청난 책임감을 부여해야 한다. 이 일을 하도록 능력을 주시는 성령의 능력에 놀라운 눈을 떠야 한다.

친구를 교회 행사에 데려오기만 하면 목사님이 다 알아서 구원해주고 제자 삼는 시대는 끝나야 한다. 이제 교회는 모든 성도가 전도하고 제자 삼는 사역에 동참하는 곳이 되어야 한다. 목회자가 단순히 예배 인도자로 머무는 교회가 아니라 사람들을 제자 삼도록 훈련시키는 교회야말로 능력 있는 교회임을 이 세대는 보게 될 것이다.

_ **프랜시스 챈**《크레이지 러브》(*Crazy Love*, 아드폰테스) 저자

4. 복음을 제대로 선포하라

지금부터 영원까지 행복한 삶을 약속하는 '소비자 중심의 복

음'(the consumer gospel)은 세상물정에 밝고 모든 것에 연결되어 있는 젊은이들에게는 이제 통하지 않는다. 개인적인 만족에 호소하는 복음은, 20대들의 바쁜 삶을 개선해주는 하나의 프로그램이나 싸구려 판매 구호 정도로 전락했다. 이러한 복음으로는 다음 세대가 현 문화의 어두운 면인 소비지상주의, 개인주의, 물질주의의 조류에 대항하도록 도울 수 없다. 우리는 성경의 위대한 가르침을 재발견하여 모든 것을 포괄하는 심도 깊은 복음을 가르쳐야 한다. 그리스도의 삶과 죽음이 어떻게 하나님과 이웃, 창조세계, 나 자신과의 화해를 가져오는지 보여줌으로써, 앞으로 이루어질 하나님 나라의 예언자적 증인으로 살아가도록 도와야 한다. 그래야 다음 세대가 이러한 하나님의 부르심을 듣게 될 것이다.

_ **크리시 칸디아** '영국 복음주의연맹' 대표, 《운명》(*Destiny*) 저자

5. 수공예품 제자를 만들라

누군가의 성장을 돕기 원한다면, 그 사람에게 맞는 방식으로 도와주어야 한다. 이를 가장 잘 보여준 분이 바로 하나님이시다. 하나님은 각 사람에게 필요한 것을 정확하게 알고 계신다.

하나님은 아브라함을 고향과 친척과 아버지의 집에서 떠나게 하셨고, 엘리야를 낮잠 자게 하셨으며, 여호수아를 책임자가 되게 하셨고, 아담을 벌받게 하셨다. 하나님은 모세를 40년 동안 준비시키셨고, 다윗을 하프를 연주하고 춤을 추게 하셨으며, 바울에게는 펜과 두루마리를 주셨다. 하나님은 야곱과 씨름하셨

청년들은 왜 교회를 떠나는가

고, 욥과는 논쟁을 하셨으며, 엘리야에게는 속삭이셨고, 가인에게는 경고를 하셨고, 하갈에게는 안심을 시키셨다. 아론에게는 제단을 주셨고, 미리암에게는 노래를 주셨고, 기드온에게는 양털을, 베드로에게는 이름을, 엘리사에게는 겉옷을 주셨다. 예수님은 부자 청년에게는 엄하셨고, 간음하다 잡힌 여인에게는 부드러우셨으며, 제자들에게는 인내하셨다. 또 서기관들을 엄히 책망하셨고, 어린이를 부드럽게 안아주셨으며, 십자가에 달린 강도에게 은혜를 베푸셨다.

하나님은 사람마다 다른 방식으로 대하신다. 하나님은 대량생산 하시는 분이 아니라 수공업자이시다. 그리고 이제 당신이 그렇게 해야 할 차례다.

하나님은 영원 전부터 계셨지만 이제 당신과 함께 새 일을 행하시길 원하신다. 많은 사람들이 영적 성장과 관련한 문제는, 전문가들의 말을 듣고 행해야 한다고 생각하는 듯하다. 각자 다르기 때문에 그 일이 자신에게 맞지 않는 것이 당연한데도 죄책감을 느끼고 자신을 부족하다고 여긴다. 그러다 많은 경우 영적 성장을 위한 노력을 포기한다. 그러나 영적 성장이란 대량생산품이 아니라 수제품이다. 하나님은 '프리 사이즈'를 만드시지 않는다.

_ 존 **오트버그** 멘로파크 장로교회 목사.

《내 영혼은 무엇을 갈망하는가》(*Soul Keeping*, 국제제자훈련원) 저자

6. 상상력을 회복하라

성경이 처음에 창조를 말하고, 인류의 시작과 사명을 말하는

데는 다 이유가 있다. 창조성이야말로 인간 됨의 기초이기 때문이다. 이것을 알지 못하면 전체를 놓치고 예수님을 따르는 삶이 무엇인지도 깨닫지 못하게 된다. 하나님의 책은 인간다워지는 데에 창조성과 상상력이 얼마나 중요한지 분명하게 강조하고 있다. 그런데 왜 그리스도인들은 이 점을 늘 간과하는 것일까?

우리가 다음 세대에게 줄 수 있는 가장 큰 선물은 풍부한 상상력과 창조적인 삶을 회복시키도록 하는 것이다. 이런 삶은 하나님의 구원을 통해 시작되고 말씀대로 살 때 유지된다. 예수님을 따르라는 초청이 "와서 예수님을 만나보라"라는 의미로 받아들여진다면 어떨까? 예수님은 죄를 용서하고 모든 삶을 새롭게 하실 능력이 있다. 예수님은 이 모든 상상력을 당신에게 나눠주시길 원한다. 또한 이 땅과 다른 사람들을 보살피는 창조적인 삶을 살도록 부르시고 있다. 예수님은 사랑하는 모든 것을 새롭게 하신다. 예수님의 말씀은 우리에게 창조성의 시작이요 끝이다. 예수님은 모든 것을 창조하셨고, 모든 것을 새롭게 하신다.

하나님은 우리를 이 놀라운 이야기 속으로 초대하신다.

_ **찰리 피콕** 음악가, 제작자, '아트 하우스 아메리카' 공동 설립자

7. 은사를 발견하라

나는 출애굽기 31장을 읽다가 영적 은사들이 우리가 '사역'이라고 부르는 영역에만 국한된 것이 아님을 깨닫고 큰 충격을 받았다. 하나님은 놀라울 만큼 쉬운 언어로, 브살렐과 오홀리압에게 '하나님의 영'을 충만하게 하여 그들이 성막을 짓는 모든 일

청년들은 왜 교회를 떠나는가

을 지도하는 데 탁월하게 하겠다고 모세에게 말씀하신다. 브살렐과 오홀리압의 일은 사람들이 하나님을 만나는 장소를 만드는 것이었다. 그들의 은사는 사역 자체를 위한 것이 아니라 성막을 디자인하는 데 필요한 것이었다.

이 말씀을 깊이 묵상하면서 건축가로서의 내 직업이 교회를 섬기는 일보다 못한 것이 아님을 알 수 있었다. 사실 하나님은 내가 주일학교에서 좋은 교사가 되는 것보다 최고의 건축가가 되는 것을 더 바라고 계실지도 모르겠다. 몇 년 전만 해도 이런 생각이 다소 불경스럽다고 생각했지만, 이 생각대로 그동안 살아보니 이 또한 진리임을 알 수 있었다. 하나님은 사람들을 정육점 주인으로, 빵 굽는 사람으로, 웹디자이너 등으로 부르고 은사를 주신다. 직업 가운데 교회에 직접 유익을 주는 일도 있지만, 대부분의 직업은 교회 밖 세상을 이롭게 한다.

하나님께서 특별히 당신이 하게끔 창조하신 그 일을 당신이 할 때 엄청난 자유가 찾아온다. 선교 여행을 가기 위해 당신에게 무의미한 일을 하느라 인생을 낭비할 필요가 없음을 알게 될 때 얼마나 자유롭겠는가. 불의한 일이 아니라면, 모든 직업은 중요하고 가치가 있다. 하나님은 이 모든 것을 통해 공동의 선을 이루어가시기 때문이다.

_ **데이비드 그루셀** '컨버전스 디자인' 대표, '피츠버그 PNC Park' 수석 디자이너

8. 참여하게 하라

나는 교회든 예술이든 직접 뛰어들어봐야 온전히 알게 된다

고 확신한다. 전문적인 예술가들이 만든 작품이 있다. 이런 작품은 그저 바라보며 감상하는 대상이다. 반면 누구나 예술가가 될 수 있다. 예를 들어, 유치원생도 자신이 표현하고자 하는 바를 얼마든지 표현할 수 있다. 이런 예술은 누구나 다 참여할 수 있다. 하지만 이것도 예술이고 중요하다. 나는 우리가 지금까지 '잘 만든 예배'에 너무 집중한 나머지, 사람들을 그저 예배를 바라보고 감상하게 한 것은 아닌지 걱정스럽다. 그들이 예배에 함께 참여할 수 있도록 허용하지 않았던 것은 아닌지 우려된다.

교회에 대한 일반적인 비판 여론에 모두 동의하는 것은 아니지만, 요즘 젊은이들 사이에 불고 있는, 상품화된 공연을 치르듯 행해지는 예배를 거부하는 흐름에는 동의한다. 그들은 예배에 참여하기를 원한다. 삶으로 선교하고 삶으로 예배하는 신앙을 원한다. 예술은 본질적으로 하나의 상품 또는 하나의 행위를 말하는 것이 아니다. 교회 또한 함께 문제를 풀고, 함께 공부하고, 함께 섬김을 통해 살아갈 수 있다.

_ **사라 그로브스** 싱어송라이터, 음반 제작자

9. 위험을 감수하라

9·11테러 이후 우리는 급진주의에 예민해져 있다. 급진주의 하면, 종교적 극단주의자들이 생각난다. 우리는 이런 사람들이 나오지 않도록 기독교의 열정을 누르고 있다. 그러나 종교적 극단주의를 피하기 위해 하나님의 사랑이 갖는 극단적인 속성을 마비시키는 것은, 차를 멈추기 위해 라디오 볼륨을 낮추는 것과

청년들은 왜 교회를 떠나는가

같다. 극단주의는 이데올로기지만, 하나님의 사랑은 예수 그리스도의 삶과 죽음, 부활이라는 기독교의 심장이기 때문이다. 기독교 신앙은 우리를 향한 하나님의 사랑의 결과물인 십자가 위에 뿌리를 내리고 있다.

신앙을 위해 급진적인 행동을 하는 것은, 바보처럼 보일지라도, 아메리칸 드림을 얼마간 포기하는 한이 있더라도, 예수님처럼 행동하는 것을 의미한다. 그러나 이런 위험 때문에 젊은이들이 신앙을 버리는 것은 아니다. 그들은 기독교 신앙이 위험하다는 것을 분명히 알고 있다. 어쩌면 우리보다 더 잘 알고 있을지도 모른다. 그들은 주일에 축구 경기 대신 예배를 선택하고, 마약을 파는 대신 임금이 낮은 직업을 택하고, 단순히 직업이 아닌 소명을 찾는 것이 자신에게 어떤 대가를 요구하는지 잘 알고 있다. 수입의 20퍼센트를 포기하는 것? 화려한 곳에 가기보다는 믿음의 공동체와 함께하는 것? 휴가 비용을 고아원에 보내는 것?

급진적인 믿음은 남이 안 하는 행동을 하는 것을 의미하지 않는다. 그것은 자신을 온전히 내어주신 예수 그리스도의 사랑을 실천하는 것을 말한다. 그 사랑은 고통을 감수한 사랑이요 생명까지 내어준 사랑이다. 기독교는 위험을 감수할 가치가 있는 것일까? 지금 젊은이들이 우리를 지켜보며 기다리고 있다.

_ **켄다 크리시 딘** 프린스턴 신학교 교수, 《명목상 그리스도인》 저자

10. 다시 예수님께 집중하라

우리는 예수님을 값싸게 팔고 있다. 예수님을 그저 파트너 정

도, 어떤 수단이나 피난처 정도로 묘사한다. 반면, 예수님을 기쁨의 근원이요 중심으로는 거의 표현하지 않는다. 우리가 이렇게 행동하기 때문에 젊은 구도자들은 늘 기쁨에 목마르고 만족이 없다. 그 허기를 채우려면 다른 데를 알아보라고 말하는 것과 다름없다. 그러다 보니 그들은 재미, 가족, 일, 문화 상품, 거룩함이나 정결함 혹은 섹스나 모험에서 그 허기를 채우려 한다. 이 모든 것이 다 좋은 것일지라도 궁극적인 것은 아니다. 그래서 젊은 구도자들은 방황한다. 기쁨을 찾아 헤매지만 결코 찾지 못한다. 다음 세대에게 진실을 말하라. 예수님만이 모든 사람의 기쁨의 근원이자 중심이 되신다!

_브릿 메릭 산타바바라 리얼리티 교회 목사,《크신 하나님》(*Big God*) 저자

다음 세대를 위한
제안

11. 과민반응하지 마라

과거의 결정이나 추론 혹은 생각의 패러다임을 바꾸고 싶은데, 무엇을 지키고 무엇을 지키지 말아야 할지 판단하기 어려울 때가 종종 있다. 이럴 때는 과거에 대해 감정적으로 반응하기보다는 좀 더 생각해볼 필요가 있다. 그렇지 않으면, 우리가 문화적으로 무분별했다고 비판했던 이전 세대처럼 우리도 똑같이 우리 시대의 문화에 무분별하게 빠지고 말 것이다.

간단히 말해, 깊이 생각하지 않는 반사적 사고로는 현 복음주

의의 모습을 그대로 답습할 수밖에 없다는 것이다. 보수주의 아니면 자유주의, 도덕적 해이 아니면 율법주의, 문화 변화에 대한 전적 거부 아니면 전적 수용을 하게 된다는 의미다.

"우리는 그들과 달라!"라고 외친다고 해서 이 문제가 해결되지는 않는다. 비판하기 위해서는 교회 역사에 대해 더 많이 알아야 하고, 신앙 선조들의 삶에 역사했던 성령의 사역을 더욱 겸손히 볼 수 있어야 한다. 그래야 확신을 가지고 용기를 내어 개혁을 이룰 수 있다.

_ **존 스톤스트리트** '서밋 미니스트리' 대변인

12. 성적 충동과 싸우지 말고 결혼하라

교회에서 청년들이 사라지는 주된 요인은 성적 충동과 종교적 충동이 그들의 삶에서 충돌하기 때문이다. 둘은 양립할 수 없어 보인다. 사실 젊은 세대는 부모 세대보다 평균 5년 늦게 결혼한다. 젊은이들은 성적 충동이 매우 강하지만, 결혼이 좋은 것이며, 꼭 필요하고, 실현 가능하다는 오랜 담론을 거부하고 있다. 너무나 많은 젊은 기독교인들이 동거라는 형태에 안주하면서 이혼이 판치는 문화 속에서 안전을 택하는 게 상책이라는 생각을 갖고 있다. 그러나 동거는 종교적 충동과 충돌한다. 종교적 충동대로 하자면 주일예배에 와서 만나는 것으로 만족해야 한다. 한 침대에서 둘이 일어나 함께 주일예배를 드리러 가는 것은 아무래도 이상하다. 그래서 젊은이들은 점점 다른 형태의 영성을 선호하며 그러한 충돌을 잠재우려 한다. 그러나 동거는 저항적인 행위가 아니다. 오히려 젊은 기독교인들이 문화를 거스르는 한 방법은 바로 결혼하는 것이다.

_ **마크 레그너러스** 텍사스 대학교 사회학과 교수, 《금단의 열매》 저자

13. 공백기를 가지라

대학에 들어가기 전 1년간 공백기를 갖는다면, 하나님께서 원하시는 자신은 어떤 모습이어야 하는지 깊이 생각해볼 수 있을 것이다. 대학에 가려는 학생들은 이러한 공백기를 통해 자신이 왜 대학에 가야 하는지, 그 이유와 목적을 생각해볼 수 있다. 그러나 왜 가야 하는지를 전혀 생각해보지 않은 채 고등학교를 졸업하면 대학은 그저 당연히 가야 하는 곳이 된다.

최근에는 기독교 캠프나 교회, 선교 단체 들도 학생들이 일상적인 '학교 교육'을 벗어나 이런 '공백기'를 체험하게 함으로써 하나님과 더 깊은 관계를 맺도록 유도하고 있다. 이 프로그램은 주로 9개월 과정으로 이루어지며, 세계관, 정체성, 섬김에 초점을 두고 다양한 문화를 체험하도록 도와준다. 전부는 아니겠지만, 많은 학생들이 이 공백기 프로그램을 통해 대학에 가고, 어른이 되어가는 과정을 더 잘 준비할 수 있게 된다.

우리는 그리스도를 따르는 자들로서 '이 세대를 본받지 말아야 한다(롬 12:2). 이는 곧 교회가 세상과는 다른 성공 이야기들을 만들어가야 한다는 의미다. 매우 많은 학생과 부모가 '세상 이야기'에 휩쓸려 무조건 고등 교육을 받아야 한다고 생각한 나머지, 고등학교 이후에 어떤 삶이 가장 최선의 삶인지, 성경적으로도 비판

적으로도 생각하지 못하고 있다. '공백기' 프로그램에 참여하는 것이 이러한 세상의 흐름을 거스르는 데 큰 도움이 될 것이다.

_ **데릭 멜러비** '부모 및 청소년 이해를 위한 센터' 사역자,
《공부하는 그리스도인》(*The Outrageous Idea of Academic Faithfulness*, IVP) 저자

14. 진지하게 배우라

교육은 하나님을 알고 사랑하고 섬기게 한다. 우리는 신앙과 이성을 통해 하나님을 알게 되는데, 이것이 바로 교육이 이루고자 하는 목표다. 교황 요한 바오로 2세는 이렇게 말했다. "신앙과 이성은 인간의 영혼을 진리로 이끄는 두 날개다. 하나님은 인간의 마음에 진리, 즉 하나님을 알고자 하는 소망을 심어놓으셨다. 따라서 인간은 하나님을 알고 사랑할 때 자신에 대한 온전한 진리에 이르게 된다"(회칙, 1998년 9월 15일).

나는 지금 토마스 아퀴나스 대학교를 막 졸업하고 세상에 나갈 준비를 하면서 이 글을 쓰고 있다. 지난 4년간 신학, 철학, 수학, 과학, 문학과 같은 교양 과목을 가톨릭적 관점에서 들을 수 있는 축복을 누렸다. 신앙과 이성, 둘 다 사용해서 하나님을 알아가는 시간이었다. 이제 진리 안에 깊이 뿌리를 내렸고 다른 사람에게도 나눌 준비가 되었음을 느낀다. 많은 사람들이 복음을 듣지 않으려 할 것도 안다. 단지 그들도 내가 본 것을 보고 내가 생각한 것을 생각할 수 있었으면 좋겠다. 그들을 내 생각대로 바꾸고 싶어서가 아니라, 진리로 인해 그들이 자유로워지기를 원하기 때문이다. 내 행복에는 전염성이 있는 것 같다. 더 많은 사

람에게 이 행복이 퍼져나가기를 기대한다. 신앙과 이성이 하나가 되는 것을 맛볼 기회가 있었다면, 그들도 길이요 진리요 생명이신 예수님을 영접했을 것이다.

_**모니카 쉐니펠트** 토마스 아퀴나스 대학교 졸업생

15. 문화를 해석하라

성경은 아담과 하와의 결혼으로 시작해서 그리스도와 교회의 결혼으로 끝난다. 성경 정중앙에는 남녀 간의 사랑을 노래하는 아가서가 놓여 있다. 나는 지금까지 쓰인 수많은 사랑 노래들이, 비록 불완전하기는 하지만, 바로 이 아가서가 말하는 사랑으로 들어가려는 시도였다고 믿는다. 라디오를 켜고 사랑을 노래하는 가사들을 들어보라. 그리스도를 간절히 찾는 외침이라 생각하고 들어보라. 예를 들어 1950~1960년대 등장한 록 음악을 들어보라. 아가서가 '성경의 배경 음악'이라면 로큰롤은 '성 혁명의 배경 음악'이라 할 수 있다. 단, 아가서는 질서 있게 통제된 성욕을 표현하지만 록 음악은 종종 왜곡된 성욕을 표현한다. 하지만 록 음악의 왜곡된 표현을 바로잡아 보면 무엇이 보이는가? 아가서의 사랑이 어렴풋이 드러난다. 우리는 거기서 그동안 그리스도를 애타게 찾고 있었던 우리를 발견하게 된다.

_**크리스토퍼 웨스트** '몸의 신학연구소' 연구원, 'theCORproject' 창립자

16. 하나님의 가족을 발견하라

가족은 우리 세대에게 하나의 딜레마다. 나를 포함해서 많은

청년들은 왜 교회를 떠나는가

젊은 세대가 어른이 되는 과정 중에 가정 안에서 큰 상처를 입었다. 그러나 우리 대부분은 결혼을 해서 자신의 가정을 꾸리기 원한다. 가정으로부터 받은 상처와 가정을 꾸리고 싶은 열망 같은 우리 안의 상충된 감정이 어떻게 조화를 이룰 수 있을까?

기독교 신앙이 그 일을 하기에 가장 적합하다. 밀레니엄 세대는 하나님께서 '왜' 가정을 만드셨는지에 대해 알아야 한다. 우리 이전 세대가 보여준 가정의 모습이 엉망이었다고 해서 이러한 진리를 추구하려는 노력을 멈춰서는 안 된다. 우리 문화가 굳이 가정을 필요로 하지 않는다 해도, 정치적 목적으로 가정을 옹호하는 동료 신앙인들의 미사여구가 싫더라도, 가정에 대한 하나님의 계획을 알아가려는 노력을 포기해서는 안 된다.

밀레니엄 세대는 '공의의 세대'라고 불려왔다. 이제 우리 자신을 향해 공의를 세우자. 이전 세대가 물려준 결혼과 가정에 대한 잘못된 인식에 머무르기를 거부하자. 그러기 위해서는 우리 자신을 넘어 더 큰 공동체 안에서 가정과 결혼에 대해 하나님께서 성경을 통해 말씀하시는 바에 집중해야 한다. 우리가 교회 공동체 안에서 서로를 포용하며 하나님의 말씀을 붙들 때, 우리의 심령은 치유되고, 소망은 되살아나며, 이 세상을 변혁시킬 수 있을 것이다.

_ **에스더 플리스** '포커스 온 더 패밀리' 밀레니엄팀 보좌관

17. 일터에서 소명을 발견하라

직업을 가진 사람은 그 직업을 통해 하나님께서 원하시는 것이 무엇인지를 먼저 발견해야 한다. 그다음에는 신학이나 성경

적 원리에 따라 그 일을 어떻게 해나갈지에 대해 관심을 집중시켜야 한다. 감사하게도 우리에게는 몇몇 롤 모델이 있다. 마스(Mars Inc.)는 상호 이익을 존중하는 경제 정책 아래 동부 아프리카에 환경을 파괴하지 않는 회사들을 설립했다. 칙필에이(Chick-fil-A)는 섬김의 리더십으로 고객과 사원들의 이야기에 귀를 기울인다. 뎀다코(DEMDACO)는 모든 사람에게 감동을 주기 위해 아름다움을 강조한다. 서비스매스터(Servicemaster)는 기업들에게 힘을 실어주기 위해 보완 원칙(결정 사항을 조직 전체가 아닌 해당 부서에만 적용하는 방식)을 이용한다. 이러한 모든 노력은 '일터의 평화'를 찾으려는 시도다. 이런 시도야말로 하나님 나라와 이 땅(일터)의 합일점을 찾으려는 노력이라 할 수 있다.

이전 세대의 수많은 기업들과는 달리, 우리는 우리를 향한 하나님의 부르심의 의미를 알기 위해 성공할 때까지 기다릴 필요가 없다. 우리는 이미 창세기에서 하나님의 부르심의 의미를 깨달을 수 있다. 그것은 바로 하나님 나라를 함께 세워갈 동역자로 우리를 부르셨다는 것이다.

_ **에반 베어** 학생, 하버드 대학교 경영대학원

부모를 위한
제안

18. 가족의 유대감을 강화하라

나는 기독교 신앙을 떠날 때 부모님이 어떻게 받아들일지가

청년들은 왜 교회를 떠나는가

제일 걱정이었다. 부모님 두 분 다 목사이시고, 나는 기독교 신앙 안에서 자랐으며, 우리 가족은 아프리카로 5년간 선교 활동을 다녀오기도 했다. 여동생이 내게 부모님께 솔직히 말하라고 권유해서 용기를 내어 말씀드렸는데, 부모님이 크게 실망한 것 같지는 않았다. 오히려 자신들이 잘못한 것은 없는지 자책하며 슬퍼하셨다. 하지만 늘 그랬듯이 부모님은 여전히 나를 사랑하며 아무것도 변한 것이 없다고 말씀해주셨다. 부모님과의 관계가 변함없음을 느낄 수 있었다. 그건 지금도 마찬가지다. 하지만 내가 신앙을 버림으로써 부모님과 어쩔 수 없는 단절은 생겼다. 우리 가족의 경우, 성경과 예수님을 믿는 믿음 위에 뿌리를 두고 있다. 직업, 관계, 결혼, 장례식, 휴일, 주말 행사 등이 모두 신앙과 관련이 있다. 나는 내 가족과 그들의 신앙을 존중한다. 그러나 이제 내 선택으로 인해 그들과 더 이상 신앙을 공유하지 않기 때문에 가족 안에서 나는 소외감을 느낀다. 물론 다른 식구들이 나를 그렇게 생각하지 않는다는 것은 알고 있다.

결국 우리는 가족이고 우리를 하나로 묶고 있는 그 사랑이 우리를 영원히 떼어놓지는 못할 것이다.

_**팀 호킨스** 비영리 단체 사무장

19. 미디어에 대해 기독교인답게 생각하라

신앙인으로서 가장 힘들었던 싸움은 신앙을 삶의 모든 영역에 적용하는 것이었다. 복음이 우리의 모든 삶을 진정으로 변화시킨다면 어떤 영역이든 피해 갈 수 없는 법이다. 조금 독특한 차이가 있기는 하지만 오늘날 젊은이들도 이와 같은 문제에 직면해 있다. 우리가 젊은이들을 양육하면서 가장 실수한 부분은 그들이 신앙으로 미디어를 사용하도록 가르치지 못했다는 점이다. 최근 한 연구에 따르면, 8세부터 18세까지 청소년들이 평균 하루에 7시간 넘게 미디어를 사용한다고 한다.

그저 몇몇 미디어에 대해 "하지 말라"라고 금한다고 해서 우리의 자녀를 미디어 폭력이나 섹스, 불경스러운 내용으로부터 보호할 수 있는 것은 아니다. 우리는 오히려 앞장서서 미디어를 기독교인답게, 성경적으로 사용하도록 자녀들에게 가르쳐야 한다. 자녀들에게 세계관을 갖게 하고 그 세계관을 하나님의 말씀에 비추어보게 하여, 자녀들 스스로 하나님을 영화롭게 하는 데에 미디어를 사용하도록 해야 한다. 어떤 미디어가 자녀들에게 유익할지 생각하는 데 시간을 쓰기보다는 미디어에 대해 자녀들과 함께 기독교인답게 생각해보자. 그래서 자녀들이 미디어를 신앙인답게 사용할 수 있도록 그들을 준비시키자.

_**월트 뮐러** '부모 및 청소년 이해를 위한 센터' 설립자이자 대표.
《청소년 문화 공감하기》(*Engaging the Soul of Youth Culture*) 저자

20. 대리전을 피하라

신앙이라는 주제가 너무 논쟁적이 될 때, 논쟁은 주로 다른 영역으로 옮겨간다. 하나님에 대해 이야기하기보다는 본질에서 벗어난 '대리전'을 치르며 끝을 낸다. 그렇다. 우리는 종종 젊은이들이 지나치게 파티를 즐기는 것에 대해, 또 그들의 정치적 견해

청년들은 왜 교회를 떠나는가

나 그들이 맺는 관계에 대해 화를 내고 싶은 유혹을 받는다. 하지만 이런 걸로 싸우다 그칠 수는 없다. 지엽적인 문제로 논쟁을 벌이는 일을 삼가야 한다. 이런 대리전에 휘말리면, 지금 신앙의 문제로 고민하고 있는 우리의 사랑하는 자녀들을 소외시키게 된다. 우리의 도덕성과 정책이 그들보다 좀 더 낫다고 그들을 간신히 설득시켰다고 치자. 그런다고 해서 그들이 신앙을 다시 갖게 될까?

대신 자녀들과 신뢰를 구축하고, 관계를 발전시키는 일에 집중하라. 그리고 당신이 할 수 있는 가장 감동적인 말로 복음을 전할 준비를 하라. 예수님의 삶과 죽음, 부활에 대해서 말이다. 우리 자녀들의 생활방식이나 견해가 기독교 진리와 어긋날 수도 있다. 그러나 우리가 할 일은 그들의 견해를 모조리 뜯어고치는 것이 아니다. 우리가 할 일은 그들이 그리스도께로 돌아오는 길을 비추어주는 것이다. 신학적 용어로 말하면, 구원 이전에 성화를 기대하지 말라는 말이다. 그들이 그리스도를 역동적으로 만날 때에만, 그리스도께서 그들의 삶 가운데 변화를 만들어가실 수 있다.

_ **드류 딕** 《리더십 저널》 편집자, 《예전 그리스도인》(Generation Ex-Christian) 저자

21. 종교적 겉치레를 거부하라

나는 15, 16세쯤에 교회를 떠났다. '행동'은 하지 않고 '말만' 앞세우는 위선자로 가득 찬 제도의 일원이 되고 싶지 않아서였다. 하지만 20대 초반이 되어 교회가 아닌 진리를 찾기 시작했

고, 그러다 결국 그리스도께로 다시 돌아왔다. 목욕물과 함께 아기도 버린 격이었음을 비로소 깨달았다. 교회를 떠나는 사람들은 대부분 하나님이나 그리스도를 거부하는 것이 아니다. 그들은 제도 혹은 그 제도를 대변하는 특정 사람들을 거부하는 것이다. 우리는 사랑이 풍성하신 하나님을 왜곡하고 모호하게 만들어 자칫 복음을 나쁜 소식처럼 들리게 할 수 있다. 하지만 하나님은 우리가 아무리 죄인이고, 부족하고, 의문투성이일지라도 우리를 다 품으시길 원한다.

젊은이들은 진정성 있는 해답을 찾고 있다. 그들이 바라본 교회나 그리스도인이 진리보다는 겉치레에 신경을 쓰고, 사랑보다는 율법에 얽매이고, 가난한 자와 정의보다는 돈과 성공에 더 치중하고 있다면 어떻겠는가? 그들이 교회를 떠나는 것은 당연하지 않겠는가? 당신이 부모라면, 자녀가 당신을 볼 때 어떤 모습이겠는가? 삶의 모든 영역에서 그리스도의 말씀을 따르는 헌신된 모습인가, 말과 행동이 일치하지 않는 종교적 겉치레를 한 모습인가? 젊은이들은 가짜와 위선에 민감한 코를 갖고 있다. 그런 냄새를 맡으면 그들은 달아나버릴 것이다.

_ **리처드 스턴스** '미국 월드비전' 대표,
《구멍 난 복음》(*The Hole in Our Gospel*, 홍성사) 저자

22. 가족 여행을 떠나라

우리 가족은 함께 해외 여행을 하면서 더욱 성장했다. 우리 아이들이 줄곧 성경의 진리를 들으며 자란다 해도, 그들 역시 다른

청년들은 왜 교회를 떠나는가

많은 아이들처럼 그들을 혼란스럽게 하는 세상의 유혹에 부딪히게 된다. 진리에 관심을 잃을 수도 있다. 나는 성령께서 자녀들의 마음 가운데 역사하고 계심을 믿지만, 예수님을 따르는 삶이 어떤 것인지 아이들이 직접 경험할 수 있게 해준다면 성령의 사역을 도울 수 있으리라 생각했다. 하루에 1달러도 벌지 못하는 사람이 기쁜 마음으로 교회에 헌금하는 모습을 우리 아이들이 본다면 어떻겠는가? 그들의 마음속에 무언가가 일어난다. 우리 아이들은 세상 사람들과는 다른 방식으로 살아가는, 예수님을 믿고 구원받은 은혜를 함께 즐거워하며 살아가는 사람들의 모습을 보면서 깊은 영향을 받았다.

여행이 '즉효 약'은 아니다. 그러나 이를 통해 이 땅의 교회들과 연결되고, 그리스도의 몸을 이루어가기 위해 우리가 감당해야 할 작은 역할을 이해하게 된다. 우리 아이들은 가난의 혹독함과 세상의 불공평을 직접 보았다. 그들은 이런 경험으로 인해 그리스도의 아름다움을 더욱더 기뻐한다.

_**토드 피터슨, 수잔 피터슨** 전 미식축구 선수 부부

23. 자녀와 함께하라

신앙을 자녀에게 물려줄 가장 좋은 방법은 그들과 함께하는 것이다. 사랑은 본질적으로 함께하는 것이다. 무슨 일이 있든지, 그게 무슨 일이든지 함께하는 것이고, 하나님께서 계획하신 선하심을 함께 누리는 것이다.

자녀와 함께할 수 있는 세 가지 구체적인 방법이 있다. 첫째,

일주일에 적어도 다섯 번은 함께 저녁 식사를 하라. 둘째, 자녀가 하루 동안 무엇을 하는지 파악하라. 셋째, 당신의 삶에 자녀들을 개입시켜 당신이 무엇을 좋아하고 싫어하는지, 무슨 일을 하고, 어디로 가는지 그들이 알게 하라. 너무 평범해 보일지 모르지만, 함께하는 것은 매일의 삶에서 실천되어야 한다.

함께 식사를 하며 삶을 나누는 동안 자녀들을 예수님께로 이끌라. 교회나 구원 혹은 기독교를 말하는 것이 아니다. 물론 이 모든 것이 포함되기는 하지만, 이것들이 예수님과 연결되지 않는다면 아무 소용이 없다. 자녀에게 예수님에 대해 이야기하라. 자녀와 함께 복음서를 읽으라. 자녀에게 사도들이 예수님을 메시아요 주로 선포했던 이야기를 들려주라. 그러나 무엇보다도 당신 자신이 먼저 예수님을 확실히 따라야 하고, 당신의 삶에 예수님의 뜻이 이루어지는 것을 보여주어야 한다. 예수님이 당신의 삶 가운데 계시다면, 하나님과 동행하고 있음을 자녀들도 분명히 보게 될 것이다.

_**스캇 맥나이트** 노스파크 대학교 종교학과 교수,
《예수 왕의 복음》(The King Jesus Gospel, 새물결플러스) 저자

목회자, 교회 지도자,
기독교 단체를 위한 제안

24. 세대 간의 교류에 힘쓰라

우리는 너무 오랫동안 자녀들을 다른 세대와 분리시키는 것

이 효과적인 사역이라고 생각해왔다. 물론 교회 사역을 하다 보면 연령별로 묶어야 할 때도 분명 있다. 그러나 우리는 지나치게 획일적으로 학생과 청년을 교회의 다른 성도들로부터 '차별'해왔다. 절대 가볍게 던지는 말이 아니다. 그리고 이것이 그들의 믿음에 상처를 주었다.

우리의 결과를 보면, 고등학생이나 대학생이 교회의 전반적인 사역에 동참할 때 그들의 믿음이 굳건해졌다. 이제 교회들은 세대가 함께할 수 있는 방법을 모색하고 있다. 함께 취미생활을 즐기는 프로그램부터 소그룹 모임까지 다양한 실험을 하고 있다. 게다가 많은 교회들이 기존에 진행하던 프로그램에 자녀들을 전략적으로 초대하는 방법을 취하기도 한다.

앞으로는 청년 사역에도 세대 간의 교류가 활발해지리라 믿는다. 이는 학생들이나 청년들에게 좋은 일이고, 교회에는 더더욱 좋은 일이다.

_ **카라 파월** '풀러 청년 연구소' 이사, 《끈끈한 믿음》(*Sticky Faith*) 저자

25. 예수님처럼 제자 삼으라

예수님이 이 땅에 오셨을 때 수많은 사람들을 돌보셨지만, 시간과 에너지와 은사, 즉 그분의 삶의 대부분을 다음 세대 젊은 리더들에게 쏟으셨다. 예수님은 그들과 밀접한 관계를 맺으면서 그들이 하나님의 사명을 감당하게 하셨다. 예수님은 그들에게 자신의 삶을 적나라하게 보여주셨다. 그래서 제자들은 예수님이 하나님과의 긴밀한 교제를 통해 능력을 행하시는 모습을 직접

볼 수 있었다. 예수님의 삶은 투명했다. 제자들은 예수님이 여성을 어떻게 대하시는지, 돈을 어떻게 사용하시는지, 성공이나 압력, 고통을 어떻게 다루시는지 뚜렷이 볼 수 있었다. 예수님의 삶은 젊고 경험이 부족한 젊은이들을 초청하여 사명을 공유하기에 부족함이 없도록 충분한 믿음을 주었다. 예수님은 제자들이 성장하고, 실패하고, 성숙할 수 있는 기회를 주셨다. 그런 다음 예수님은 그들이 리더가 되게 하시고 자신은 물러나셨다. 그리고 세상은 변화되었다.

우리가 오늘날 젊은이들을 향해 가져야 할 '새로운 마음'은 바로 제자도라 부르는 아주 오래된 길이다.

_**조 색스턴** '3DM' 대표, 《진짜 하나님, 진짜 삶》(*Real God Real Life and Influential*) 저자

26. 서로 관계를 맺으라

리더는 분위기를 만드는 사람이 아니라 관계를 발전시키는 사람이다. 사랑받는 느낌은 관계를 통해서 가능하다. 그리고 세상 속에서 우리의 정체성을 바로 세우기 위해서는 교회 안에서 확실한 소속감을 느낄 수 있어야 한다.

대학생 나이 대의 젊은이들이 교회와 연결되지 못하는 이유는 교회 안에서 깊은 관계를 맺지 못해 소속감을 느끼지 못하기 때문이다. 교회는 의도적으로라도 젊은이들을 위 세대 어른들과 연결시켜야 한다. 그리고 출석 인원 수가 아닌 젊은이와 기성세대의 관계가 어떠한지에 따라 교회를 평가해야 한다. 위 세대 어른들이 젊은이들을 제자 양육하는 일을 책임질 때 세대 간의 유

대는 계속 유지될 것이다.

_ 척 보마 'CollegeLeader.org' 설립자, 《다음 세계》(*Worlds Apart*) 저자

27. 다음 세대에게 자유를 선사하라

권위와 소유와 돈, 그 외 교회의 모든 자산을 좌우하는 우리 위 세대가 다소 즉흥적이고 초라해 보이는 젊은 세대들을 찾아가 권위와 소유를 내주면서 이렇게 말한다면 어떨까? "우리가 너희를 선택한 이유는 너희가 우리와 같지 않기 때문이다. 하나님을 구하는 자들의 행위를 본받으라. 우리처럼 살지 마라. 우리의 전철을 밟지 마라. 혁신을 일으키라. 시도해보라. 실패도 해보라. 성공하라. 새로운 길을 내라. 새로운 교회를 세우라. 교리가 아닌 사랑에 기반을 둔 새로운 세상을 우리에게 보여주라. 우리는 너희가 요청할 때만 돕고 충고해주겠다. 자, 이제 너희 일을 시작하라. 우리가 너희와 함께하겠다!"

어떤 결과가 나올 것 같은가? 실패하는 사람도 몇몇 있겠지만 많은 사람, 특히 우리 젊은 세대들은 분명 승리할 것이다! 우리가 이렇게 하지 않으면 그들은 예수님이 싫어서가 아니라 우리 때문에 전통적인 교회를 뛰쳐나가 방황할 것이다.

_ 켄 로이드, 데보라 로이드 오리건 포틀랜드 'HOMEpdx 공동체' 창립자 부부,

《그리스도를 위한 이방인들》(*They're Gentiles for Christ's Sake*) 저자

28. 필요를 채워주라

나는 한 번도 '교회 개척자'라고 생각해본 적이 없다. 사실 우

리 주위에는 너무 많은 '교회들'이 있다. 우리에게 정말 필요한 것은 더 많은 교회가 아니라 선교 사명이나 구원 사역에서 한 몸으로 일할 '하나의 교회'다. 우리는 '공동체를 세우는 사람들'로서 지역 교회와 개 교회 목회자들을 하나로 연합시키는 기독교 공동체를 세우는 일을 하고 있다.

우리 공동체 '심플웨이'가 행한 '어두운 거리를 밝히는 촛불' 운동은 너무나 많은 아이들이 아버지 없이 자라는 모습을 지켜보던 지역 목회자들과 이웃들에 의해 시작되었다. 그들은 '디모데오'(Timoteo, 스페인어로 디모데)라는 청년 제자 양육 프로그램을 만들었다. 그 프로그램은 현재 약 200명의 선수가 12개 팀에서 활동하는 리그가 되었다. 모든 팀이 지역 교회의 후원을 받고 있다. 여기에 속한 청년들은 자신들이 사랑받고 있다고 느끼며, 이 활동을 통해 인격이 성장하고 예수님을 알아가고 갈등을 해결하는 법을 배우고 있다.

그런데 여기에는 또 다른 차원의 사역이 있다. 교회들은 디모데오 사역을 통해 젊은이들을 집 밖으로 나오게 하여 운동장에서 뛰게 만드는 것을 동일한 사명으로 삼고 있다. 공동의 사명을 따라 함께 뭉치는 일에 어설펐던 목회자들이 이제는 하나가 되어 젊은이들을 상담해주고 예수님의 사랑으로 그들을 사랑하고 있다.

_ **셰인 클레어본** '심플웨이' 설립자.
《믿음은 행동이 증명한다》(*The Irresistible Revolution*, 아바서원) 저자

청년들은 왜 교회를 떠나는가

29. 다시 희망을 선포하라

믿음과 희망은 불가분의 관계로 연결되어 있다. 믿음이란 부조리한 현실 속에서도 예수 그리스도의 죽음으로 인해 생명이 되살아날 것을 신뢰하는 것이다. 믿음이란 수많은 죽음을 보면서도 생명의 하나님께서 함께하심을 믿는 것이다. 믿음이란 죽음의 현실에 서서 하나님을 구하는 것이다.

믿음이 '십자가의 어리석음'을 믿는 것이라면, 희망은 하나님의 새로운 현실(새 창조, 새 인간, 새 생명)이 올 것을 기대하는 것이다. 믿음은 현재의 무게 속에 있는 생명이요 다가올 미래를 향해 돌아서는 것이며, 희망은 이런 미래를 기대하는 것이다. 마가복음 9장에서 "나의 믿음 없는 것을 도와주소서!"라고 외친 아버지는 오히려 믿음이 있었다. 의심이 있음에도 불구하고, 희망을 거는 위험을 감수했기 때문이다. 희망이 없이는 믿음도 없다.

청년 사역에서 우리의 문제는 믿음을 심각하게 다루지 않는 것이 아니라, 희망을 진지하게 다루지 않는 데 있다. 젊은이들이 십자가에 못 박히신 하나님을 믿게 도우려면, 이미 우리 가운데 시작된 하나님 나라의 새로운 현실에 대해 희망을 가져야 한다. 우리는 젊은이들과 함께 신비한 하나님의 미래를 상상할 수 있어야 하고, 하나님의 미래가 완성되기를 갈망해야 할 자리가 어디인지를 인식해야 한다. 이렇게 희망을 가질 때 우리를 죽음에서 이끌어내시는 하나님의 능력을 보게 되고, 하나님을 믿을 용기를 얻게 된다.

_**앤드류 루트** 루터 신학교 청년 및 가정 사역 조교수

30. 다양성을 추구하라

믿음이 성장하기 위해서는 전통 교회가 지금까지 제공해온 것과는 다른 것을 볼 수 있어야 한다. 젊은이들은 그들과 다르게 보고 생각하는 사람들의 말을 들을 수 있어야 한다. 인종, 성, 사회경제, 능력 면에서 적극적으로 다양성을 추구해야 한다는 의미다. 다음 세대는 우리와 아주 다르다. 교회와 선교 단체들도 그에 따라 변해야 할 때다. 우리의 미래 세대는 이야기를 중시한다. 따라서 교회와 선교 단체는 젊은이들이 자신들의 이야기를 공유할 안전한 장소를 제공해야 한다. 그렇게 할 때에만, 우리의 젊은이들이 다양한 방법으로 자신들의 믿음을 키워갈 수 있을 것이다. 하나님을 이해하기 원한다면 우리의 차이를 인정하고, 그에 대해 이야기할 수 있어야 한다.

_**조엘 페레즈** 조지폭스 대학교 학장

31. 시간을 현명하게 사용하라

젊은 세대에게 시간은 아주 소중한 것이다. 시간을 어디서 어떻게 사용할지에 대한 선택의 폭도 매우 넓다. 우리는 부유하든 가난하든, 유명하든 유명하지 않든, 똑똑하든 그렇지 않든, 모두 하루에 24시간만 쓸 수 있다. 그러니 다른 곳이 아닌 교회에서 젊은이들이 시간을 가장 값지게 쓰게 하려면 우리는 무엇을 제공해야 할까? 더 좋은 프로그램이나 창조적이고 특별한 효과가 있는 무언가가 아니다. 젊은이들이 가장 관심을 갖는 것은 오직 예수 그리스도를 통해서만 맛볼 수 있는 능력과 공동체를 체험하는 것이다.

나는 이 사실을 깨닫고 스스로 한번 물어보았다. "우리 교회는 능력이 있는가?" 솔직히 그동안 젊은이들과 성경말씀을 직접 읽으며 나누기보다 그냥 요약해서 들려주는 경우가 허다했다. 함께 기도하기보다는 기도해주겠다는 약속만 남길 때가 많았다. 직접 만나 대화하기보다 전화로 만나기가 일쑤였다.

젊은이들은 이렇게 묻고 있다. "다른 곳에서 얻을 수 없는 것을 교회가 줄 수 있나요?" 당신은 어떻게 대답하겠는가?

_ **마크 매틀록** '유스 스페셜티즈' 대표.
《실제 세상에서 부모 되기》(*Real World Parenting*) 저자

32. 정치에 무관심해서는 안 된다

젊은이들과 교회의 불편한 관계는 그들이 형식적인 정치 제도들과 거리를 두고 있음을 반영한다. 많은 기독 청년들이 '기독교 우파'는 싫고, 좌파의 특정 정책은 신앙과 위배되어 이러지도 저러지도 못해 정치에 관심이 없다는 뜻을 표명한다. 이렇게 되면 많은 경우 효과적인 전문 기술은 무시하고 행동주의만 따르는 결과를 낳게 된다.

목회자들과 교사들은 밀레니엄 세대만의 독특한 개성으로 얻게 된 기회들을 낭비하지 않도록 그들을 격려해주어야 한다. 어른들은 청년들이 원하는 바를 말하도록 격려해야 하고, 그들이 앞선 세대로부터 배우고 지킬 수 있도록 이끌어야 한다. 젊은이들에게 어른들의 침착하고 지속적인 헌신이 얼마나 큰 영향력

을 미칠 수 있는지 보여주어야 한다.

동시에 리더들은 밀레니엄 세대의 많은 장점을 볼 수 있어야 한다. 그들의 확신, 함께하는 것을 좋아하는 성향, 사상을 넘어 관계를 중시하는 태도, 자신들의 가치를 행동으로 보여주려는 모습 등의 장점을 통해 밀레니엄 세대는 정치 제도를 선하게 사용할 수 있을 것이다.

또한 교회는 종종 정치적 가르침을 꺼려 하는 경향이 있다. 바울은 세상 정부의 역할을 분명히 인정했다. 따라서 기독교인들은 정치 참여적인 신학을 개발해야 한다. 리더들은 기독교 신앙과 시민으로서의 삶의 영역을 조화롭게 이해하고, 그러한 개념을 현실에 적용하기 위해 시간을 투자해야 한다.

_에릭 팃셀 '미국 기업의 가치와 자본에 대한 연구' 프로젝트 디렉터

33. 솔직하게 드러내라

교회가 과도하게 인위적일 때가 있다. 사람들은 대체로 교회에서는 옷을 말끔하게 차려입고 격식에 맞게 행동한다. 어느 누구도 진짜 모습을 보이지 않는다. 교회로 가는 도중 부부싸움을 했어도 차에서 내리면 기독교인답게 행동하고, 집으로 돌아갈 때 다시 싸운다. 때로는 목회자 가정도 그렇다. 하지만 절대 그렇다고 말하지 않을 것이다.

그러나 성경은 너무나 실제적이다. 엉망진창인 인간 세상 속으로, 하나님은 온전히 인간이 되신 외아들을 보내신다. 예수님은 우리가 느끼는 모든 감정을 느끼신다. 행복, 기쁨, 가족애, 우

정, 배신감, 유혹, 슬픔, 고통. 사도 바울의 글을 읽어보라. 체면을 중시하는 문화에서 바울은 자신의 불안, 분노, 좌절, 의심을 다 드러냈다. 그리고 "내가 약한 것을 자랑하리라"라고 선포했다.

이제 솔직히 말하자. 바울이나 시편 기자들처럼 내가 고통스러워하는 것이 무엇인지, 무엇 때문에 화가 나는지, 극복하기 어려운 문제는 무엇인지 모든 사람이 알게 하자. 그리고 하나님과 이웃들이 그 문제를 어떻게 도와주었는지 고백하자.

_**개리 킨나만** 목사, 애리조나 주 길버트

다음 세대 지지자들을 위한
제안

34. 예수님처럼 하자

내가 예수님처럼 되고 싶은 것처럼 당신도 그렇게 되기를 바란다. 모두가 성경이 말하는 대로 살았으면 좋겠다. 나는 당신이 말할 수 없을 정도로 관대하고, 믿을 수 없을 정도로 믿음이 좋고, 급진적이다 싶을 정도로 헌신적이었으면 좋겠다. 당신이 박애주의자인 내 스승이나 무신론자인 의사 선생님, 옆집 힌두교인보다 훨씬 좋은 사람이 되었으면 좋겠다. 나는 당신의 소유를 팔아 그것을 가난한 사람에게 주기를 원한다. 당신이 단지 죽음이 두려워서 건강을 염려하지는 않기 바란다. 당신이 설교하는 대로 하나님을 진정으로 믿는 삶을 살 수 있으면 좋겠다.

나는 당신이 나처럼 되는 것을 바라지 않는다. 당신이 예수님처럼 됐으면 좋겠다. 그때는 내가 당신의 말을 들어야 할 것이다.

_ **엠마 슬리스** 학생, 켄터키 주 렉싱턴

35. 급진적인 복음을 받아들이라

나는 교회의 가르침과 교인들의 행동이 달라서 무척 어려움을 겪었다. 교회는 성경이 말씀하는 대로 살라고 말하는데, 교인들은 "열심히 일하면 행복해질 수 있다"라고 말씀을 해석하는 것 같다. 나는 그 적용법이 잘 이해되지 않았다. 경제적으로 가족을 부양하는 것이 마땅하다고 생각하지만, 부엌에 더 좋은 가구를 들여놓는 것이 그리스도를 따르는 것보다 더 중요한 것처럼 말하는 대화를 들으면 사실 실망스럽다. 교인들도 그렇고, 교회도 그렇고, 경제적 이윤을 무척 중요하게 여기는 것 같다. 그런데 나는 그것이 그리스도를 영화롭게 하는 길이라고 생각하지 않는다.

우리 세대를 대변하자면, 우리는 이러한 이분법을 건네받았다. 즉, 우선순위와 행동이 중요하다고 말은 하지만 열심히 일했기 때문에 기회가 생긴 것이라고 믿는다. 하지만 이제 우리는 안다. 하나님과 이웃을 향한 사랑이 없다면 아무리 다른 것을 많이 가져도 절대 만족할 수 없다는 사실을. 교회가 말보다 행동을 우선하고, 이러한 행동이 예수님의 지상 명령을 실천하는 것이라면 교회가 얼마나 급진적이 될지 궁금하다.

_ **스튜어트 람시** '크로킷 키즈 인터내셔널' 공동 설립자

36. 생색내지 마라

나는 젊고 여자라는 이유로 기독교 공동체에서 오해를 받는다. 사람들은 내가 국제적으로 사업을 발전시키는 것이 내 성공을 위한 또 하나의 '단계'라고 생각한다. 우리 교회 공동체가 내일을 있는 그대로 봐주었으면 좋겠다. 나는 그리스도의 마음을 따라 최선을 다해 행동하는 것이다. 이 일은 그저 한 단계가 아니라 그리스도께서 내게 원하시는 중요한 사명이다.

우리의 일은 전통적인 기독교 사역과는 차이가 있다. 예수님의 이름도 거론되지 않고, 전도 중심도 아니다. 그러나 우리는 하나님 나라를 위해 일하고 있고, 이것이 하나님께서 우리를 통해 그분의 목적을 이루시는 방법이라고 믿는다. 하나님은 우리에게 꿈과 소명을 주셨다. 교회가 우리를 어린 이상주의자로 보지 말고 하나님의 군대로 보면 좋겠다. 우리는 그리스도의 팔이 되어 사랑과 희망과 능력을 가지고 세계로 뻗어나가 활동하고 있다.

_**칼리 도블** '31 비츠 디자인' 설립자

37. 다음 세대를 믿어주라

복음주의 기독교 대학을 다니는 젊은이들은 대체로 기독교 전통에 헌신적이고 순결한 삶을 산다. 이미 성관계를 했을지라도, 기독교적 순결의 의미를 알고는 어떻게 하면 앞으로 이성 관계에서 순결을 지킬 수 있을지 심각하게 고민한다. 그들의 삶이나 선택이 엉망으로 보일지라도 그들에게는 믿음으로 살고자 하는 열정이 있음을 우리는 믿어야 한다. 사실 그들은 종교적 헌신으로부터 멀어지도록 유혹하는 문화 속에서 무척 혼란스러워하고, 성에 대해 어떤 결정을 내려야 할지 고민한다. 그러나 젊은이들은 대부분 이런 갈등 속에서도 기독교인답게 살기 위해 최선을 다한다. 그들 안에는 믿음을 가질 충분한 자격이 있다. 이제 모든 세대가 한 식탁에 앉아, 교회가 성에 대해 어떻게 접근해야 할지 고민해야 한다.

_**도나 프레이타스** 호프스트라 대학교 종교학과 교수, 《섹스와 영혼》 저자

38. 학생들을 지원하라

휴스턴 대학교 1학년 여름, 나는 오빠 알렌이 자살했다는 소식을 들었다. 정말 충격이었다. 엄마가 편집증적인 정신분열 환자였기에 그 충격은 더 컸다. 하지만 나는 혼자가 아니었다. 4년 전에 한 이웃이 나를 교회로 인도해주었다. 그곳에서 새로운 친구들을 많이 만나 기쁨을 누렸고 쉼을 얻을 수 있었다. 가장 어려운 시기에 다시 신앙의 가족들에게 돌아가 쉴 수 있었다. 내 '신앙의 엄마'는 나에게 휴스턴으로 돌아가는 대신 기독교 대학에 가라고 격려해주었다. 하지만 내겐 방법이 없었다. 돈도 없고, 차편도 없고, 옷도 없었다. 그런데 교회 식구들이 발 벗고 나서주었다. 전화로 모금 활동을 펴기 시작했다. 어떤 사람들은 함께 모여 옷을 만들어주기도 하고, 어떤 사람은 새 코트를 사주기도 했다. 그렇게 단 며칠 만에 나는 애빌린으로 가게 되었다. 오빠의 죽음으로 인해 하나님과 그분의 사람들이 내게 베풀어준

청년들은 왜 교회를 떠나는가

은혜였다.

나는 애빌린 기독교 대학교에서 18년간 교직원으로 일한 후, 기독교대학협의회 일을 맡았다. 젊은이들의 잠재력과 가능성을 키워주고 싶었기 때문이다. 많은 신앙의 어머니들이 나와 같은 생각을 하며 그 일을 현실로 이루기 위해 지금도 애쓰고 있다.

_ **미미 버나드** '기독교대학협의회' 부의장

39. 그들이 원하는 것을 주라

이전 세대 신앙인들 중에는 세상 문화와 구별되어 오직 기독교 영화만 보고, 기독교 음악만 듣고, 기독교 학교만 다녀야 한다고 생각하는 사람들이 있다. 그러나 밀레니엄 세대는 이런 생각을 거부한다. 오늘날 우리 사회는 모든 것이 연결되어 있기에 분리는 효과적이지 않을 뿐 아니라 불가능하다는 사실을 그들은 알고 있다. 그들은 세상 속에서 살기를 원하고, 그곳에서 잘못된 곳을 보수하고 싶어 한다. 그러나 그들은 먼저 제자로 양육받아야 하고, 교회의 지지를 받아야 한다. 모든 세대가 그들의 파트너가 되어 그들이 역할을 감당해내도록 지혜를 나누어야 한다.

세대 간에 의사소통이 되지 않는 경우가 종종 있다. 그래서 젊은이와 늙은이로 분리하고, 자라나는 세대와 사라지는 세대로 분리한다. 그러나 이런 분리는 우리가 감당해야 할 전도의 사명을 방해한다. 무너진 세상을 바로 세우려는 우리의 집단적인 열망을 가로막는다.

우리 모두는 예수 그리스도의 복음을 '먼저 전해야 한다'는 데 동의한다(고전 15:3). 그리고 하나님 나라를 선포하는 것이 교회의 사명임을 인정한다. 모든 세대가 하나님께서 태초에 '좋은' 세상을 창조하셨고(창 1:31), 하나님의 궁극적인 목적은 '모든 것을 새롭게 하는 것'임을 알고 있다(계 21:5). 이제 문제는 이런 이야기가 개인마다, 마을마다, 도시마다, 산업마다, 모든 나라마다 실현되도록 우리가 함께 일하는 것이다.

지금 서구 사회가 후기 기독교 시대를 맞고 있다 할지라도, 나는 우리의 믿음이 앞으로도 계속되리라 믿는다. 우리 다음 세대들 가운데에 이 세상을 하나님께서 원하시는 모습으로 만들고자 하는 뜨거운 열망이 있음을 보았기 때문이다. 그들이 원하는 것은 바로 세상이 원하는 것이고 하나님께서 우리에게 명령하신 그것이다. 그러니 우리는 그들이 원하는 것을 줘야 하지 않겠는가?

_ 게이브 라이언 'Q' 설립자, 《나쁜 그리스도인》 공동 저자

40. 올바른 멘토가 되라

젊은이들에게는 종종 세상을 구하겠다는 영웅 심리가 있다. 지나치게 이상주의적으로 보일 수 있지만, 우리에게는 뭔가를 해낼 위대한 능력이 있다. 우리는 세상에 불의가 판치는 것을 용납하지 못하고 뭔가 돕기를 원한다. 지금 당장 그렇게 하기를 원한다. 쉬운 대답이나 그럴싸한 진리에는 만족하지 못한다. 직접 세상을 탐험하고, 기존의 규칙과 시스템에 도전장을 내고, 우리

청년들은 왜 교회를 떠나는가

가 발견한 내용을 모두가 듣고 존중하도록 하기 위해 어떻게 세상과 조화를 이루어야 하는지 탐험하고 싶어 한다.

우리가 모든 답을 알고 있다고 말하는 것은 아니다. 사실 전혀 그렇지 않다. 우리의 이상주의는 때로 유치하고, 목적도 자주 바뀌어 그리 오래가지 못한다. 우리는 멘토가 필요하고 롤 모델이 필요하다. 성공하든 실패하든 우리를 격려해주고, 안심시키고, 무엇보다 자신을 돌아보도록 인도해주는 멘토가 필요하다. 단, 우리를 판단하거나 열등하다는 느낌을 주지 않는 멘토여야 한다. 점점 더 다양해지고 모든 것이 연결되는 세상에서, 우리는 다른 사람의 얼굴에서 구원을 본다. 타인을 배려하고 존중할 줄 아는 멘토, 일을 행하는 능력이 있고 주님의 말에 귀 기울일 줄 아는 그런 멘토를 찾고 있다.

_ **사만다 토메첵** 켄터키 루이빌 대성당 교육목사

41. 혁신을 장려하라

혁신적인 아이디어를 창조적으로 수행하는 능력이 그 어느 때보다 중요하다. 과학기술이 급속도로 발전하고 사람 사이의 연결망이 확대되면서 자신의 열정을 실현시킬 수 있는 새로운 방법들이 무제한 열려 있다. 과거와 달리 사람들은 꿈을 추구하기 위해 더 이상 제도화된 기관의 허락을 기다릴 필요가 없다. 누군가 어떤 일에 진심으로 관심을 갖고 온 삶을 바치려고 하면, 그와 같은 생각을 가진 사람들을 곧 발견하게 될 것이다.

이러한 현실이 오늘날 교회에 주는 의미는 무엇인가?

- 우리에게는 사람들을 '관리할' 능력이 없음을 겸손하게 인정해야 한다. 사람들은 관리받기보다는 사랑받기를 원한다.
- 브리태니커 같은 폐쇄적이고 통제적인 문화에서 위키피디아 같은 개방적이고 협력적인 문화로 옮겨가야 한다. 위키피디아 같은 문화란 새로운 생각을 환영하고, 쉽게 공감하고, 그 생각이 더 발전되도록 모두의 의견을 수렴하는 문화다.
- 위협 없이 혁신을 허락하고, 판단 없이 영감을 허락하는 공동체를 만들어야 한다.

이러한 공동체가 되지 못하면 교회는 점점 더 무관심한 곳, 비관적인 곳, 버려진 곳이 될 것이다.

_ **찰스 리** '아이디에이션' 자문회사 대표

42. 복음을 팔지 마라

오늘날 젊은이들은 어릴 적부터 마케팅에 둘러싸여 살아왔다. 인터넷 팝업 창부터 영화 속 제품 광고까지, 소비를 부추기는 문구들이 온갖 농간을 부리며 사고, 입고, 취하게 만든다. 이렇게 마케팅에 찌든 사람들의 마음에는 종교적인 문구도 이와 비슷한 '스팸 메일'로 여겨지기 십상이다. 우리가 이런 사람들의 마음을 사로잡기 위해서는, 최신 유행이나 오락에 의존해서 메시지를 전하려는 노력을 그만두어야 한다.

거짓으로 포장된 이 세상에서 가장 효력을 발휘하는 것은 진실성이다. 아무리 추하고 부도덕해 보이는 세상이라도, 오늘날 최고의 가치는 바로 진실성이다. 진실성을 열망하는 세상에 기독교 진리를 전하기 위해 테크닉이나 과학기술 혹은 '새로운 패러다임' 방법에 의존한다면, 잠깐의 관심은 받을지라도 아무런 유익이 없을 것이다. 그들이 직접 느낄 수 있는 복음을 전해야 한다. 복음은 나무 십자가만큼이나 명백히 볼 수 있어야 한다. 눈으로 보이는 표현 없이, 변화니 은혜니, 혁명적인 제자도니 하며 아무리 얘기해봐야 그저 과장된 판매 문구로 전락할 뿐이다. 그러나 비록 불완전할지라도 이런 단어들을 눈에 볼 수 있게 만든다면, 마치 할리우드 세트장을 불도저로 밀어버리는 것 같은 충돌이 사람들의 마음에 일어날 것이다.

가시적인 것을 강조한다고 말이나 이상(ideas)의 중요성이 폄하되는 것은 아니다. 확고한 성경적 비전과 언어는 어느 때보다 살아 있다. 그러나 우리가 공유하는 모든 이상은 가시적인 형태로 표현되어야 한다. 우리가 하나님께서 우리를 아들 삼아주셨다고 말한다면 우리도 고아를 입양해야 한다. 은혜를 말한다면 죄수들을 방문할 수 있어야 한다. 하나님의 공급하심을 말한다면 가난한 자들을 먹일 수 있어야 한다. 이것이 복음을 팔지 않는 것이고, 영원한 진리를 우리 삶에서 그대로 실현하는 것이다.

_ **제드 메디파인드** '고아들을 위한 기독교 연대' 회장,
《화술의 달인 예수》(*The Revolutionary Communicator*, 리더북스) 저자

43. 공의의 하나님을 높이 들라

다음 세대는 그들이 가장 중요하다고 생각하는 문제에 온 삶

을 바친다. 이 세대는 세상의 비극이 인간의 폭력과 불의로 인한 것임을 알고 그것을 바로잡고자 한다. 따라서 이들이야말로 예수 그리스도를 진정으로 알고 사랑하고 따를 수 있는 사람들이다. 그들이 예수 그리스도를 통해 이 땅의 어둠이 깨뜨려지고 하나님의 공의가 이루어졌음을 알게 된다면, 그들은 분명 예수 그리스도를 따를 것이다. 우리는 이들에게 교회가 바로 하나님의 공의를 실천할 수 있는 곳임을 보여주어야 한다. 그렇게 할 때 우리는 이 세대를 통해 역사하시는 하나님의 놀라운 일들을 보게 될 것이다.

_ 베다니 황 '국제정의선교회'(IJM) 디렉터

44. 신앙을 스스로 선택하게 하라

나는 목회자 자녀다. 자라면서 교회 활동에도 열심이었지만, 교회 정치에도 꽤 관심을 가졌다. 내 종교 생활은 축도를 들으면서 끝나지 않았다. 집에 와서도 저녁 식사 내내 세례와 예산 집행, 성만찬과 교회 내 여러 가지 문제 등에 대해 끝없이 이야기를 했다. 교회 생활이 내 삶의 전부였다. 지금 돌이켜보면 수많은 교회 '일들' 때문에 정작 그리스도는 뒷전으로 밀려나 있었던 것 같다.

나는 교회를 떠났다. 대학 입학과 함께 부모님과 멀리 떨어져 지내면서 믿음도 저 멀리 떠나보냈다. 그동안 교회 일들은 내 관심사에서 완전히 사라졌다. 그러다 나는 깨달았다. 그리스도의 메시지는 교회 건물이나 연중 모임에 있는 것이 아니라 바로 십

청년들은 왜 교회를 떠나는가

자가 아래 있다는 사실을 말이다.

아미시파 성도들은 통과의례로 어린 자녀들을 집에서 멀리 내보낸다고 한다. 이 통과의례는 "Rumspringa"라고 부르는데, 풀이하면 '돌아다니게 한다'는 뜻이다. 아미시파 젊은이가 16세가 되면, 부모는 폐쇄된 공동체의 문을 활짝 열고 그들이 돌아다니도록 허락한다. "우리가 네 교회와 삶을 선택해주지 않겠다. 너 스스로 선택하라. 우리는 너를 바로 키웠으니 이제는 스스로 네 신앙을 찾을 차례다"라고 말한다고 한다.

그렇다고 내가 모든 그리스도인 자녀들은 이런 통과의례를 거쳐야 한다고 말하는 것이 아니다. 단지 그들이 스스로 신앙을 찾도록 부모의 신앙에서 멀어지게 하자는 제안이다. 스스로 신앙을 갖게 하는 데 좋은 방법 아닌가. 아미시파 성도들은 이렇게 함으로써 '바르게 양육한' 많은 자녀들이 그리스도를 따르는 신앙을 스스로 선택하는 모습을 볼 수 있었다.

_ **조슈아 두보이스** 오순절 교회 목사, 전 백악관 종교사회국 국장

45. 분명하게 이유를 설명해주라

인간의 모든 행동이나 제도는 나름의 도덕적 신념에 기초하고 있다. 예를 들어, 미국에서 노예제도는 불법이다. 모든 인간은 존엄하다는 신념에 어긋나기 때문이다. 그러나 이러한 인간의 존엄성이 무참히 짓밟히던 시기가 있었다. 1960년대에 일어난 성 혁명은 인간의 몸과 마음과 이성이 분리된다고 믿는 신념에 기초하여 일어났다. 그러나 이런 신념이 인간을 제대로 이해

한 것일까? 그렇지 않다면, 우리는 어떤 대안을 제시해야 하는가? 우리는 인간에 대해 어떤 신념을 가져야 하는가? 그것을 어떻게 알 수 있는가?

고등학생들에게 비교종교학과 윤리학을 가르치다 보면, 아무리 명석한 학생이라도 인간이 왜 끔찍한 범죄를 저지르는지 논리적으로 설명하지 못하는 것을 발견한다. 그들은 그러한 행동에 대해 논리적으로 접근하기보다는 "다른 사람의 행동을 놓고 옳다 그르다 결정할 필요는 없다"라고 말하며 회피한다. 성기 훼손이나 노예제도에 대해 토론할 때도 같은 태도를 취한다.

우리가 다음 세대에게 줄 수 있는 가장 좋은 선물은, 인간에 대해 깊이 이해할 수 있도록 돕는 것이다. 어떤 세계관이 더 좋은지 이성적으로 증명해 보일 필요는 없다. 다만 우리가 보고 듣는 모든 것에 대해 올바로 판단하는 능력을 길러주면 된다. "이것이 정말 인간 본성에 맞고 인간의 필요에 맞는 것인가? 그렇지 않다면 왜 그런가? 그러면 나는 어떻게 해야 하는가?"라고 스스로 질문할 수 있어야 한다.

_ **애슐리 로저스 버너** 버지니아 대학교 '문화심화학습연구소' 교육분과 국장

46. 거짓 최후통첩을 피하라

그동안 수많은 동료들이 믿음을 저버리는 모습을 나는 무거운 마음으로 지켜보았다. 그들은 교회 문 앞에 서면 뇌 검사를 받는 느낌이 든다고 했다. '신앙을 지킬 것이냐, 과학을 선택하느냐'라는 잘못된 이분법으로 인해 기독교는 수많은 유능한 젊

은이들을 잃었다.

나는 복음주의 진영 리더들의 성경 해석법이 바뀌어야 한다거나 그들의 지위가 달라져야 한다고 말하는 것이 아니다. 단지 젊은이들에게 조금 더 생각하고, 공부하고, 질문할 공간을 주라고 말하는 것이다. 그들이 신앙과 과학 중에 하나를 선택하라는 말도 안 되는 최후통첩을 받지 않으면서, 여유를 가지고 마음을 바꿀 수 있도록 해주라는 말이다. 지구의 나이에 대해 모두가 동의하는 그런 교회를 원하는 게 아니다. 예수님을 사랑하는 사람이라면 누구나 환영받는 그런 교회를 원한다.

_ 레이첼 헬드 에반스 《원숭이 마을에서 진화하기》(*Evolving in Monkey Town*) 저자

47. 중요한 차이를 만들어내라

"아빠, 하나님이 무지개를 만드셨어요!" 딸의 말에 고등학교 과학 선생인 나는 이렇게 되묻고 말았다. "하나님이 어떻게 무지개를 만드셨지?" 불쌍한 여섯 살짜리 딸은 당황했고, 나는 멋쩍게 웃고 말았다. 어린 딸에게 스넬의 법칙이나 분산과 굴절 원리를 가르칠 수는 없지만 내 학생들에게라면 이야기가 다르다. 그들은 무지개 뒤에 숨어 있는 방정식과 과학 원리를 알아야 한다.

많은 학생들이 과학과 종교를 대치되는 개념으로 이해한다. 이런 긴장 관계를 완화시키기 위해 수업 시간에 내가 자주 사용하는 말이 있다. "하나님이 하셨다"와 "하나님이 사용하신 방법"이라는 말이다. "하나님이 하셨다!"라고 결론을 내리고 거기서 더 나아가지 않는 학생은, 호기심이 없어지고 과학과 종교는 적

이라는 잘못된 개념을 받아들인다. 빅뱅이론? 지질 연대? 진화? 다층 우주? 나는 다소 적의를 일으킬 수 있는 토론 주제들을 먼저 제안하면서 이런 주제들에 대해 현대 과학이 말하는 바를 소개한다. 그런 후 학생들에게, 하나님을 믿는 사람들에게는 이런 이론이 '하나님이 사용하신 방법'이 되고, 믿지 않는 사람들에게는 '저절로 생겨난 방법'이 된다고 구별해서 말해준다. 때로는 이런 간단한 구별만으로도 과학과 종교를 이분하려는 잘못된 시도를 막을 수 있다.

_**제프 컬버** 콜로라도 스프링스 고등학교 과학 교사

48. 정직한 질문에 정직하게 답하라

나는 대부분의 시간을 청년들의 이야기를 들으며 보냈다. 그들은 모두 세상에서 자신의 자리를 찾고 싶어 했고 자신의 이야기를 진지하게 들어주길 바랐다. 젊을 때 들은 말 중에 시간이 지날수록 정말 맞다는 생각이 드는 것이 있다. 바로 '정직한 질문에 정직한 대답'이라는 말이다. 그들은 사춘기를 지나 성인이 되어서도 정직한 질문에 정직한 대답을 듣게 될 거라고 여전히 기대한다. 모두에게 해당되는 진실이 있다면, 그것은 우리 모두 의미 있는 삶을 살고 싶어 한다는 것이다. 우리는 세상이 진리대로 굴러가기를 원한다.

나는 매년 20대 초반 학생들을 초대하여 〈워드〉(*the Word*)를 함께 읽기도 하고, 어거스틴의 《고백록》이나 문명 비평가 웬델 베리의 이야기와 에세이를 읽기도 한다. 그리고 성에 대해서도

많은 이야기를 나눈다. 우리 몸에 대해서 제대로 알지 못하면 다른 것을 아는 것이 무의미하기 때문이다. 또 정치나 예술, 경제, 세계화, 신학적 상상력과 철학적 질문들에 대해서도 진지하게 이야기한다. 그러면서 우리는 이 온 우주가 진리로 가득 차게 되기를 소망한다.

내가 이 일을 하는 것은 정직한 질문에는 정직한 답변이 따라야 한다고 믿기 때문이다.

_**스티븐 가버** '워싱턴 인스티튜트' 디렉터,

《믿음의 구조》(*The Fabric of Faithfulness*) 저자

49. 의심을 두려워하지 마라

나는 무신론자나 불가지론자와 교제할 기회가 많았다. 그들에게 사연을 물어보면, 늘 이런 식의 이야기를 들려주었다. "어릴 때는 교회 안에서 자랐는데, 이제 더 이상 신앙이 이해가 안 돼요. 아무리 의문점을 이야기해도 쉬쉬하기만 하고 나를 죄인 취급하는걸요. 그래서 결국 믿을 수 없게 된 거죠."

이런 이야기를 들으면 마음이 아프다. 기독교가 진리이기 때문이기도 하지만, 우리에게는 믿을 수 있는 충분한 근거가 있기 때문이다. 그러나 아직도 교회는 의심이나 질문을 두려워한다.

우리는 우리의 신앙을 입증해주는 간단한 대답을 선호한다. 과거처럼 세상 문화가 기독교 세계관을 따르고 있을 때는 이런 태도가 문제 되지 않았지만, 오늘날과 같은 문화에서는 청년들이 교회를 떠나는 가장 큰 이유가 된다. 인터넷은 모든 것을 평

준화한다. 젊은이들은 기독교 변증론뿐 아니라 이슬람, 신흥종교인 위카, 그 외 수많은 다른 세계관들을 동등하게 접한다. 이 세대에게 의심은 자연스러운 것이다. 우리는 젊은이들이 던지는 어려운 질문들에 직면해야 한다. 여기서 중요한 것은 적절한 답이 아니라 그들에게 생각하는 법을 가르치는 것이다. 우리 스스로 자신의 의심을 붙들고 열심히 고민했을 때만 그렇게 할 수 있다. 내 경험으로 볼 때, 간단하게 대답하는 것보다 폭넓은 질문을 던지는 것이 관계를 더 돈독하게 하는 최상의 방법이다.

기독교가 진리임을 믿는다면 젊은이들에게 의심할 수 있는 여지를 주어야 한다. 그러나 성령께서 그들의 마음 가운데 역사하고 계심을 또한 확신할 수 있어야 한다. 우리가 사랑의 마음으로 그들을 멘토링해준다면, 그들은 진리를 찾게 될 것이다.

_ **션 맥도웰** 교육가, 강연가

《다음 세대를 위한 변증》(*Apologetics for a New Generation*) 저자

50. 힘을 공유하라

밀레니엄 세대와 관계를 맺기 위해 나 같은 부머 세대들은 운동선수 혹은 보스처럼 생각하기보다는 코치처럼 생각해야 한다. 다음 세대는 우리와 힘을 공유하게 될 것이다. 그들도 조만간 자신들이 힘을 갖게 될 것을 알고 있다. 그러나 그들은 은혜로운 방법으로 그 힘을 전수받고 싶어 한다. 부머들이 죽을힘을 다해 부여잡고 있는 힘을, 빼앗듯 갖고 싶어 하지는 않는다.

전기는 음극과 양극을 연결해야 생긴다. "혁신은 다름의 교차

청년들은 왜 교회를 떠나는가

점에 놓여 있다"고 말하고 싶다. 내가 볼 때, 부머 세대는 활동가적 성향이고 밀레니엄 세대는 낙관적 성향인 것 같다. 이런 다름이 교차될 때, 하나의 독특한 힘의 영역이 생겨나 두 세대를 서로 연결하게 될 것이다. 세대가 다른 활동가와 낙관주의자가 서로 힘을 합칠 때 혁신적인 사랑의 실천과 예상치 못한 사랑의 행위가 나타날 것이다.

_ **짐 헨더슨** '오프 더 맵' 공동 창립자이자 대표

더 많은 의견을 듣거나 제안하고 싶으면 www.youlostmebook.org 혹은 트위터@davidkinnaman을 방문하라.

신앙 여정을 나타내는 용어

유목민 유형 Nomads 교회나 신앙 공동체에 적극적으로 참여하지 않거나 방황하는 사람들. 유목민 유형은 자신을 기독교인이라고 생각하지만, 다른 종교를 기웃거리기도 하고 신앙을 최우선 순위에 두지도 않는다. 이 책 3장에서 자세한 내용을 볼 수 있다.

탕자 유형 Prodigals 어린 시절의 신앙을 포기한 사람들. 자신을 예전에는 기독교인이었다고 표현한다. 탕자라는 용어를 쓴 것은 인생의 어느 시점에서 신앙으로 다시 돌아올 것을 염두에 둔 것이다. 자세한 내용은 3장에 나와 있다.

포로 유형 Exiles 교회라는 편안하고 예측 가능한 세상과 그들이 영향을 끼치도록 부름받은 '진짜 세상' 사이에 끼어 있다고 느끼는 사람. 그들의 사명이나 직업적인 관심과, 기독교 신앙에 대한 이해가 접목되지 않는 경우가 종종 있다. 탕자 유형과 유목민 유형은 안정된 문화 안에서 나타나는 반면, 포로 유형은 문화적·영적·기술적 변화가 심할 때 주로 나타난다. 4장을 참조하라.

세대를 나타내는 용어

'세대'는 문화와 그 안에 있는 사람들을 이해하는 분석 틀이다. 세대는 특정한 시기에 태어난 사람들이 특정한 환경에 영향을 받는다는 생각을 반영한다. 즉, 같은 세대는 같은 세계의 문제를 겪고, 도덕적·사회적 가치들을 공유하고, 기술 및 문화, 행동 양식을 공유한다고 본다. 바나 그룹은 세대를 다음과 같이 구분한다.

모자이크 세대 Mosaics 1984년부터 2002년 사이에 태어난 사람들. 지금의 10대와 20대가 이에 속하고, 밀레니엄 세대 혹은 Y세대라고 부른다. 바나 그룹은 이들을 '모자이크 세대'라고 하는데, 이 세대의 관계 맺는 방식이나 사고방식, 학습 유형이 과학기술에 의해 복잡하게 얽혀 있기 때문이다.

버스터 세대 Busters 1965년부터 1983년 사이에 태어난 사람들. X세대와 연령대가 비슷하다.

부머 세대 Boomers 1946년부터 1964년 사이에 태어난 사람들. 2차 대전 이후 등장한 '베이비부머' 세대를 말한다.

어른 세대 Elders 1946년 이전에 태어난 사람들. '위대한 세대' 혹은 '건설자들'이라고 부른다.

청년들은 왜 교회를 떠나는가

조사 방법론

　　　　책 전반에 걸쳐 여러 가지 통계 자료가 나온다. 이 분석 자료는 바나 그룹이 2007년부터 2011년까지 실시한 'You Lost Me' 프로젝트 대국민 여론조사에서 발췌한 것이다. 그에 앞서 20년 전부터 실시해온 국가적 차원의 연구 결과도 참조했다.

　이 책을 위해 성인들과 종교 지도자들을 대상으로 전국에 걸쳐 상당한 분량의 인터뷰를 진행했고, 특히 18세부터 29세까지 젊은이들을 집중적으로 조사했다. 양질의 자료를 위해 전화나 일대일 인터뷰 방식을 도입해 심도 깊게 다층적으로 인터뷰했다. 또한 최대한 많은 데이터를 확보하기 위해 온라인 인터뷰도 진행했다. 조사 방식은 사전에 시험을 거쳤고 전화 조사(휴대전화 샘플 조사 포함)를 통해 중요한 수치들에 대해 병행 연구를 실시했다. 이를 통해 온라인 패널의 정당성이 입증되었고, 젊은이들의 신앙 여정에 대한 우리의 연구를 알리는 데 큰 도움이 되었다.

　이 모든 연구는 바나 그룹이 신원이 분명한 사람들을 대상으로 전국적으로 임의 선별하여 샘플 조사한 것으로 책에는 주를 달아 표시했다. 또 2008년에 실시한 바나 그룹의 전화 설문 조사는 유선전화 없이 휴대전화만 갖고 있는 사람들도 포함하려고 특별히 신경을 썼다.

　전화 설문의 경우, 전화를 걸어 안 받은 경우에는 재차 통화를 시도했다. 실패한 경우에는 날짜와 요일을 변경하여 한 건당 최대 여섯 번까지 통화를 시도했다. 통화 시간은 평균 15분에서 22

여론조사

조사	조사 방법	조사 날짜	샘플 크기	표본 오차***
18~29세				
신앙 여정	온라인	2011년 1월	1,296*	±2.7
신앙 여정 – 병행 연구	전화	2011년 1월	520	±4.3
신앙 여정	온라인: 사전 조사	2010년 8월	150*	±8.0
신앙 여정	전화: 심층 면접	2009년 8~12월	76**	질적 조사
미국 성인				
일괄 조사SM 1–11	전화	2011년 1월	600	±4.1
일괄 조사SM 1–11A	온라인	2011년 2월	1,021	±3.2
일괄 조사SM 2–09	전화	2009년 7월	1,003	±3.2
일괄 조사SM 3–08	전화	2008년 8월	1,004	±3.2
일괄 조사SM 2–08	전화	2008년 7~8월	1,003	±3.2
국가와 시장 데이터 베이스	전화	1997~2010년	47,733	±0.4
미국 목회자				
목회자 조사SM W–07	전화	2007년 12월	605	±4.1
목회자 조사SM S–08	전화	2008년 7~8월	613	±4.1
목회자 조사SM F–08	전화	2008년 11~12월	600	±4.1
목회자 조사SM 1–09	전화	2009년 7~8월	603	±4.1
8~17세				
젊은이 조사SM 2009	온라인	2009년 12월	602	±4.1
바나 그룹 10대 데이터 베이스	전화/온라인	1997~2006년	4,161	±1.5
젊은 리더				
젊은 리더 조사SM	온라인	2009년 10월	507	±4.5
젊은 리더들	전화: 심층 면접	2009년 8월	25	질적 조사

청년들은 왜 교회를 떠나는가

* 18~29세까지 젊은이 중에서 현재 기독교인이거나 예전에 기독교인이었다고 말하는 사람들의 인터뷰가 포함되어 있다.

** 18~35세 성인들의 인터뷰 20건이 포함되어 있다.

*** 표본 오차는 95퍼센트 신뢰 수준.

분 사이였다.

온라인 연구(젊은 리더 여론조사는 제외)는 'Knowledge Panel'이라 불리는 온라인 리서치 패널을 사용했다. 패널 멤버들은 통계학적으로 유용한 샘플링 방법을 이용해 모집했다. 'Knowledge Panel'은 18세 이상 성인 회원만 약 5만 명이 넘고 휴대전화만 사용하는 가정도 포함하고 있다.

여론조사자들이 조사 결과의 정확도를 표현할 때, 종종 오차 범위를 제시한다. 이 오차 범위는 인터뷰 대상자가 해당 부류에 완벽히 들어맞지 않는 경우를 뜻한다고 할 수 있다. 표본 정확도의 최대치는 표(356쪽 참고)에 기록되어 있다. 이 수치는 두 가지 요인에 의존한다. 첫째, 샘플 조사 수치, 둘째, 조사 결과가 50퍼센트에 가까운지 아니면 0퍼센트나 100퍼센트처럼 양극단에 가까운지에 따라 결정된다. 이외에도 조사 결과에 영향을 줄 수 있는 다른 요인들도 있음을 명심해야 한다. 예를 들어, 질문에 사용된 단어가 의도성이 있거나, 질문의 순서 또는 응답을 정확하게 기록하지 않았거나, 표를 정확히 작성하지 않았거나 하는 문제가 있을 수 있다. 이런 실수는 통계학적으로 측정될 수 없다.

연구자

　　　　　이 연구를 실시한 데이비드 키네먼은 바나 그룹의 대표다. 바나 그룹은 캘리포니아 벤투라에 있으며, 신앙과 문화의 상호 관계에 대해 집중적으로 연구하고 있다. 그는 1995년 인턴으로 조지 바나 연구소에 들어온 뒤로 지금까지 다양한 의뢰인들(미국성서공회, 빌리 그레이엄 전도협회, CARE, 콜롬비아 하우스, 컴패션, 이스터 실즈, 포커스 온 더 패밀리, 해비타트, 휴먼 소사이어티, NBC, The ONE 캠페인, 구세군, 소니, 왈든 미디어, 월드비전, 존더반 등)을 위해 수백 건이 넘는 시장조사 프로젝트를 기획하고 분석해 왔다.

　이런 의뢰인들을 위한 연구 외에도 86건이나 되는 전 국민 설문 조사를 감독했다. 신앙, 영성, 여론, 정치적 태도, 문화적 역동성에 대해 성인, 10대, 목회자들이 어떻게 생각하고 있는지 조사하는 연구들이다. 이러한 연구는 주요 매체에 인용되고 있다(USA 투데이, 월스트리트저널, 폭스 뉴스, 시카고 트리뷴, 뉴욕 타임스, 로스앤젤레스 타임스 등). 그가 지난 20년간 바나 그룹에서 진행한 인터뷰는 35만 건이 넘는다.

　데이비드 키네먼은 베스트셀러 《나쁜 그리스도인》의 저자다. 이 책은 16세부터 29세까지 젊은이들이 신앙에 대해 어떤 태도를 보이는지 연구한 것이다. 그는 트렌드, 10대, 소명, 직업, 리더십, 세대와 같은 주제에 대해 공적으로 자주 말해왔다. dk@barna.org를 통해 그와 연락할 수 있다.

You Lost Me

머리말

1. Andrew Sullivan, "The Lost Catholic Church in America," *The Daily Dish*(2010년 10월 24일 자, 2010년 10월 30일 열람), http://andrewsullivan. theatlantic.com/the_daily_dish/2010/10/the-lost-catholic-church-in-america-ctd.html.

2. Earl Creps, *Reverse Mentoring: How Young Leaders Can Transform the Church, and Why We Should Let Them* 참조.

3. 존 오트버그에게 들은 말이다.

4. Eric Metaxas, *Bonhoeffer: Pastor, Martyr, Prophet, Spy*(Nashville: Thomas Nelson, 2010), 141.《디트리히 본회퍼》(포이에마).

01 | 방해받는 믿음

1. 이 자료는 가스펠 라이트(Gospel Light)와 리갈 북스(Regal Books)를 위해 시행한 연구에서 발췌한 것이다. 연구 전체 자료는 http://www.barna.org/family-kids-articles/321-new-research-explores-the-long-term-effect-of-spiritual-activity-among-children-and-teens에서 얻을 수 있다.

2. Kevin Selders, "No More Secrets for the Cold War Kids," *Relevant*(2011년 1-2월 호), 56-59.

3. 반대 경향을 보여주는 또 다른 책은 다음과 같다. Colleen Carroll, *The New Faithful*; Collin Hansen, *Young, Restless, Reformed*; Gabe Lyons, *The Next Christians*.

4. 바나 그룹, "미국인들이 신앙을 바꾸는가?"(2010년 8월 16일 자, 2010년 10월 열람), http://www.barna.org/faith-spirituality/412-do-americans-change-faiths. 이 연구는 어린이나 청소년을 대상으로 한 연구의 중요성을 과소평가하지 않는다. 오히려 이 연구를 통해 어린이나 청소년 대상의 연구가 더 중요해졌다.

5. 종교와 공적 삶에 대한 퓨 포럼의 연구 주제는 '미국 내 종교 관계의 변화'다

(2000년 4월 27일 자, 2010년 10월 열람), http://pewforum.org/Faith-in-Flux.aspx.

6. James K. A. Smith, "Letter to a Young Parent," *Comment*(2011년 봄 호), 20 – 21.

02 | 접근, 소외, 권위의 변화

1. 퓨 리서치 센터, "밀레니엄 세대: 다음 세대에 대한 초상"(2010년 2월 발표, 2010년 11월 열람), 12: http://pewsocialtrends.org/assets/pdf/millennials-confident-connected-open-to-change.pdf.

2. Nick Bilton, "Part of the American Diet: 34 Gigabytes of Data," *New York Times*(2009년 12월 9일 자, 2011년 4월 열람), http://www.nytimes.com/2009/12/10/technology/10data.html.

3. *The Economist*, 2010년 2월 27일, 캘리포니아 샌디에이고 대학교.

4. Kay S. Hymowitz, "Where Have the Good Man Gone?" *Wall Street Journal*(2011년 2월 19일 자, 2011년 3월 열람), http://online.wsj.com/article/SB10001424052748704409004576146321725889448.html.

5. Robert Wuthnow, *After the Baby Boomers: How Twenty-and Thirty-Somethings Are Shaping the Future of American Religion*(Princeton, NJ: Princeton University Press, 2007), 11. 이 책은 오늘날 젊은이들이 부머 세대에 비해 얼마나 다른 사회적 환경에서 자라고 있는지 명확히 보여준다. 사회적 차이에 대해 더 명확히 알고 싶은 사람들에게 이 책을 추천한다.

6. *USA Today*, http://www.usatoday.com/money/economy/employment/2010-05-19-jobs19_CV_N.htm.

7. *BusinessWeek* 커버스토리, 2009년 10월 19일.

8. "Employee Tenure Summary," Bureau of Labor Statistics(2010년 9월 14일 자, 2011년 4월 열람), http://www.bls.gov/news.release/tenure.nr0.htm.

9. Christian Smith, ed., *The Secular Revolution: Power, Interests, and Conflict in the Secularization of American Public Life*(Berkeley and Los Angeles: University of California, 2003).

03 | 방황하는 유목민과 신앙을 버린 탐자

1. "50 Reasons to Watch TV, Reason #1: The Subversive Joy of Stephen Col-

bert," *Rolling Stone*(2009년 9월 17일).

2. *Rolling Stone* 온라인판(2010년 1월 12일 열람), http://catholiccolbert.word-press.com.

3. Vanessa Grigoriadis, "Sex, God & Katy," *Rolling Stone*(2010년 8월 19일 자), 41–47.

4. Jocelyn Vena, "Katy Perry Responds to Rumors of Parents' Criticism: 'They Love and Support Me,'" MTV.com(2008년 8월 20일 자, 2010년 9월 열람), http://www.mtv.com/news/articles/1593166/20080820/id_1962774.jhtml.

5. Grigoriadis, "Sex, God & Katy."

6. Monica Herrera, "Katy Perry: The Billboard Cover Story," Billboard.com (2010년 6월 23일 자, 2010년 9월 열람), http://www.billboard.com/features/katy-perry-the-billboard-cover-story-1004105908.story#/features/katy-perry-the-billboard-cover-story-1004105908.story?page=1.

7. Drew Dyck, "I Never Wanted a Hard Heart," *Christianity Today*(2010년 2월 3일 자, 2011년 3월 열람), http://www.christianitytoday.com/ct/music/inter-views/2010/davidbazan-jan10-1.html.

8. 같은 기사.

9. 같은 기사.

10. 같은 기사.

11. 이 결과는 바나 그룹의 다른 조사와도 결과가 일치한다. 그 조사에서도 18세 이상 성인이 예수 그리스도를 처음 영접할 기회를 갖는 것은 겨우 6퍼센트에 불과한 것으로 나타났다. 조지 바나의 책 *Transforming Children into Spiritual Champions* 2장을 참조하라. 《당신의 자녀를 영적 챔피언으로 훈련시켜라》(쉐키나미디어).

04 | 편안한 신앙과 위험한 세상 사이

1. 포로 유형에 대해 더 많은 정보를 얻으려면 Patrick Whitworth의 *Prepare for Exile: A New Spirituality and Mission for the Church*(London: SPCK, 2008)를 참조하라.

2. Michael Frost, *Exiles: Living Missionally in a Post-Christian World*(Grand Rapids: Baker, 2006), 8-9쪽 인용.

3. 같은 책.

4. *The Leadership Ellipse: Shaping How We Lead by Who We Are*(Downers Grove, IL: InterVarsity, 2010), 12. Robert A. Fryling 서문에서 발췌.

5. "About Jay," *Revolution New York City*(2010년 11월 열람), http://www.revolutionnyc.com/about/.

6. Tremper Longman Ⅲ, *Daniel: The NIV Application Commentary*(Grand Rapids: Zondervan, 1999), 51.

7. Whitworth, *Prepare for Exile*, 58.

05 | 세상으로부터의 과잉보호

1. Austin Scaggs, "God, the Devil and Kings of Leon: Around the World with the Heartbreaking, Trouble Making, Earthshaking Band of Southern Brothers," *Rolling Stone* 1077(2009년 4월 30일 자, 2010년 2월 열람), http://www.rollingstone.com/music/news/god-the-devil-and-kings-of-leon-20090430.

2. 같은 기사.

3. Matt Conner, "Kings of Leon's Faith Journey," *Relevant*(2011년 4월 열람), http://www.relevantmagazine.com/culture/music/features/23184-kings-of-leons-faith-journey.

06 | 깊이 없는 믿음

1. Christian Smith with Melinda Lundquist Denton, *Soul Searching: The Religious and Spiritual Lives of American Teenagers*(New York: Oxford University Press, 2005), 165.

2. 이 연구는 동료 마크 매틀록이 대신해서 진행한 것으로, 그는 현재 'Youth Specialties'와 'Planet Wisdom'과 일하고 있다.

3. 지면의 한계 때문에 관계, 선교, 교육, 직업적인 결과들에 집중했다. 의미 있는 믿음이란 '내면'뿐 아니라 실제 삶으로도 나타나야 한다고 믿기에 이 부분에 초점을 맞추었다. 물론 기도 생활, 성경 읽기, 그리스도와의 친밀함 같은 영적 결과들도 살펴보아야 한다. 바나 그룹은 모든 세대를 대상으로 이러한 연구를 계속해나갈 것이다. 더 많은 정보를 원하면 웹사이트(www.barna.org)를 방문하라.

4. Eve Tushnet, "Book Review: Teen Angels," *Weekly Standard* 16, no. 12(2010 년 12월 6일 자, 2011년 1월 열람), http://www.weeklystandard.com/articles/ teen-angels_519564.html?nopager=1.

5. Dallas Willard, *Knowing Christ Today: Why We Can Trust Spiritual Knowledge*(San Francisco: HarperOne, 2009).《그리스도를 아는 지식》(복있는사람).

07 | 신앙과 과학의 대립

1. Marvin Olasky, "Riding the Rapids: Grand Canyon Rocks Challenge Christian Colleges' Divergent Stands on Evolution," *World*(2010년 9월 11일 자, 2010년 10월 열람)에 인용. http://www.worldmag.com/articles/17064.

2. Adam Bly, *Science Is Culture: Conversations at the New Intersection of Science and Society*(New York: Harper Perennial, 2010), xiii.

3. 이 부분은 내 친구 에릭 트월스만과 J. P. 모어랜드의 도움을 받았다.

4. 다니엘서 1장 4절에 대한 다른 주석들도 참조하라. http://bible.cc/daniel/1-4. htm(2010년 11월 열람).

5. John H. Tiner, *Isaac Newton: Inventor, Scientist and Teacher*(Fenton, MI: Mott Media, 1981)에 인용.

08 | 성에 대한 태도

1. Tyler Charles, "True Love Isn't Waiting," *Neue* 6(2011년 4/5월 호), 32-36.

2. Mark D. Regnerus, *Forbidden Fruit: Sex and Religion in the Lives of American Teenagers*(New York: Oxford University Press, 2007), 205.

3. Donna Freitas, *Sex and the Soul: Juggling Sexuality, Spirituality, Romance, and Religion on America's College Campuses*(New York: Oxford University Press, 2008), xiv.

4. 같은 책.

5. 같은 책, xv.

6. Regnerus, *Forbidden Fruit*, 206.

7. 같은 책, 205-206.

8. Lauren Winner, *Real Sex: The Naked Truth about Chastity*(Grand Rapids: Brazos, 2005), 15.《순결에 대한 솔직한 이야기》(평민사).

9. 미국 기독교인들이 얼마나 율법적인지는 내 책《나쁜 그리스도인》의 '위선'에 관한 장을 보면 더 많은 정보를 얻을 수 있다. 그리 지루하지 않을 것이다.

09 | 배타적인 문화

1. 이 수치는 라틴 아메리카는 포함하지 않은 것이다.
2. "보편성과 다원주의에 대한 미국인들의 믿음"에 대한 자료. *Barna Update* (2011년 4월 18일 자), http://www.barna.org/faith-spirituality/484-what-americans-believe-about-universalism-and-pluralism.
3. "10대들의 신앙이 어떻게 변화하고 있는가"에 대한 자료. *Barna Update*(2010 년 7월 12일 자), http://www.barna.org/teens-next-genarticles/403-how-teen-agers-faith-practicesare-changing.
4. Miroslav Wolf, *Exclusion and Embrace: A Theological Exploration of Identity, Otherness, and Reconciliation*(Nashville: Abingdon, 1996)에서 많은 아이디어를 얻었다.《배제와 포용》(IVP).

10 | 가로막힌 질문

1. John Jeremiah Sullivan, "Upon This Rock," *GQ*(2004년 2월 호), http://www.gq.com/entertainment/music/200401/rock-music-jesus?printable=true&currentPage=5.
2. Eric Metaxas, *Bonhoeffer: Pastor, Martyr, Prophet, Spy*(Nashville: Nelson, 2010), 125.
3. Daniel Taylor, *The Myth of Certainty: The Reflective Christian and the Risk of Commitment*(Downers Grove, IL: InterVarsity Press, 2000), 145.
4. "The Numbers Count: Mental Disorders in America," The National Institute of Mental Health, http://www.athealth.com/Practitioner/mentalhealthstats.html.
5. 같은 책.
6. Sullivan, "Upon This Rock."

국제제자훈련원은 건강한 교회를 꿈꾸는 목회의 동반자로서 제자 삼는 사역을 중심으로 성경적 목회 모델을 제시함으로 세계 교회를 섬기는 전문 사역 기관입니다.

청년들은 왜 교회를 떠나는가

초판 1쇄 발행 2015년 5월 6일
초판 4쇄 발행 2017년 8월 9일

지은이 데이비드 키네먼
옮긴이 이선숙

펴낸이 박주성
펴낸곳 국제제자훈련원
등록번호 제2013-000170호(2013년 9월 25일)
주소 서울시 서초구 효령로68길 98(서초동)
전화 02)3489-4300 **팩스** 02)3489-4329
이메일 dmipress@sarang.org

ISBN 978-89-5731-688-7 03230